COJEAR CON DIOS

Cojear con Dios: La guía de Jacob y el Antiguo Testamento para un discipulado turbulento
Chad Bird

Publicado por:
1517 Publicaciones
PO Box 54032
Irvine, CA 92619-4032

ISBN (Paperback) 978-1-962654-73-9
ISBN (Ebook) 978-1-956658-76-7

Traducido del libro *Limping with God: Jacob & The Old Testament Guide to Messy Discipleship*

Traducción por Cristian J Moran

COJEAR CON DIOS

LA GUÍA DE JACOB Y EL ANTIGUO TESTAMENTO PARA UN DISCIPULADO TURBULENTO

CHAD BIRD

Contenido

Prólogo

Una de las revelaciones más desgarradoras y liberadoras que debemos enfrentar en nuestros años de crecimiento es que todos nuestros héroes son personajes de una tragedia. Casi sin excepción, aquellos a los que admiramos con devoción se convertirán en aquellos a los que miraremos con consternación. Recuerdo que, cuando era joven, había un líder de nuestra Iglesia que me maravillaba. Su carácter. Su elocuencia. La forma en que era un verdadero hombre de Dios. Sin embargo, cuando más tarde oí los rumores sobre sus aventuras amorosas, y luego el creciente volumen de las virulentas habladurías de pueblo, sentí una profunda conmoción. Me sentí estúpido. ¿Cómo pude ser tan ingenuo como para admirarlo?

Si pudiera escribirle una carta a mi yo más joven, simplemente le diría: «Escucha, no eres estúpido. Sencillamente, aún debes sondear las profundidades de la fragilidad radical de la humanidad».

En los círculos eclesiásticos tendemos a cerrar los ojos frente a esta verdad evidente. Suponemos que los mejores modelos de la vida cristiana son los héroes o heroínas de la fe. Desde luego, el material de la Escuela Dominical ha dominado el arte de inculcar esta ideología moralista, utilizando el Antiguo Testamento para presentar ante los ojos de nuestros hijos diversos modelos de esta o aquella virtud como la persona que deberían aspirar a ser. Noé el obediente. David el valiente. Ya conoces los títulos predecibles. Cualquiera que esté mínimamente familiarizado con estas historias sabe que a nuestros hijos se les miente o, por decirlo de una manera más amable, se les miente parcialmente. Las estrellas bíblicas, tal como los personajes famosos de hoy y de cada generación, tienen sus armarios llenos de huesos que, a menudo, se desparraman por el suelo dejando a todo el mundo embobado. O, para usar otra metáfora, en el oscuro sótano de cada corazón humano, heroico o no, los lobos del mal rasguñan, crecen y a menudo escapan con consecuencias desastrosas.

Una de las razones por las que he dedicado mi vida a estudiar y escribir sobre el Antiguo Testamento es que, en estas historias, esos lobos quedan abundantemente expuestos. Allí podemos espiar la ocasional belleza (sí) y la continua fealdad (también sí) de la humanidad. Los autores bíblicos, en lugar de blanquear los defectos de sus personajes, los pintan usando colores escabrosos y brillantes. De hecho, algunos de los relatos son tan vergonzosamente honestos que me estremezco al pensar que la ropa interior sucia de estas pobres almas ha estado ondeando en la brisa de las Escrituras a lo largo de milenios. Sin embargo, ahí están: sin lavar, crudos, desagradables, malos y extraordinariamente humanos. ¡Solo puedo esperar que parte de la dicha celestial de estos personajes consista en *no* saber que sus vidas han sido material de sermones durante siglos!

O quizás sí lo sepan. Y estén contentos. Contentos en el siguiente sentido: agradecidos de que podamos leer sus historias y —tomando prestada la famosa frase de C. S. Lewis— decir: «¿Qué? ¿Tú también? Pensé que yo era el único». Y, quizás, desde las páginas de las Escrituras, ellos puedan sonreír y decir: «Oh, no, amigo. Estás lejos de estar solo». En efecto, nuestros defectuosos y frágiles amigos de la Biblia nos dan una profunda esperanza. Una esperanza que no se basa en ellos, sino en el hecho de que el Dios perfecto eligió utilizar a personas tan profundamente imperfectas en su reino.

Entre esas personas hubo un hombre cuya vida exploraremos en este libro: el hombre llamado Jacob.

En el carácter, las acciones y los motivos de Jacob hay muchas cosas que me resultan sumamente desagradables, y precisamente por eso me identifico tanto con él. Él es todo lo que yo desearía no ser. Aun en el vientre materno aspira a ser el número uno. Se aprovecha de las desventajas de los demás. Miente. Tiene hijos preferidos. Pelea con Dios. Por todas estas razones —y más—, Jacob es el discípulo modelo. El discípulo modelo en el sentido de que no hay ningún esfuerzo por limpiarlo ni hacerlo más presentable. No se busca ahorrarle a Dios la vergüenza de haber elegido a alguien tan engañoso para que fuera no solo su seguidor, sino el mismo hombre por cuyo nombre se conoció a la comunidad de creyentes del Antiguo Testamento: Israel.

Los crímenes y castigos de Jacob desfilan en público tal como el obstinado y bondadoso compromiso del Señor con él.

La historia de Jacob es la historia de un Dios que no elige a los santos ni a los piadosos, sino que, regularmente, busca oro en las cloacas de este mundo. E incluso allí no encuentra oro, sino piedras cubiertas de hedor que él lava, pule y dora con gracia.

Así es Jacob.

Así soy yo.

Y así eres tú.

He titulado este libro *Cojear con Dios*, en lugar de *Caminar con Dios* o *Correr con Dios*, no porque estas últimas metáforas tengan algún problema, sino porque, tal como Jacob salió cojeando de su famoso combate de lucha libre con Dios, todos debemos arreglárnoslas con caderas y rodillas maltrechas. Siguiendo a Jesús, cojeamos por los caminos oscuros y resbaladizos de la vida. Al hacerlo, descubrimos, irónicamente, que cuanto más tiempo lo seguimos, más débiles nos volvemos, y más nos apoyamos en nuestro Señor. Finalmente, en nuestro momento de mayor madurez, nuestros ojos se abren y nos damos cuenta de que nunca hemos corrido, ni andado, o siquiera cojeado un solo día de nuestra vida.

Hemos estado todo el tiempo sobre los hombros de Cristo.

Parte 1

Los primeros años:
Los hermanos Peludo y Talón

CAPÍTULO 1

Querido Dios, que ocurra uno de estos días...

> Isaac oró al SEÑOR en favor de su mujer, porque ella era estéril.
>
> Génesis 25:21

Si hay alguna certeza en la vida —además de, como dice un proverbio, la muerte y el pago de impuestos—, es esta: Dios no hará algo en el momento en que tú lo quieras. Puede que lo haga antes. Puede que lo haga después. Pero si le pides al Señor que haga algo a las 7 p. m. del miércoles 14 de marzo, no te sorprendas de que aparezca una semana antes o seis meses después sin dar muestras de lamentarlo ni hacer el intento de excusarse. «Todo cuanto el SEÑOR quiere, lo hace» (Sal 135:6). No podría ser más cierto. Sin embargo, si Dios tiene una preferencia, es la de llegar continuamente tarde. Y no solo ligeramente tarde, sino ridícula o casi irrisoriamente tarde. Pregúntale a Sara o a su nuera Rebeca.

Sara contaba con una promesa llena y un vientre vacío. Por mucha angustia que sientan hoy las mujeres que, deseando tener hijos, no pueden, debió de ser aun más doloroso para Sara porque, cuando tenía sesenta y cinco años, Dios le prometió un hijo. Y luego, durante los veinticinco años que siguieron, se olvidó de ella. O eso pareció.

En su juventud, había llegado a los veinte años de edad sin tener hijos. Pero aún tenía mucho tiempo, ¿verdad? Luego cumplió treinta, y siguió sin tener hijos. Más tarde sopló cuarenta velas, cincuenta, finalmente sesenta y cuatro y —no hace falta decirlo—, para entonces, ya sabía que nunca la llamarían mamá. Las mujeres mesopotámicas en edad de jubilar no compraban vestidos para embarazadas. Y entonces, sin que ella lo pidiera ni lo buscara, un día el Señor se presentó en su puerta para decirle: «Abraham y tú tendrán un hijo». Luego, sin dar explicaciones ni fijar un calendario, se marchó dejando a Sara con la vista en sus manos arrugadas y una sonrisa en la comisura de los labios. ¿Osó hacerse ilusiones?

Así que ella y el viejo Abraham esperaron. ¿Qué más podían hacer? Viajaron de Harán a Canaán; de Canaán a Egipto; y regresaron a Canaán. Sin bebé. En algún momento se cansaron de que el Señor les diera largas, así que, encontrando un resquicio en la ley cultural de la época, Abraham y la sierva Agar entraron juntos en el negocio de hacer bebés. Luego de que el plan les estallara en la cara, se sentaron a esperar. Y vaya que lo hicieron. Cuando finalmente Dios les hizo una visita para reafirmar su compromiso de darles un hijo, y esta vez fijar una fecha, a la anciana Sara todo le pareció tan tonto que se rio de manera audible.

Un año después, mientras todos a su alrededor reían, le pusieron a su hijo el nombre de Yitsjac, que en hebreo significa Risa. Nosotros lo llamamos Isaac.

Avancemos rápidamente cuarenta años. El bebé Risa es ahora un hombre adulto, casado con Rebeca. Estoy seguro de que, por las noches, junto al fuego, el padre Abraham, como suelen hacerlo los padres, casi había hecho llorar de aburrimiento al joven Isaac con las mismas viejas historias de siempre, a menudo repitiendo, seguramente, el cuarto de siglo que habían esperado a que Dios cumpliera su promesa. «Sí, sí, papá, ya lo sé. Me lo has contado cien veces», debe de haber pensado Isaac para sus adentros. Sin embargo, en aquel momento, poco sabía este hijo prometido que su prehistoria estaba a punto de reproducirse en su historia personal.

Se nos dice que Isaac amaba a Rebeca, y como suelen hacerlo los recién casados, ciertamente también le hizo el amor. Pero Isaac y su esposa no tendrían un bebé de luna de miel, nueve meses más tarde. De hecho, pasarían cinco, diez, luego quince años, y la cuna seguiría dolorosamente desocupada, como un recuerdo vacío de lo que podría haber sido. Isaac, el hombre llamado Risa, aún no había oído la contagiosa risita de un bebé en sus brazos.

Tal como Dios había obligado a Abraham y Sara a esperar, lo hizo también con Isaac y Rebeca. Y el Señor apenas estaba calentando motores. Como veremos más adelante en la historia de Jacob, este patriarca tuvo que esperar dos décadas en el exilio antes de hacer las maletas para volver a casa. Éxodo nos contará que los descendientes de Jacob, el pueblo de Israel, languidecieron como esclavos del Faraón por generaciones antes de que finalmente el Señor enviara a Moisés para conducirlos a la liberación. Y ni siquiera hemos mencionado que pasaron siglos antes de que la simiente prometida en Génesis 3:15 creciera en el vientre virgen de María.

No es de extrañar que, en los Salmos, una de las preguntas más comunes que brotan de los labios de los israelitas sea: «¿Hasta cuándo, Señor?».

Durante unos años, a mis treintaitantos, sentí los filosos bordes de esa oración. Pasaba los atardeceres sentado en el porche trasero de una pequeña casa de piedra en Pampa, Texas. Estaba solo la mayor parte del tiempo. Mi hijo e hija pequeños vivían a unos kilómetros con su madre y su padrastro. Mi trabajo como camionero en los yacimientos de petróleo y gas me proveía un techo y mantenía comida en la nevera, pero no podía alimentar mis hambrientas esperanzas de un futuro mejor. Ocasionalmente, alguna novia me ayudaba a pasar el tiempo y me proporcionaba compañía femenina, pero, cuando era brutalmente sincero conmigo mismo, sabía que esas mujeres me distraían de pensar en lo que había desperdiciado y echado a perder: mi relación, mi unión, y mi conexión con Dios. Él parecía estar tan lejos de mí como el agua lo está del desierto, o la nieve del fuego. En aquel porche trasero, había noches en las que miraba las estrellas y, desde los escombros de mi alma en ruinas, conseguía ahogar aquella antigua oración israelita: «¿Hasta cuándo, Señor? ¿Hasta cuándo?».

Resulta que ser discípulo de Jesús implica hacerse esa pregunta con bastante frecuencia. Seguimos a un Dios que no usa reloj ni teléfono inteligente. Para él, la puntualidad no es una virtud. Y, a decir verdad, a menudo deja que las situaciones se hagan evidentes y se conviertan en un lío antes de tomarse el tiempo de actuar.

Dos momentos de la vida de Jesús ilustran esto de manera bastante gráfica. Una vez, mientras él cruzaba el mar de Galilea con sus discípulos, una de las fuertes tormentas que suelen asolar esa masa de agua cayó sobre el mar al anochecer. Los vientos aullaban, la embarcación se hundía y sucesivas olas vomitaban agua hacia el interior. No eran pescadores novatos, sino hombres vigorosos que, apretando los dientes y forzando los músculos, estaban dándolo todo para seguir con vida.

¿Y Jesús? ¿Dónde estaba mientras todo esto sucedía? Estaba «en la popa, durmiendo sobre una almohadilla» (Mr 4:38). En mi opinión, esta es una de las imágenes más inolvidables de los Evangelios. En medio de una vorágine de pánico y caos, cuando la furiosa boca del mar está a punto de tragárselos, Jesús está allí, echando una siestecita. Solo cuando sus discípulos, presas del pánico, lo despiertan gritando: «Maestro, ¿no te importa que perezcamos?», él dice: «¡Cálmate, sosiégate», y la furia de la tormenta cesa (4:39). ¿Ves lo que ocurre? Antes de demostrar a sus discípulos que estuvo siempre preocupado de ellos, el Señor espera hasta que las circunstancias externas los persuadan de que no le importan. Aguarda hasta que no tengan otra esperanza para demostrarles que su única esperanza siempre había sido él.

La otra ocasión es cuando Lázaro, un querido amigo de Jesús, cae enfermo. Nótese la sorprendente contraposición de estas dos frases: «Y Jesús amaba a Marta, a su hermana y a Lázaro. Cuando oyó, pues, que Lázaro estaba enfermo, entonces se quedó dos días más en el lugar donde estaba» (Jn 11:5-6). Asegúrate de no pasar por alto esto: puesto que Jesús amaba a Lázaro, al enterarse de que estaba enfermo, se demoró intencionalmente en ir a verlo. ¿En serio? Sí. Eso es exactamente lo que hizo. Y para complicar realmente las cosas, mientras Jesús se retrasaba deliberadamente, Lázaro sucumbió a la enfermedad y su vida se apagó. Si Jesús hubiera partido corriendo a Betania, la ciudad donde vivía su amigo, ¿Lázaro habría mejorado? Sí, sin duda. Pero Cristo esperó dos días más, precisamente para asegurarse de que su amigo estuviera bien muerto antes de ir a verlo. De hecho, cuando Jesús llega a la ciudad, Lázaro ya lleva cuatro días pudriéndose (supuestamente) en la tumba (11:17). Solo cuando la historia avanza nos damos cuenta de por qué Cristo se hizo el remolón. *Su falta de puntualidad demostraría la plenitud de su poder.* Aparece en el propio terreno de la muerte —el cementerio— para infundir el poder de la resurrección en el cadáver de su amigo. Cuando Lázaro sale de la tumba tambaleándose, con el rostro y el cuerpo aún envueltos en sus paños mortuorios, sale como testigo del Dios que no se atiene a la agenda de nadie excepto la propia (11:44).

Isaac y Rebeca descubrirían esta misma verdad. Leemos que «Isaac oró al Señor en favor de su mujer, porque ella era estéril; y el Señor lo escuchó, y Rebeca su mujer concibió» (Gn 25:21). Solo más tarde, al término del embarazo, nos enteramos de que «Isaac tenía 60 años» cuando Rebeca dio a luz (25:26). Marido a los cuarenta y, finalmente, padre a los sesenta, Isaac tuvo que esperar veinte largos años a que Dios actuara. Y, por cierto, no creas que la frase «Isaac oró» se refiere a una sola ocasión, como si este hombre hubiera dejado pasar diecinueve años antes de tener repentinamente la brillante idea de pedir que Dios interviniera. Si era como la mayoría de nosotros, que luchamos contra la velocidad de tortuga del calendario del Señor, Isaac derramó su alma ante el Señor por muchos años oyendo únicamente el ensordecedor rugido del silencio.

«¿Hasta cuándo, Señor? ¿Hasta cuándo?». Para Isaac y Rebeca, fueron dos décadas. Para mí, fueron unos cinco años más de oscuridad y desánimo antes de recomenzar a sentirme vivo. Para María, Marta y Lázaro, fueron unos pocos días. Para los discípulos anegados en aquel mar azotado por la tormenta, fue un breve momento de lucha y terror. Durante ese período de espera, cada uno de nosotros aprendió, a su manera, que nuestra única esperanza es Dios. Muy a menudo, lo que él hace es despojarnos de aquellas cosas en las que confiamos —especialmente nuestro sentido del control— para que podamos aprender la dolorosa lección de que somos sumamente inadecuados para esta cosa llamada vida. Lee cien bibliotecas de libros de autoayuda. Entrena para triatlones y aprende técnicas de respiración. Escucha a los asesores de vida adecuados y come todos los días col rizada. Lo que quieras. Solo hace falta un bulto en el pecho, un conductor adolescente borracho o un cortocircuito en los cables de tu ático para que tu pequeño mundo ideal se derrumbe a tu alrededor. La vida es así de ridículamente frágil.

Pero nuestro Dios no lo es. Y pasa la mayor parte de nuestras vidas demostrándonoslo. Él es fuerte. Es poderoso. Y, lo que es más importante, es misericordioso. De hecho, le encanta demostrar su poder precisamente mostrando misericordia. Durante esos duros años de espera, no está ausente, sino plenamente presente en su gracia. Mientras gritamos: «¿Hasta cuándo, Señor? ¿Hasta cuándo?», él nos responde a su manera, llenándonos de ese Espíritu de esperanza, conformándonos a la imagen de su Hijo y estrechándonos en sus brazos paternales hasta estar listo para decirnos: «Ahora, hijo mío. Ahora es el momento».

Preguntas de discusión

1. Lean Génesis 12:1-4 y Hebreos 11:8-12. ¿Qué les pidió Dios a Abram y Sarai que abandonaran o dejaran atrás? Hebreos 11 se centra en lo que esta pareja hizo «por fe», pero ¿fe en qué, específicamente? ¿Es la fe un simple salto en la oscuridad, o es algo más?

2. Lean Génesis 16. ¿Por qué Abram y Sarai idearon este plan que involucraba a Agar? ¿Qué nos dice acerca de su fe? ¿De qué manera esta historia ejemplifica la promesa de Dios de hacer que todo colabore para su bien (Romanos 8:28)?

3. Conversen sobre los dos relatos de los Evangelios que se tratan en este capítulo: el aplacamiento de la tempestad y la resurrección de Lázaro (Marcos 4:35-41; Juan 11:1-44). ¿Qué nos dicen estos relatos sobre las diferentes formas de entender el tiempo —desde la perspectiva de Dios y la nuestra—? ¿Por qué el Señor suele esperar tanto para responder a nuestras oraciones? Da otros ejemplos de la Escritura, o de tu propia vida, en los que haya sido extremadamente difícil esperar la acción del Señor.

4. Reflexionen sobre las historias de las mujeres estériles de la Biblia; no solo las de Sara y Rebeca, sino también las de Ana (1 Samuel 1) y Elisabet (Lucas 1:1-25). En cada una de estas historias, todo depende de la acción inesperada de Dios para darles un hijo, aun cuando no parece haber esperanza alguna. ¿Cómo se entrecruza esto con la historia de la concepción y el nacimiento de Jesús? ¿Qué semejanzas y diferencias hay entre María y estas otras mujeres?

5. ¿Cuál es la relación entre la espera y la oración? ¿Ayuda la oración a esperar? ¿Por qué?

CAPÍTULO 2

Lucha en el vientre

Los hijos luchaban dentro de ella.

Génesis 25:22

La mayoría de las madres comienzan a sentir los primeros movimientos en el vientre cuando su bebé tiene entre 17 y 20 semanas. Con el tiempo, a medida que el niño crezca, estos movimientos aumentarán y se intensificarán. Más adelante, el padre también podrá sentir las patadas y los empujones al poner la mano sobre el vientre de su mujer. Recuerdo con cariño haber hecho esto mientras esperaba el nacimiento de mi hija y, más tarde, de mi hijo. Es una experiencia asombrosa y maravillosa.

Sin embargo, a juzgar por la descripción del embarazo de Rebeca, ella no habría descrito sus sensaciones ni como asombrosas ni como maravillosas. El esperado inicio de los movimientos se convirtió en algo similar a una lucha de artes marciales mixtas dentro de su vientre. El verbo hebreo que aquí se traduce como «luchaban» es *ratsáts*. Se utiliza cuando una mujer «rompió» la cabeza de Abimelec arrojándole una piedra de molino desde una torre (Jue 9:53). Aparece cinco veces acompañado del verbo *ashác*, que significa «oprimir» (Dt 28:33). Amós utiliza *ratsáts* para describir cómo los ricos «quebrantan a los menesterosos» (4:1). En su traducción, Robert Alter escribe: «los niños se enfrentaban dentro de ella»[1]. Supongo que los bebés no nacidos no pueden pelear, pero algo así era lo que estaba ocurriendo dentro de esta madre. Los hermanos mellizos se enfrentaron.

---

[1] Con frecuencia citaré o me referiré a la traducción de Robert Alter, *The Hebrew Bible: A Translation with Commentary*, Three-Volume Set (New York: W. W. Norton, 2019), a la cual desde ahora me referiré como «R. Alter».

Ten en cuenta, sin embargo, que hasta ese momento Rebeca ni siquiera sabía que estaba embarazada de mellizos. Lo único que sabía era que algo no andaba bien. Cuando traducimos literalmente su exclamación, es como si, en la mitad de la frase, su voz se hubiera cortado repentinamente (¡quizás por una fuerte patada en su interior!): «Si esto es así, entonces ¿por qué yo estoy…» (Gn 25:22).

Tal como Isaac había orado para que Rebeca quedara embarazada, ahora ella misma ora con fervor. Rebeca «fue a consultar al SEÑOR» (25:22). «Consultar», *darásh* en hebreo, transmite la idea de «buscar», especialmente en tiempos de incertidumbre. Rebeca busca respuestas. «¿Por qué me está pasando esto? ¿Está bien mi bebé? Dios mío, ¡dime qué está sucediendo!». Rebeca obtiene su respuesta, pero apostaría mi granja a que no tiene nada que ver con la respuesta que ella esperaba:

> Y el SEÑOR le dijo:
> «Dos naciones hay en tu seno,
> Y dos pueblos se dividirán desde tus entrañas;
> Un pueblo será más fuerte que el otro,
> Y el mayor servirá al menor».
> (Gn 25:23)

La primera sorpresa, por supuesto, es que el dolor de su embarazo no es causado por un solo bebé revoltoso, sino por dos niños. ¡Tendrá mellizos! Y sin hacer una pausa para dejarla recuperarse de la sorpresa, Dios le dice a continuación que estos dos bebés serán mucho más que dos individuos que crecerán, se establecerán, se casarán, formarán una familia y, finalmente, desaparecerán del recuerdo del mundo. No, serán «dos naciones» o «dos pueblos». Cada uno encarna ya un futuro nacional. Serán los padres de dos grupos diferentes que, en algún momento, «se dividirán [*parád*]». Este verbo, *parád*, se utilizó anteriormente en Génesis para describir cómo Lot se «separó» de Abraham (13:11, 14). De ese modo, tal como aquel tío y su sobrino, estos mellizos tomarán un día caminos separados.

Pero Dios deja la verdadera bomba para el final: «el mayor servirá al menor». El hebreo es un poco más ambiguo de lo que la mayoría de las traducciones sugieren. Podría traducirse: «el mayor servirá al menor» o «al mayor, el menor servirá». Cualquiera de las dos traducciones es posible. Puesto que tenemos el privilegio de conocer el resto de la historia, nos damos cuenta de que la interpretación correcta es «el mayor servirá al menor», pero ¿se dio cuenta de esto Rebeca en aquel momento? ¿Influyó, en su interpretación del oráculo, su futura preferencia por su hijo menor? ¿O fue el oráculo, desde el principio, lo que influyó en su preferencia? Todo lo que podemos decir es que la narración incorpora una incertidumbre.

Puede que este episodio sea breve —apenas dos versículos (Gn 25:22-23)—, pero podríamos pasar el próximo par de años rumiando las sutilezas que el Espíritu nos enseña en él. Y esas sutilezas no son teología esotérica, sino verdades prácticas que afectan directamente nuestra comprensión de nosotros mismos y de la manera en que Dios actúa en nuestras vidas como sus discípulos. Concentrémonos solo en dos asuntos.

El primero y más obvio es este: *las grandes cosas de Dios empiezan en lugares tan pequeños que parece temerario creer que de ellos vaya a salir algo.* Las palabras proféticas del Señor a Rebeca implican el nacimiento de naciones, la subversión de los acuerdos tradicionales y el futuro choque de imperios anteriormente aliados. Todo esto parece muy exagerado cuando pensamos que está hablando de un par de bebés nonatos del tamaño de plátanos pequeños. Las palabras de Dios suenan más que ligeramente exageradas. No podemos construir milenios de historia futura a partir de dos niños que apenas pesan unos pocos gramos. Es cierto, nosotros no podemos. Pero ¿Dios? Él sí puede. Y cuando él empieza algo grande, comienza en pequeño.

Un día, el grano de arena entre los dedos del Padre se convertirá en un monte.

¿No es esa la confesión fundamental que hacemos sobre el Señor al que seguimos? Una vez, hace mucho, en el vientre de María, Dios fue tan pequeño que se habría necesitado un microscopio para verlo. El Creador se convirtió en un cigoto humano bicelular que se deslizó por la trompa de Falopio de una virgen hasta alojarse en el interior de su útero. Nació como cualquier niño: tan indefenso que, si se lo hubiera abandonado, habría muerto en cuestión de horas. Más tarde, y aun en la cima de su fama, menos del 1 % de la población mundial había oído hablar de Jesús de Nazaret. Finalmente, fue públicamente ejecutado usando el horripilante método por excelencia de los romanos. Y todo terminó. O eso parecía.

Dios tenía grandes planes para Jacob. El Padre ciertamente tenía grandes planes para Jesús. Ambos tenían sus respectivas profecías. Sin embargo, al principio, e incluso más tarde, las vidas de ambos parecieron un completo fracaso. Jacob tuvo que huir al exilio, sin dinero. Jesús fue crucificado como enemigo del Estado. A juzgar por las apariencias —sin considerar la palabra de Dios—, parecía que de ellos no saldría nada.

Y es exactamente por eso que, como discípulos, vivimos de cada palabra que sale de la boca de Dios, no de cada imagen que se pasea ante nuestros ojos. Se trata de lo que Dios dice, no de lo que vemos: así es como vivimos, nos movemos y mantenemos nuestra esperanza. Puede que nosotros veamos un grano de arena, pero el Señor ve la formación de un monte.

El segundo punto es el siguiente: lo que Dios elige no se basa en nuestras credenciales morales, intelectuales o espirituales. Para seleccionar al jefe de la nación escogida, el Señor no esperó hasta que estos muchachos cumplieran trece o veintiún años, y luego eligió al hijo moral y espiritualmente superior tras hacer que los ángeles recopilaran un expediente de sus vicios y virtudes, y entrevistarlos para determinar su idoneidad. Pablo, más tarde, hará la observación de que la elección de Dios se produjo «cuando aún los mellizos no habían nacido, y no habían hecho nada, ni bueno ni malo» (Ro 9:11). Como veremos, lo «bueno [y lo] malo» llegaría con el tiempo, pero ocurrió mucho más tarde. Jacob, de hecho, se convierte en un imbécil egoísta, interesado, maquinador y embustero. Difícilmente es un dechado de virtud o humildad. En muchos aspectos, Esaú, pese a sus notables defectos, resulta ser un personaje mucho más estable, perdonador y agradable.

Sin embargo, Dios elige a Jacob. Elige a alguien de carácter cuestionable, moralmente inferior y padre de una familia que sería la pesadilla de Norman Rockwell hecha realidad. ¿Qué nos dice esto? Nos dice que Dios, a través de su palabra y por su misericordia, llama a las personas a venir a él independientemente del currículum moral que tengan. Como dice Jesús a sus discípulos: «Ustedes no me escogieron a Mí, sino que Yo los escogí a ustedes» (Jn 15:16). Eligió a pescadores rurales. Escogió a un recaudador de impuestos despreciado. Eligió a un ardiente zelote. Y escogió a uno que acabaría traicionándolo con un beso. Y te eligió a ti.

Quizás estés pensando: «Sí, pero...

... tengo un delito grave en mi expediente

... he arruinado matrimonios

... me odio profundamente

... he arruinado todo en mi vida

... he traicionado a las personas más cercanas a mí

... interiormente, me siento sucio de vergüenza

... no soy digno de que Dios me dedique siquiera un segundo de atención».

A todo eso, Dios dice: «Te perdono. Te amo. Mi corazón es tuyo. No hay condenación para quienes están en Cristo Jesús, sino toda una eternidad de paz, amor y esperanza».

¿Crees que el Señor ignoraba cuán sinvergüenza sería frecuentemente Jacob? Indudablemente lo sabía. Pero las buenas o malas acciones de Jacob no tuvieron nada que ver con la elección que Dios hizo de él para su futuro plan. El Señor está acostumbrado a trabajar con pecadores. Es el único material que tiene.

¿Así que eres pecador? Bienvenido a la humanidad. Y bienvenido a la perdonada familia de Dios en Jesucristo, llena de discípulos cojos.

Preguntas de discusión

1. Lean Génesis 25:21-23. A juzgar por la brusquedad de los movimientos en su interior, ¿qué pudo estar pasando por la mente de Rebeca? Su confusión y sus temores la llevaron a consultar a Dios. ¿De qué manera el Señor sigue obrando así hoy en día (Sal 18:6; Stg 5:13; Lc 18:1-8)?

2. La respuesta de Dios a Rebeca es breve pero abundante en promesa y profecía. Enumeren todos los detalles de Génesis 25:23. ¿Qué semejanzas o diferencias hay entre esta historia y otros relatos bíblicos sobre las promesas del Señor en cuanto a niños que aún están en el vientre o acaban de nacer? Ver Jueces 13:1-5; Jeremías 1:4-10; Lucas 1:11-17; Lucas 1:26-38.

3. Analicen cómo las grandes cosas de Dios empiezan en lugares pequeños. ¿Qué ejemplos encontramos en la Biblia, o en nuestras propias vidas? ¿Qué nos enseña esto sobre la manera en que el Señor actúa? ¿De qué modo esto suscita fe, por parte de nosotros?

4. Hablen de cómo la elección de Dios no se basa en nuestras credenciales morales, intelectuales o espirituales. ¿En qué sentido esto se opone fundamentalmente a la manera en que funciona el mundo? ¿Cómo utiliza Pablo esta historia en Romanos 9:6-13?

5. Describan cómo ciertas acciones o pecados hacen que nos sintamos «indeseables» para Dios, o como personas a las cuales el Señor no querría. ¿Cómo responde nuestro Salvador a tales sentimientos?

CAPÍTULO 3

Los hermanos Peludo y Talón

> Y después salió su hermano, con su mano asida al talón de Esaú, y lo llamaron Jacob.
>
> *Génesis 25:26*

Hoy en día, mucho antes de que su hijo o hija llegue al mundo, la mayoría de los padres ya han elegido el nombre que le pondrán. De hecho, no es raro que los nombres se elijan incluso antes del embarazo o del matrimonio. Por ejemplo, desde que tengo memoria, incluso de niño, me gustaba el nombre Luke. Así que decidí que, cuando creciera y me casara, si Dios me daba un hijo, le pondría ese nombre. Y eso hice. Al momento de escribir estas líneas, mi hijo Luke tiene veinte años. Hace poco, yendo de excursión por las montañas de Texas, él me dijo que, si tenía un hijo también, ya sabía qué nombre le pondría. Así que, al parecer, la tendencia a elegir tempranamente el nombre es hereditaria en la familia Bird.

Sin embargo, no debió de ser algo común en la familia de Isaac y Rebeca. A juzgar por el desarrollo de los acontecimientos, ellos, al igual que otras parejas bíblicas, eligieron los nombres basándose en los sucesos que rodearon el nacimiento de los niños. Dado que los nombres escogidos significan «Peludo» y «Talón», ¡quizás un poco más de previsión les habría venido bien! O tal vez su padre, Isaac, cuyo propio nombre significa «risa», era simplemente un tipo con un sano sentido del humor. Esta es la historia:

> Cuando se cumplieron los días de dar a luz, había mellizos en su seno. El primero salió rojizo, todo cubierto de vello, y lo llamaron Esaú. Y después salió su hermano, con su mano asida al talón de Esaú, y lo llamaron Jacob. Isaac tenía 60 años cuando Rebeca dio a luz a los mellizos. (Gn 25:24-26)

En primer lugar salió Esaú, que da la impresión de ser un gran candidato al bebé más feo del año. La palabra «rojizo», *admoní*, puede referirse a pelo rojo o a una tez rubicunda (David es la única otra figura bíblica descrita de este modo [1S 16:12 NVI]). En el caso de Esaú, *admoní* debe referirse a su pelo. Ser pelirrojo está bien, por supuesto, pero este chico tenía tanto vello corporal que parecía un osezno pelirrojo. El nombre en sí es un enigma lingüístico. Esaú suena muy poco como la palabra hebrea para pelo (*seár*), aunque de allí vendrá el nombre de *Seir*, que finalmente será la tierra de Esaú. No obstante, parece suponerse alguna conexión entre la vellosidad y el nombre de Esaú.

Sin embargo, con el nombre del segundo hermano estamos sobre un terreno mucho más sólido —aunque aun aquí entran en juego las sutilezas del lenguaje—. Este niño nace «con su mano asida al talón [*aquéb*] de Esaú», de modo que, aprovechando esa parte poco atractiva de la anatomía, su madre y su padre lo bautizan *Yaakób* («Jacob»)[1]. Pero ocurre algo más. En otras lenguas antiguas, además del hebreo, hay múltiples formas del nombre Jacob o Jacob-El, todas provenientes del verbo «proteger». En estos casos, el nombre significa algo como «que El [Dios] lo proteja» o «Dios lo ha protegido».

Dicho esto, en la Biblia predomina el primer significado —relacionado con «talón»—, y no de manera positiva. El verbo hebreo *acáb*, formado a partir de la misma raíz, tiene la connotación de agarrar a alguien por los talones a fin de hacerlo tropezar, estorbarlo o traicionarlo. Como veremos más adelante, este es el furibundo juego de palabras que Esaú utiliza cuando dice: «¡Con razón le pusieron el nombre de Jacob [*Yaakób*]! Ya van dos veces que me ha hecho trampa [*acáb*]» (27:36 BLPH). En otras palabras, Jacob *le hacía honor* a su nombre.

Pero no nos adelantemos demasiado. Centrémonos en lo que está sucediendo mientras Rebeca se halla en pleno trabajo de parto. El momento, finalmente, ha llegado. Nuestro pequeño amigo Peludo, el primogénito, está haciendo su gran entrada al mundo. Vemos su cabeza. Sus hombros. Su cuerpo. Y justo cuando está casi completamente fuera de su madre, ¡he ahí la mano! Cinco deditos atrapan, agarran, se aferran por su vida al talón de su hermano. ¿Qué está haciendo? Pareciera que intenta tirar de su hermano hacia dentro. Quiere adelantársele, pasar de la posición beta a la alfa.

---

[1] Si alguna vez te has preguntado por qué la ortografía de los nombres bíblicos difiere tanto de la hebrea original, es porque nuestra ortografía está mayormente influida por la griega y, sobre todo, por los nombres bíblicos en latín, no en hebreo.

Tú podrías pensar: «Oh, vamos, es solo un bebé; no está razonando ni tomando decisiones conscientes». Desde luego, es cierto. Pero aquí hay otra cosa, aun más cierta: a la luz de su biografía, este acto de aferrarse, que Jacob hace al nacer, es profético. Estos niños comenzaron a ejercitar los músculos de la ambición desde que nacieron.

Ambición. Durante una gran parte de mi vida —entre los dieciséis y los treinta y cinco años— uno de los mayores cumplidos que me podían hacer era calificarme de «ambicioso». Llevaba ese adjetivo como una insignia de honor. «Por supuesto que soy ambicioso», pensaba para mis adentros, mientras contemplaba el futuro de mis planes cuidadosamente orquestados para ascender, alcanzar mis sueños y superar a todos mis hermanos en la fe. No fumaba, y bebía ocasionalmente, pero me hice muy adicto a una droga milenaria: el opiáceo de la ambición. Y esnifaba, fumaba y me inyectaba día y noche ese narcótico narcisista. Qué no hubiera dado por llegar más adelante. Qué no hubiera sacrificado por subir los peldaños de la escalera del éxito. Era un hombre con una misión, y mi ambiciosa misión era un absorto ascenso a la autoglorificación.

Si me llamaran ambicioso hoy —en los últimos diez años, sucedió una vez—, sería como una bofetada en la cara. La última vez que ocurrió, la palabra me repelió, como si hubieran insultado mi esencia. Ciertamente esa no fue la intención, pues pretendía ser un cumplido, pero tuvo el efecto contrario: causó escozor. ¿Por qué? Porque, a través de una larga y sombría serie de acontecimientos catastróficos, llegué a darme cuenta de que la ambición había sido el combustible del infierno que impulsó mi vida hacia una explosión frontal y ardiente de destrucción personal.

Un «ambicioso discípulo de Jesús» es tan contradictorio como «un santo seguidor de Satanás». La ambición no es el impulso de dar lo mejor para ayudar a los demás. Es el impulso de hacer lo que sea necesario para mí, mí, mí. Es el motor del egoísmo. Aprovecha algunas cualidades de la humanidad —virtudes como el trabajo duro, el compromiso y la determinación— y las pervierte todas para el vicioso servicio del yo. La ambición no coge las manos de los demás para hacerlos subir. No, la ambición agarra los talones de hermanos, amigos, desconocidos y enemigos, para tirar de ellos hacia atrás. Todo para llegar más adelante. Eso es lo que importa. Es lo *único* que importa. Adelante y hacia arriba, para la gloria de uno mismo.

Pablo, con ironía mordaz, les dice a los discípulos de Tesalónica: «Tengan por su ambición el llevar una vida tranquila» (1Ts 4:11). El apóstol les está diciendo: «Oh, ¿así que quieren ser ambiciosos? Pues hagan que su ambición sea ser poco ambiciosos». O, como dijo nuestro propio Rabí: «Si alguien desea ser el primero, será el último de todos y el servidor de todos» (Mr 9:35). «Bienaventurados los humildes», dice Jesús, aludiendo a Salmo 37:11, donde leemos que «los humildes poseerán la tierra y se deleitarán en abundante prosperidad». En hebreo, ser «humilde» es ser *anáv*: manso, modesto, sin pretensiones, alguien que soporta pacientemente el sufrimiento. La «ambición» del humilde, del *anáv*, es servir en calma y en el temor del Señor.

Pero Jacob era ambicioso. Yo era ambicioso. Y ese demonio, que siempre acecha en las sombras del éxito, aún mira con ojos brillantes a mi alma cansada. Lo detesto. Y, cada vez que puedo, lo pateo. Pero, por su afinidad con el orgullo, la ambición seguirá persiguiéndome, tal como persigue a muchos otros.

¿No es así como funciona el pecado? Puede que odiemos un mal o un vicio en particular. Puede que alguna vez haya destruido nuestras vidas. Podemos conocer su funcionamiento interno, sus trampas seductoras, o sus frutos mortales, pero eso no significa que desaparezca. Por ejemplo, he conocido a alcohólicos que dejaron de beber por décadas hasta que un día cayeron y volvieron a destrozar sus vidas. ¿No sabían lo que ocurriría? Claro que lo sabían. Pero así es el poder cegador del mal.

Veremos los sombríos tiempos que aguardan al ambicioso joven Jacob. Sin embargo, una verdad que surgirá reiteradamente en su vida —como lo hace una y otra vez en la nuestra— es que, si no fuera por la gracia y la misericordia del Señor, habría arruinado todo hasta no haber redención posible. Si arreglar las cosas hubiera dependido de Jacob, todo habría continuado roto.

Sin embargo, tanto él como nosotros adoramos a un Dios que sabe tratar —con severidad y bondad— a pecadores estúpidos como nosotros. Nos destroza. Nos doblega. Si es necesario, a veces nos aplasta. Y cómo duele. Somos deshechos. Pero eso es solo el principio. Nuestro Padre es mucho más que un martillo celestial que trata todo lo terrenal como si fuera un clavo. Él rompe y construye. Destroza y da forma. Crucifica y resucita.

¿No es asombroso pensar que, mientras estaba en la cruz, muriendo por el mal, muriendo por la ambición, muriendo por todos los pecados de la humanidad, el humilde Señor del amor levantó su talón y lo hizo caer sobre la cabeza de la serpiente? De manera espléndidamente irónica, el Padre nos dio un talón, un «Jacob» al que podemos agarrarnos para salir de la muerte y volver a la vida en él.

Preguntas de discusión

1. Lean Génesis 25:24-26. Al reflexionar sobre los nombres que Isaac y Rebeca eligieron para sus mellizos recién nacidos, piensen también en la importancia de los nombres. Estos no son palabras al azar, sino que suelen significar algo. ¿A qué se debe? Analicen la íntima conexión que existe entre las personas y sus nombres.

2. Antes de la llegada de los tiempos modernos, la ambición se entendía como un vicio y no como una virtud. ¿Cómo ha cambiado eso y qué cambios ha producido? ¿Por qué es importante el hecho de que, hoy en día, velar por uno mismo, centrarse en uno mismo, y perseguir el éxito a toda costa, se considere saludable?

3. Analicen 1 Tesalonicenses 4:9-12. ¿Cuáles son las implicaciones prácticas de estos versículos en la vida real?

4. ¿Qué significa que Dios nos derriba y nos edifica, nos destroza y nos da forma, y nos crucifica y nos resucita? Para considerar ejemplos bíblicos, vean cómo el Señor se ocupó de Nabucodonosor en Daniel 4 o del hijo pródigo en Lucas 15:11-24.

CAPÍTULO 4

Con hermanos así, ¿quién necesita enemigos?

«Véndeme primero tu primogenitura», le contestó Jacob.

Génesis 25:31

En su breve ensayo «El sermón y la comida», C. S. Lewis afirma esta verdad poco grata: «La caridad empieza por casa; pero la falta de caridad también»[1]. Lo ilustra recordando un domingo en particular, en el que, no habiendo aún transcurrido ni cinco minutos del sermón del predicador, cada miembro de la congregación se había desconectado del púlpito. ¿Por qué? Porque, al hablar de la vida familiar, el pastor estaba retratando adornadamente nuestros hogares como un lugar en el que podemos retirarnos del mundo, ser nosotros mismos, renovarnos y estar en paz.

La cuestión era esta: todos los presentes sabían que mentía. No lo sabían necesariamente porque la vida familiar del predicador no fuera halagüeña (no lo era; Lewis había visto personalmente su fealdad), sino porque todos sabían que sus propias vidas familiares eran cualquier cosa menos dichosas. Como dice Lewis, si queremos redimir el hogar —si queremos convertirlo en un lugar de bendición—, lo primero que debemos hacer es «dejar de mentir sobre la vida doméstica»[2]. Sin duda, la vida doméstica puede ser a menudo un acogedor castillo en nuestro mundo cruel y despiadado, pero con la misma frecuencia es una oscura mazmorra llena de traqueteantes cadenas de resentimiento, venenos pasivo-agresivos y favoritismos poco caritativos.

La Biblia ilustra este punto ofreciéndonos numerosas historias. Y pocas son más ilustres que la saga familiar de Jacob.

God in the Dock (San Francisco: HarperOne, 2014), 284.

«The Sermon and the Lunch», 284.

Hasta aquí, todo parecía relativamente sano en el hogar de Isaac y Rebeca. Sin embargo, a medida que avanzamos desde el nacimiento hasta la edad adulta de los mellizos, el tejido familiar comienza a desgarrarse. Lo primero que se nos dice es esto: «Los niños crecieron, y Esaú llegó a ser diestro cazador, hombre del campo. Pero Jacob era hombre pacífico, que habitaba en tiendas. Isaac amaba a Esaú porque le gustaba lo que cazaba, pero Rebeca amaba a Jacob» (Gn 25:27-28). Esaú es, pues, el rudo hombre de campo, un Daniel Boone hebreo, que mantiene a la familia bien provista de carne de venado. Isaac amaba a este hijo mayor «porque le gustaba lo que [Esaú] cazaba». El hebreo dice literalmente «por la caza que tenía en la boca», dándonos un retrato poco halagador, o casi bestial, de Isaac. Su corazón seguía a su estómago.

¿Y Jacob? «Habitaba en tiendas», lo cual implica que su vocación era el pastoreo (véase Gn 4:20, donde aparece la misma expresión hebrea). El término hebreo para «hombre pacífico» es *ish tam*, la misma frase que se utiliza dos veces para describir a Job como un «hombre intachable» (1:8; 2:3). Puesto que se está haciendo un contraste entre Jacob y Esaú, aquí podría tener la connotación de «civilizado». En cualquier caso, Rebeca adoraba a su hijo menor. ¿Por qué? Quizás por el oráculo que oyó durante su embarazo. No lo sabemos. Lo que sí sabemos es que esta preferencia paterna es un presagio de los dramáticos acontecimientos de Génesis 27, por no mencionar la propia preferencia paterna de Jacob por su hijo José en Génesis 37:3, que también conducirá a una fractura familiar. Este es un vívido ejemplo de cómo se transmiten los pecados de los padres (y de las madres) a la siguiente generación.

La siguiente escena es quizás la más conocida de la vida de Jacob. De hecho, se ha convertido en un proverbio. Cuando una persona tiene las prioridades al revés, de modo que se desprende de algo muy valioso a cambio de un placer intrascendente o una nimiedad, decimos que «lo vendió por un plato de lentejas». Esto se refiere, por supuesto, al «guisado de lentejas» que Esaú obtuvo cuando le vendió su primogenitura a Jacob (Gn 25:29-34). La historia es un poco más complicada de lo que sugiere la habitual lección moral, así que pensemos en ella un momento, mirando no solo a Esaú, sino también a Jacob.

Primero, Esaú. Claramente tomó una decisión precipitada e idiota. Si realmente hubiera estado «a punto de morir» de hambre, como afirma con toda la fanfarria de una reina del drama, engullir un plato de sopa y un poco de pan no le habría dado los medios para levantarse y seguir su alegre camino después de la comida (25:34). En segundo lugar, toda la escena (especialmente en hebreo) hace que Esaú parezca tan tosco como un perro, casi incapaz de hablar en forma coherente. Literalmente, dice: «Déjame engullir esto rojo, lo rojo» (25:30 [traducción mía]). El verbo para «engullir» (*laát*) no implica una forma de comer humana, sino animal. Y ni siquiera dice la palabra para «estofado» o «sopa», sino que se limita a señalar el color («esto rojo, lo rojo»). No es de extrañar, pues, que el narrador juzgue duramente al hijo mayor: «Así despreció Esaú la primogenitura» (25:34). Ciertamente eso fue lo que hizo.

¿Y Jacob? Si Esaú trató su primogenitura con desprecio, Jacob trató a su hermano mayor con al menos el mismo desprecio. Esaú parece un buey tonto, y Jacob, un abogado tan frío como el hielo. Evalúa la situación de inmediato y, con precisión jurídica, se lanza a la yugular incluso reservando el «mí» para el final de la frase: «Primero véndeme tu primogenitura a mí» (25:31)[3]. No le dice: «Hermano, pareces tener hambre; mira, aquí tienes un plato de sopa. Descansa y come». No hay fraternidad, compasión ni vacilación como para extenderle misericordia a un semejante. Un comentarista lo expresa así: «Esaú capitula y Jacob capitaliza»[4]. Lo único que a Jacob le importa es Jacob. Puede que no sea como el aumento abusivo de precios después de un huracán, pero es igualmente despreciable. Y, en este caso, tiene éxito. Ahora que tiene la primogenitura, todo lo que necesita es la bendición del padre.

Es muy probable que la persona que más daño te ha hecho o te hará sea un miembro de tu propia familia. Es una verdad difícil de aceptar, pero es inevitablemente cierta. Los padres maltratan a sus hijos en el plano sexual, emocional y psicológico. Los hijos apartan de sus vidas a sus padres ancianos. Los cónyuges se engañan mutuamente y utilizan a sus hijos e hijas como armas contra sus respectivos ex. Las dos primeras historias familiares de la Biblia lo confirman: cuando Dios enfrenta a Adán, este señala con su dedo acusador a Eva (Gn 3:12). Y en un relato de hermano contra hermano que recuerda mucho al de Jacob y Esaú, Caín atraerá a Abel al campo e iniciará el ciclo de asesinatos que han contaminado la tierra con sangre hasta el día de hoy (4:8).

En un momento de mi vida, tuve una casa cerca de la esquina de las calles Hatfield y McCoy, en la ciudad tejana de Amarillo. Cuando me mudé allí, recuerdo haberme reído de los nombres, pensando en la ironía de que mi feliz familia viviera cerca de calles cuyos nombres recordaban aquella vieja e infame disputa familiar. Más tarde, cuando el divorcio era

---

[3] Traducción mía. La NBLA traduce: «Véndeme primero tu primogenitura».

[4] Victor Hamilton, *The Book of Genesis: Chapters 18-50*, NICOT (Grand Rapids, MI: Eerdmans, 1995), 186.

inminente y me estaba mudando ahogado por la amargura, el resentimiento y la rabia, los dos nombres me resultaron demasiado cercanos como para seguir encontrándolos cómicos. La disputa que representaban era coincidente, pero de una manera enferma y satánica. Al estilo bíblico, la mayor herida y el golpe más profundo que jamás había recibido me habían sido causados por un miembro de mi propia familia.

Y así, comencé el largo y doloroso proceso por el que todos ustedes han pasado, están pasando o en algún momento pasarán: perdonar a quienes han pecado contra nosotros. Hay veces en que pronunciar las palabras «Te perdono» puede parecer bastante fácil —cuando la ofensa contra nosotros es leve y superficial—. Pero otras veces, decir «te perdono» se siente como si nos estuvieran destripando, como si nos estuvieran arrancando del alma un monstruo profundo y antiguo. Es como si fuéramos a morir.

Y esto no es sorprendente. De hecho, es totalmente previsible, porque perdonar a la gente significa que debemos morir. No hay otra manera. Y esa, por supuesto, es también la razón por la que no queremos perdonar. Perdonar es morir a las personas en las que nos convertiríamos —y solemos convertirnos— cuando engendramos amargura, concebimos resentimiento y alimentamos el deseo de hacer pagar a aquellos que nos han herido. Es algo que nos consume. Nos corroe por dentro como un cáncer. Perdonar es matar al impío que llevamos dentro, aquel para el cual la absolución es anatema y la redención es reprobable.

Te habrás dado cuenta de que, en la oración que Jesús nos enseñó, hay una sola línea —en toda la oración— que implica una acción hecha por nosotros. Nuestro Padre santifica su nombre. Él hace que su reino venga. Nos perdona, nos da el pan de cada día, y nos protege en momentos de tentación y de mal. Él es quien realiza todos esos verbos. La única parte del padrenuestro que implica una acción nuestra es esta: «como nosotros perdonamos a los que nos ofenden». La razón es obvia: podría decirse que no hay un acto más fundamentalmente cristiano que perdonar a los demás.

Cuando se perdona, no se está declarando inocencia. Todo lo contrario. No perdonamos a los inocentes, sino a los culpables. Pronunciar una absolución es reconocer implícitamente que la persona absuelta ha hecho algo que necesita perdón. Si Esaú, por ejemplo, hubiera perdonado a Jacob —y ya llegaremos a eso—, no habría sido equivalente a fingir que la avaricia de su hermano era excusable. Esaú no habría estado diciendo: «Bueno, supongo que es comprensible que mi hermano me haya tratado como su enemigo». No, habría estado diciendo: «Te perdono el mal que hiciste. O, mejor dicho, Dios te perdona en y a través de mí. Dios no te lo reprocha, así que yo tampoco».

La absolución es el corazón palpitante del discipulado porque Cristo, nuestro perdón, es el corazón palpitante del discipulado. Cada día nos perdona rica y pródigamente, colmándonos de amor, aunque no lo merezcamos. Y nosotros, después de recibir, no construimos un dique en nuestros corazones para detener el flujo de la misericordia, sino que la dejamos pasar hacia los demás. Perdonamos como hemos sido perdonados.

El perdón empieza por casa porque, como nos recordó Lewis, ese es el lugar donde comienzan tanto la caridad como la falta de caridad. La esquina de las calles Hatfield y McCoy no es un lugar apto para la habitación humana, y mucho menos para la paz familiar. Sustitúyela por avenidas de misericordia y gracia. Será doloroso. Morirás a cosas que creías que te mantenían vivo. Sin embargo, descubrirás, en los brazos del Jesús resucitado, una nueva vida de libertad y una capacidad de gozarte en este Hermano que nunca te venderá.

Preguntas de discusión

1. ¿Por qué es en la familia donde experimentamos tan a menudo la falta de caridad y la mezquindad? Analicen las razones por las que frecuentemente vemos lo mejor y lo peor de la humanidad en las personas más cercanas a nosotros.

2. Lean Génesis 25:27-34. Comparen y contrasten los tipos de personas que llegaron a ser Jacob y Esaú. Al imaginarlos, ¿qué clase de palabras vienen a la mente?

3. ¿Cuáles fueron las motivaciones de Esaú y Jacob en el asunto de la primogenitura? Den ejemplos actuales de cómo siguen existiendo estas mismas motivaciones y tipos de pecados. ¿Cuál de los diez mandamientos aborda esta cuestión?

4. Hablen de por qué nos resulta tan doloroso y difícil perdonar a los demás. Utilicen la parábola de Mateo 18:21-35 para hablar del perdón que encontramos en Jesús y el perdón que otorgamos a los demás.

CAPÍTULO 5

Isaac y los elefantes

Y dijo Isaac: «Mira, yo soy viejo y no sé el día de mi muerte».

Génesis 27:2

En algunos de mis cumpleaños más importantes, hago una comparación padre-hijo. Utilizando mi memoria y la imaginación, me comparo con mi padre, Carson, cuando él tenía mi edad —a los treinta, cuarenta o cincuenta años—. ¿Compartimos los mismos rasgos? ¿Tenía él canas, en el pelo y en la barba, como las tengo yo, al cumplir medio siglo? Comparo nuestros intereses, actividades, y vidas, laboral y familiar. Me pregunto si, cuando él atravesaba la misma etapa que yo estoy viviendo hoy, estaba pensando muchas de las cosas que yo estoy pensando, enfrentando quizás muchos de los mismos miedos y arrepentimientos.

Esta comparación padre-hijo me ayuda, de una manera algo retroactiva, a ver la vida a través de sus ojos, incluso después de todos estos años. También me ayuda a ver la relación con mis propios hijos desde una nueva perspectiva. Pienso: «Probablemente, mi padre pensaba y se preocupaba por las mismas cosas respecto de mí, que yo respecto de mis propios hijo e hija». Wordsworth escribió: «El niño es el padre del hombre», lo cual es cierto, pero el padre es también muy a menudo la futura imagen del hijo.

Me pregunto si alguna vez la mente de Isaac flotó por esa corriente. Por ejemplo, al inicio de este trascendental capítulo, Isaac tiene al menos cien años —probablemente más—. Para nosotros, por supuesto, los centenarios son muy ancianos, pero aun en aquellos antiguos días longevos, las personas de cien no eran consideradas jóvenes. El propio Isaac lo dice claramente: «Yo soy viejo» (Gn 27:2). No obstante, cuando el padre de Isaac, Abraham, tenía cien años, hacía brincar al pequeño Isaac sobre sus rodillas (Gn 21:5). A esta edad, Isaac estaba prácticamente ciego, mientras que su padre, Abraham, parecía gozar de una salud relativamente vigorosa. Entre los cien y los ciento setenta y cinco años, Abraham enfrentó la debacle con Agar e Ismael, trató diplomáticamente con Abimelec y Ficol, estuvo a punto de sacrificar a Isaac, lloró la muerte de Sara, organizó la elección de la esposa de Isaac, se casó en segundas nupcias con Cetura y engendró muchos más hijos, con ella y sus concubinas (Gn 21:8-25:10). Isaac acabará viviendo cinco años más que su padre —morirá a los ciento ochenta—, pero parece haber pasado sus últimas décadas en relativa inactividad. Entre la mención de su disgusto por la elección de esposas de Esaú (Gn 28:8) y su reunión con Jacob y posterior muerte (35:27-29), no se registra una sola acción de Isaac para la posteridad. Comparado con su padre, Abraham, y con su hijo, Jacob, Isaac es el patriarca más normal, corriente y (¿puedo decirlo?) aburrido.

Sin embargo, a largo plazo en el plan de salvación de Dios, es un actor increíblemente importante; un actor que, de una manera divinamente humorística, ¡la mitad del tiempo tiene poca idea de lo que está pasando! Isaac, el Sr. Risa, es una especie de chiste divino (en un sentido no peyorativo). Como hemos visto, su nacimiento de padres ancianos fue cómico, una fuente de risas bienintencionadas (Gn 21:6). Más tarde, es completamente inconsciente de que está subiendo al monte cargando la misma leña con la que será sacrificado (Gn 22:6). Imitando la insensatez previa de su padre, Isaac afirma que Rebeca es su hermana (26:7), pero es sorprendido «acariciando» públicamente (¿en flagrante delito?) a su supuesta «hermana», quedando así de mentiroso (26:8)[1]. Es un tipo de humor embarazoso. Como veremos en este capítulo, Isaac actúa como si estuviera a las puertas de la muerte, pero estará equivocado, pues su corazón seguirá latiendo unas cuantas décadas. Más aun, demasiado apoyado en sus sentidos del olfato y del tacto, es engañado por su hijo menor cuando, en términos inequívocos, su sentido del oído le dice que no se trata de Esaú, sino de Jacob (27:22).

Pobre Isaac. No es que sea tonto. Tampoco es poco inteligente ni inconsciente. Más bien, es simplemente un ejemplar común de la humanidad, atrapado en una historia mucho más grande que él, una historia que no es capaz de comprender plenamente. Encarna nuestras debilidades y defectos comunes; las mismas imperfecciones a través de las cuales Dios trabaja fiel y afanosamente a fin de realizar su voluntad para todos nosotros.

[1] En el texto hebreo hay un juego de palabras. La misma raíz, *tsakjác*, forma tanto el nombre «Isaac» como el verbo para «acariciar» (NBLA) o «jugar con» (RVA). Robert Alter lo traduce como «jugar con». El hecho de que Isaac «isaaqueara» a/con su esposa —se tratara de una relación sexual o de meros juegos preliminares— le demostraba suficientemente a Abimelec que Isaac y Rebeca eran cónyuges y no hermanos.

Por eso, agradezco a Dios por Isaac. Como aquel patriarca, nuestras vidas y percepciones se pueden comparar frecuentemente con aquel proverbial grupo de ciegos, a los cuales, aunque no sabían lo que era un elefante ni qué aspecto tenía, se les pidió que tocaran al animal y sacaran una conclusión basada en su experiencia. Ya conocen la leyenda. El ciego que tocó la trompa dijo que el elefante era como una gran serpiente. El que le tocó la pata dijo que el elefante era como el tronco de un árbol. El que le tocó la cola dijo que era como una cuerda. Y el que le tocó el costado dijo que el elefante era como una pared. Cada uno de los hombres tenía razón y cada uno de ellos estaba equivocado. Eran incapaces de ver el cuadro completo, la realidad total. Limitados en conocimiento, limitados sensorialmente y limitados por la falta de experiencia, cada uno hizo todo lo que pudo para captar la verdad completa, para acertar, pero todos fallaron.

En la vida, a menudo nos sentimos como si estuviéramos dando vueltas alrededor de un cuerpo inmenso y misterioso, tocando esto y aquello, e intentando comprender lo que experimentamos y sentimos para finalmente poder decir: «Esto es "el elefante"», por decirlo de algún modo; «¡De esto se trata la vida!». Cuando somos jóvenes, nos lanzamos a una carrera pensando: «¡Ah, esto me permitirá realizarme!», solo para terminar dándonos cuenta de que únicamente hemos tocado la «cola del elefante». Después de los 30, y de los 40, conseguimos un gran logro —obtenemos ese trofeo que pensábamos que por fin nos haría sentir realizados—, pero más tarde nos damos cuenta de que solo hemos tocado la «pata del elefante». Probablemente, en algún punto del camino, nos enamoramos y pensamos: «Sí, esta persona me completará», pero luego, a medida que el tiempo pasa y las cargas de la vida tensan la relación, nos damos cuenta de que solo hemos agarrado la «trompa del elefante». Bienvenido a la vida humana. Todos pasamos por esto. Gran parte de nuestra existencia consiste en pensar: «De "esto" se trata la vida», solo para luego descubrir que estamos equivocados.

Isaac se vio obstaculizado por la mortalidad, acosado por la debilidad y fácilmente engañado por su incapacidad para ver lo que realmente estaba ocurriendo. En ese sentido, Isaac es nuestro «patrono». Su vida es también un hermoso recordatorio de que la voluntad del Señor para nosotros —y nuestro lugar en su gran plan de salvación— no se ve obstaculizada por nuestra debilidad, confusión y larga lista de decisiones estúpidas. Somos expertos en hacer las cosas mal y en desajustar las prioridades. Buscamos realizarnos en los lugares equivocados. Como bufones, sacudimos la cola del elefante proclamando que encontramos «la respuesta» a la búsqueda de la humanidad. Y nuestro Padre simplemente menea la cabeza, se acerca, nos toma por los hombros, y nos aleja de nuestro error hacia una comprensión más amplia de su voluntad para nuestras vidas.

Mientras sigues a Jesús, no esperes que tus debilidades personales y tus rasgos indeseables de carácter desaparezcan. No lo harán. No esperes hacer todo bien todo el tiempo. No lo lograrás. Como discípulo, no esperes que, para ti, la vida sea un poco más fácil que para los no creyentes. Lo más probable es que sea más difícil, porque el mundo es un lugar desagradable para los ciudadanos del reino de Dios.

Esto es lo que sí puedes esperar: la presencia constante de Jesús en tu vida ordinaria, predecible, mayormente rutinaria y a menudo confusa. La vida del discipulado es una vida humana impregnada de la presencia invisible de Jesús, que te utiliza como sus manos, pies y boca para difundir su amor y su verdad entre los demás pecadores. Muchas veces, si no la mayor parte del tiempo, serás totalmente inconsciente de que él lo está haciendo. Pensarás: «Solo estoy haciendo mi trabajo», pero ese trabajo será el lugar de trabajo de Cristo. Pensarás: «Solo estoy cuidando de mis hijos», pero esa crianza será el medio que Jesús usará para que tus hijos aprendan a temerlo, amarlo y confiar en él. Pensarás: «Solo estoy dando una palabra de aliento o perdonando a alguien que me ha hecho daño», pero esas palabras de misericordia y gracia estarán llenas del poder del Espíritu.

A lo largo del camino, todos fallaremos; a veces de forma catastrófica, y a menudo en maneras que harán daño a muchas otras personas. Haremos cosas tontas y egoístas, como cuando Isaac mintió sobre su mujer. Y, al igual que él, nos sorprenderán en nuestras mentiras, nuestros engaños, nuestras puñaladas por la espalda, y en nuestras pequeñas cruzadas mezquinas de venganza o maldad. Por lo general, lo que sucederá es que las oscuras fuerzas del infierno se introducirán en nuestras cabezas y corazones para susurrar: «Ahora Dios te odia. Eres una causa perdida. No tienes remedio». Pero estarán mintiendo. Siempre lo harán. En el infierno solo se habla el lenguaje de la falsedad. Nuestro Padre las reprimirá y las hará callar. Él te ama. Te volverá a atraer a él. A este lado de la tumba, ningún ser humano es una causa perdida. Y lejos de «no tener remedio», en Jesús tenemos remedio sin medida. De la chatarra de nuestros pasados estropeados, el Señor de la redención puede crear algo bueno y hermoso en formas que probablemente jamás llegaremos a comprender.

Ser discípulo de Jesús no significa tenerlo todo resuelto, sino sentirse frecuentemente como el viejo Isaac ciego, haciendo lo posible por transmitir una bendición a otros, y felizmente inconscientes de que el Señor nos está utilizando en formas de las que ni siquiera nos damos cuenta para seguir escribiendo la historia de la extensión de su reino en este mundo.

Preguntas de discusión

1. ¿Cuál era la gran diferencia entre la vida de Isaac y la de su padre, Abraham? ¿Comparan ustedes su situación actual, en esta etapa de la vida, con la situación de sus padres, a la misma edad? ¿Enriquece esto su perspectiva?

2. ¿Qué ejemplos de la vida de Isaac nos lo muestran como un ejemplar típico de la humanidad que encarna nuestros defectos y debilidades comunes? ¿En qué se parece exactamente a nosotros?

3. Den algunos ejemplos de cómo nosotros también nos parecemos a los proverbiales ciegos que deben determinar la identidad del elefante. ¿En qué forma el hecho de tener una perspectiva limitada en realidad nos libera como discípulos de Cristo? ¿De qué manera el hecho de no tener todo resuelto deja espacio para la obra divina?

4. Analicen de qué manera Jesús nos utiliza como sus manos, pies y boca para difundir su amor y su verdad entre los demás pecadores.

CAPÍTULO 6

El plan materno de engaño

Rebeca estaba escuchando cuando Isaac hablaba a su hijo Esaú.

Génesis 27:5

Aunque se dice que «La primera impresión lo es todo», no hace falta tener mucha experiencia con la humanidad para saber que eso no es cierto. Indudablemente las primeras impresiones son importantes, pero basándonos en ellas no sabemos prácticamente nada de una persona. Vemos lo que las personas quieren que veamos. Y, casi siempre, lo que quieren que veamos es su mejor cara. Las primeras impresiones son impresiones parciales.

Rebeca es un ejemplo paradigmático de ello. ¿Cuál es nuestra primera impresión de ella? Es muy atractiva, hospitalaria y trabajadora (Gn 24:15-20). Todas buenas cualidades, por supuesto. Así es como se la describe cuando el siervo de Abraham la conoce en su búsqueda de una novia para Isaac. No se nos dice su edad, pero, dadas las tradiciones culturales de la época, probablemente era una adolescente. Isaac tenía cuarenta años cuando se casaron. Además, Rebeca era prima segunda de Isaac. Desde luego, para los modernos es escandaloso que alguien de cuarenta años se case con una adolescente —¡y pariente suya, además!—, pero eso es porque somos… bueno, modernos. Lo que a nosotros nos molesta, en otras épocas habría sido considerado por la mayoría como algo bastante común.

A medida que el relato se desarrolla, la personalidad de Rebeca se va perfilando cada vez más. Se casa con Isaac y es un consuelo para él (Gn 24:67). Tras dos décadas de espera, finalmente concibe a los mellizos, quienes le provocan un embarazo tan doloroso que ella consulta a Dios para saber qué anda mal (25:21-23). Más tarde, tanto ella como su marido cometen el error —demasiado común, en los padres— de favorecer a un hijo en detrimento del otro: Isaac ama a Esaú, el cazador, mientras que el elegido de Rebeca es Jacob (25:28). Luego, mientras Rebeca y su familia viven en Gerar durante una hambruna, ella —de buena gana o a regañadientes— se suma al engaño de Isaac fingiendo ser su hermana (26:1-11).

Por último, nos enteramos de que las dos esposas hititas de Esaú les hicieron la vida insoportable tanto a Rebeca como a su marido (26:35). Rebeca está tan disgustada con estas nueras que más tarde dirá: «Estoy cansada de vivir a causa de las hijas de Het» (27:46). El matrimonio de Esaú es el último hecho que se menciona antes de la dramática escena de la primogenitura en Génesis 27. Este es un fuerte indicio de que, al menos en parte, la antipatía que siente Rebeca por las elecciones matrimoniales de Esaú influyó en su engañosa misión de quitarle tramposamente su herencia. Como diciendo: «¡Ningún hijo mío que carezca de la astucia mínima para casarse con mujeres decentes debería ser el heredero!».

Sí, nuestra primera impresión de Rebeca es que es «muy hermosa» (Gn 24:16), pero, al igual que todos nosotros, tiene una veta fea.

Cuando la escena comienza, en Génesis 27, Isaac ordena a Esaú que coja su arco, embolse algo de caza, le prepare su comida favorita y le lleve un plato para que luego pueda bendecirlo (27:1-4). Los versículos siguientes contienen un detalle pequeño pero significativo[1]: «Rebeca estaba escuchando cuando Isaac hablaba a su hijo Esaú. Y cuando Esaú fue al campo a cazar una pieza para traer a casa, Rebeca dijo a su hijo Jacob...» (27:5-6). Esaú es el hijo *de Isaac*, mientras que Jacob es el hijo *de ella*. Lo que aprendimos en 25:28 sobre los hijos preferidos ha alcanzado su máximo esplendor.

El artero plan de Rebeca para el robo de la bienaventuranza consiste básicamente en lo siguiente: «esauificar» a Jacob, es decir, transformar al más joven en el mayor. Rebeca es una pensadora rápida o, habiendo esperado largamente este día, lo ha premeditado todo. Como Esaú es un hombre peludo pero Jacob tiene la piel lisa, Rebeca le hace guantes con pieles de cabras velludas y, a modo de bufanda, le envuelve el cuello con pieles de cabra. Talón se convierte en Peludo. Eso se ocuparía del sentido del tacto.

A continuación, Rebeca va al armario de Esaú, escoge algunas vestimentas de exterior y se las pone a Jacob. Eso se encargaría del sentido del olfato. También se pone el delantal y comienza a trabajar en la cocina, preparando la comida favorita de Isaac, hecha de cabra. Eso se ocuparía

[1] En el original esto es más evidente ya que el posesivo (traducido al español como «su») varía según el género del poseedor (N. del T.).

de su sentido del gusto (aunque uno no puede evitar preguntarse si su sentido del gusto era tan agudo. ¿No sería capaz de distinguir entre la carne de cabra y la caza silvestre?). Su sentido de la vista no sería un problema, pues, o Isaac era completamente ciego, o, como sugiere el hebreo, «sus ojos [eran] demasiado débiles para ver». El tacto, el olfato, el gusto y la vista: todas esas bases sensoriales estaban cubiertas. El único de los cinco sentidos que Rebeca no podía controlar era el oído de Isaac, que, como veremos en el próximo capítulo, casi descarrila todo su plan.

Algunos podrían argumentar que el plan de ataque de Rebeca se justifica totalmente, o al menos en su mayor parte. Durante su embarazo, Dios le había dicho que «el mayor [serviría] al menor» (25:23). Esa profecía debe de haber motivado sus preparativos. Estaba «ayudando a Dios». Sin embargo, como señalamos en el capítulo 2, el hebreo de esa frase es ambiguo. Podría traducirse como «el mayor servirá al menor» o «al mayor, el menor servirá». También nos preguntamos si Rebeca le contó esta palabra de Dios a Isaac. Uno pensaría que sí, pero, de ser así, jamás se nos dice.

La conclusión es la siguiente: no podemos culpar a Isaac por ir en contra de la palabra de Dios al planear bendecir a Esaú, ni podemos excusar a Rebeca alegando que solo quería hacer la voluntad de Dios. De hecho, la narración parece sugerir algo mucho menos teológico y mucho más simple, banal y predeciblemente humano: ambos padres tenían, simplemente, un preferido. Ambos simplemente querían lo que querían. Como dice nuestra «oración» favorita: «Hágase *mi* voluntad». En lo que respecta a Isaac, él al menos tenía la tradición de su parte.

Si mi interpretación es correcta, esto nos deja con un incómodo dilema. Tenemos una historia de intereses personales contrapuestos. Tenemos una fuerte corriente de división familiar subyacente. Definitivamente tenemos acciones inescrupulosas y deliberadamente engañosas planeadas por la madre y aceptadas por el hijo. Todo es bastante sórdido y turbio. Desagradable, egoísta y asqueroso. Tenemos todos los ingredientes para un futuro choque de trenes de proporciones bíblicas.

Y, aquí, justo en medio de este lío —este lío, recuerden, que es el pueblo santo y escogido de Dios—, encontramos al Señor conduciendo y bajándose a examinar la escena para asegurarse de que, hagan lo que hagan estos tontos humanos, la buena y misericordiosa voluntad de él se realice con total certeza.

Una vez fui pastor de una pequeña congregación, en una ciudad pequeña, llena de unas cuantas familias con profundos secretos, antiguos resentimientos y algunas heridas recientes. Para cuando cumplí dos años allí, ya conocía la mayoría de los sórdidos detalles de los cincuenta años anteriores. Un escritor podría haber publicado una docena de novelas basándose en las rencillas, enemistades, adulterios, y el caos general que atravesaban aquella pequeña comunidad. No obstante, yo había crecido en un pueblo igual, así que sabía que no era algo único. Nuestra pequeña iglesia, llena de pecadores, no se distinguía de cualquier otra iglesia del pueblo, del estado, del país o del mundo. Muéstrame una iglesia y te mostraré un hervidero de hipocresía, intereses personales, pequeños partidos políticos, luchas de poder, despliegues de santidad, y todo tipo de actividades inescrupulosas. En otras palabras, muéstrame una iglesia y te mostraré una camionada de pecadores, cuyo propio pastor es un pecador, tambaleándose habitualmente al borde de la implosión.

Y, sin embargo, domingo tras domingo, el Señor conduce hasta esa iglesia, entra en ella y se pone a trabajar en esa congregación de discípulos haciendo lo que mejor sabe hacer: perdonar, limpiar, disciplinar, ayudar, amar y —a través de todo— asegurarse de que se haga su buena y bondadosa voluntad.

En todas las iglesias hay otros Isaacs, Rebecas, Jacobs y Esaúes, además de un puñado de Acabs y Jezabeles. A veces, con suerte, encontrarás también un Jonatán, una Rut o un Bernabé. Sin embargo, lo que nunca encontrarás en la iglesia es alguien que no sea pecador. A veces, aun los mejores convertirán sus vidas en un desastre. En la vida de fe, la mayoría de nosotros nos convertimos en profesionales del mal desempeño. Nuestro caminar con Dios es una cojera.

Sin embargo, lo que aprendemos de las Escrituras es que nuestro bondadoso Señor Jesús no se aleja de los desastres —ya sean creados por uno mismo o creados por otros—. Entrando sin vacilar un instante, sus manos cicatrizadas trabajan para restaurar y reavivar la esperanza. Puede que no lo veamos trabajar en el cuadro total —es lo más probable—, pero allí estará, usando su palabra para romper corazones de piedra, reparar almas agrietadas, impulsar su reino y amar a su pueblo dándole su santidad y su justicia.

Las primeras impresiones de los seres humanos no lo son todo. Sin embargo, nuestra primera impresión de Dios en la Biblia es que le gusta hacer que sucedan cosas buenas —y, de hecho, muy buenas— para su pueblo. Y a diferencia de otras primeras impresiones, esa dice toda la verdad y nada más que la verdad. Ese es precisamente el tipo de Dios que tenemos en Jesucristo.

Preguntas de discusión

1. ¿Qué diferencia hay entre las primeras impresiones y las impresiones posteriores? Den algunos ejemplos. Después de repasar Génesis 24 y 27, hablen de cómo nuestras impresiones posteriores de Rebeca se distinguen de las primeras.

2. Si la motivación de Rebeca para el engaño era su creencia en que Dios quería que Jacob recibiera las bendiciones del primogénito, ¿por qué urdió un plan tan complicado? ¿Cuáles eran los detalles de su plan? ¿Cómo pudieron influir en ella los acontecimientos de Génesis 26:34-35?

3. ¿Cómo se cumple la voluntad de Dios en medio de esta caótica situación? ¿En qué otros ejemplos bíblicos el Señor saca lo mejor de una situación mala, complicada u horrible?

4. ¿Qué tipo de líos congregacionales el Señor sigue usando para obrar el bien? Discutan cómo esto caracteriza la forma en que Dios elige obrar. ¿Qué nos dice esto sobre el Cristo al que seguimos como discípulos?

CAPÍTULO 7

El primer caso registrado de usurpación de identidad

> [E Isaac] le preguntó: «¿Eres en verdad mi hijo Esaú?».
> «Yo soy», respondió Jacob.
>
> Génesis 27:24

Siempre ha habido lectores y maestros del Antiguo Testamento que se acercan a estos escritos con una pregunta general: ¿Qué nos enseña este texto sobre cómo vivir? Podríamos llamar a esto una hermenéutica moral. Según este esquema interpretativo, la lente principal a través de la cual se estudian y aplican las Escrituras son las cuestiones del bien y del mal; los ejemplos buenos que se deben imitar, y los malos que se deben evitar. Naturalmente, quienes adoptan este enfoque tienden a tratar a los héroes y heroínas del Antiguo Testamento como modelos de virtud. Si tú, al igual que yo, asististe a la escuela dominical desde tu infancia, probablemente recibiste una dieta constante de lecciones así, alta en azúcares de moralismo y baja en proteínas teológicas, con alguna ocasional referencia a Jesús.

Sin embargo, cuando se trata de Jacob, las personas que siguen un enfoque moralizante se topan con grandes problemas. Como uno de los tres patriarcas, no se lo puede pasar por alto. Y como padre de la nación de Israel, se podría suponer que era un héroe espiritual. No obstante, presentar a Jacob como un modelo de virtud equivale a señalar al borracho del pueblo como un ejemplo positivo de sobriedad. Y ninguna historia sobre Jacob es menos virtuosa que cuando, plato en mano, disfrazado con pelo de cabra y vestido con las ropas de su hermano, entra en la tienda de su padre para mentirle a la cara, tomar el nombre del Señor en vano y robar la bendición del primogénito.

Cuando su madre le propuso este chanchullo, su única duda fue que, si quedaba al descubierto, «[sería para su padre] un engañador y [traería sobre sí] una maldición y no una bendición» (Gn 27:12). Evidentemente, ser descubierto y sufrir las consecuencias eran sus únicas preocupaciones. Sin embargo, resultó que Jacob no tenía mucho que temer, porque interpretó su papel con delicadeza dramática.

Después del saludo inicial entre hijo y padre, en el que Isaac pregunta: «¿Quién eres, hijo mío?», Jacob se lanza a mentir: «Soy Esaú tu primogénito. He hecho lo que me dijiste. Levántate, te ruego. Siéntate y come de mi caza para que me bendigas» (Gn 27:18-19). Observa cómo, no contento con usar el nombre de su hermano, Jacob añade: «tu primogénito». En efecto, hasta este punto del relato, Esaú no ha sido llamado «primogénito», sino solo «hijo mayor» (27:1). Al añadir el título de la primogenitura, Jacob está redoblando el engaño y subrayando la razón por la cual está allí. No está allí simplemente como Esaú, sino específicamente como Esaú *el primogénito*. Esto sería como si el autor de un robo de identidad robara el documento de identidad de alguien y su certificado de nacimiento. Además, cuando Jacob invita a su padre a sentarse, nos enteramos de que Isaac no solo es viejo y ciego, sino que además parece estar tendido, como postrado en una cama. Nuestra ya turbia opinión de Jacob no hace sino oscurecerse.

No obstante, cualesquiera que fueran las debilidades de Isaac, sus oídos y su mente estaban en plena forma. No era tonto. Había algo raro. En primer lugar, tiene dudas sobre la rapidez con la que «Esaú» llevó todo a cabo. Era material para el libro de récords Guinness. A la pregunta de su padre: «¿Cómo es que la has encontrado tan pronto, hijo mío?», Jacob responde: «Porque el Señor tu Dios hizo que así me sucediera» (Gn 27:20). Si existen las «mentiras» y las «malditas mentiras», esta entra en la segunda categoría. Si alguna vez necesitas un ejemplo bíblico paradigmático de lo que significa tomar el nombre del Señor en vano, ve directo a la ocasión en que Jacob recubrió el estiércol de su duplicidad con el oro del éxito del Señor.

A medida que se desarrolla el resto de la escena, se hace evidente que Isaac lucha con una especie de disonancia sensorial. Toca las manos de Jacob, cubiertas de piel de cabra, y siente las manos de Esaú. Come la comida de Rebeca y siente el sabor de la de Esaú. Huele lo que Jacob lleva puesto y huele la ropa de Esaú. La única gran limitación de Jacob se encuentra en su boca. Isaac dice: «La voz es la voz de Jacob, pero las manos son las manos de Esaú» (27:22). No obstante, al final, el tacto, el gusto y el olfato vencen al sentido del oído. Isaac toma la decisión. Pronuncia la bendición. Invoca beneficios divinos relacionados con la creación, dominio sobre otras naciones, el señorío de Jacob sobre sus hermanos, y convierte a su hijo en alguien que hará rebotar tanto bendiciones como maldiciones (27:27-29). Y puesto que una bendición no puede desbendecirse, las palabras calan en Jacob, a pesar de su engaño.

Finalmente, el bebé que intentó arrastrar a su hermano mayor de vuelta al vientre materno logró adelantársele.

Cuando fui chofer de camión en los yacimientos de petróleo y gas cerca de Pampa, Texas, trabajé un par de años en el turno de noche con un tipo llamado Robert. Cinco o seis de nosotros llegábamos al trabajo alrededor de las 6 p. m. y cada uno recibía una lista de pozos de gas que debíamos atender esa noche. No había una verdadera supervisión. Todos los jefes trabajaban de día. Normalmente, mientras no nos apresuráramos mucho y trabajáramos de manera segura, nos llevaba casi toda la noche terminar nuestra lista. Pero no a Robert. Él salía disparado por esas carreteras de tierra como un piloto de carreras. Cuando a la mayoría aún nos quedaban un par de pozos que atender y tres horas más de trabajo, Robert aparcaba su camión por el resto de la noche. Dejaba nuestro patio cerca de las 2 a. m. Sin embargo, su cuaderno contaba otra historia. Según sus registros, que determinaban las horas por las que cobraba, Robert trabajaba todos los días hasta las 5 a. m. Era, por supuesto, un engaño fácil de llevar a cabo. Simplemente manipulaba el registro de horas para reflejar un ritmo de trabajo normal. Lo que hace interesante la historia es que, cuando finalmente lo atraparon, Robert defendió su caso con la habilidad de un abogado de tribunal. En su opinión, su robo de ingresos —pues no era otra cosa— era totalmente justificable.

Martín Lutero escribió una vez que el pecado «no quiere ser pecado... Quiere ser justicia»[1]. Robert no admitiría con franqueza: «Quería más dinero, así que ideé una forma fácil de mentir en mis registros». No, él quería que su robo pareciera justo. Esto, por supuesto, es un hecho elemental de la condición humana. Muéstrame un pecador, y te mostraré, mil veces al día, cómo ese pecador rara vez, o nunca, se dirá a sí mismo: «Estoy a punto de hacer algo malo. Sé que está mal, pero de todos modos lo haré. No me importa». No, inventaremos excusas; justificaremos nuestras acciones; culparemos a otros; afirmaremos que estamos siguiendo nuestras propias reglas (pero fíjate, siguen siendo «reglas»); o, si todo lo anterior falla, jugaremos al juego de «otros hacen cosas mucho peores». Lo que no haremos será tratar nuestro pecado como tal.

Luther's Works, American Edition (AE) 1:179.

Más bien, queremos que se lo considere como justicia. Y esto empieza cuando somos muy jóvenes. Todo padre, por ejemplo, sabe que, ya de pequeños, los niños son sus propios abogados, defendiendo celosamente su inocencia, aun cuando se los pilla con las manos en la masa.

En Jacob percibimos la misma idea de «mi pecado es justicia». Él piensa que, haga lo que haga, sus acciones son justificables. Uno no puede evitar preguntarse si quizás Jacob realmente creía lo que le dijo a su padre: «Porque el SEÑOR tu Dios hizo que así me sucediera» (Gn 27:20). Y, sin duda, aunque esté equivocado, por un lado, Jacob tiene razón. La voluntad del Señor siempre fue que él, y no Esaú, fuera el portador de la promesa. En ese sentido, sí, Dios le concedió el éxito a Jacob. Pero, al mismo tiempo, la forma en que este lo consiguió no fue una disposición divina, sino una obra diabólica. Haciendo nuestras las palabras del futuro hijo de Jacob, José, «Lo que Jacob planeó para mal, Dios lo planeó para bien» (*cf.* Gn 50:20). Mientras el patriarca se desvivía por justificarse y justificar sus actos, el justo plan del Señor comenzaba a aclararse.

Uno de mis santos profesores, Kenneth Korby, bromeó una vez en clase: «La única vez que un mentiroso dice la verdad es cuando dice: "Soy mentiroso"». Ese sería un buen punto de partida para todos nosotros. Decir: «Soy mentiroso. Soy tramposo. Soy chismoso. Soy ingrato. Soy odioso. Soy pecador. Soy un Jacob». La razón por la que estas palabras casi deben ser arrancadas de nuestra boca es que nos desenmascaran. Revelan verdades sobre nosotros que nos gustaría ocultar para siempre. En nuestros días, está de moda ser «real», ser «tú mismo» y ser «vulnerable». Pero no te dejes engañar. Es simplemente la táctica más reciente de la humanidad. Tomamos una máscara que nosotros mismos hemos creado y la sustituimos por otra. Aceptar la verdad sobre nosotros mismos —la fría, dura, desnuda y condenatoria verdad de que, dejados a nuestra suerte, estamos perdidos, solos y sin esperanza— nunca será tendencia en Twitter.

Sin embargo, para los seguidores de Jesús, ese es el camino a seguir. Confesamos que no solo somos pecadores de pensamiento, palabra y obra, sino que aun nuestras mejores y más santas obras necesitan perdón —o quizás incluso más—, porque confiamos en ellas para apuntalar nuestra salvación; para que Dios esté contento con nosotros. Y por si todo esto fuera poco, nos excusamos constantemente, decorando nuestras peores obras con el santo nombre del Señor.

¿Y cómo responde el Señor a nuestra confesión? No nos da una lista de cosas que hacer para recuperar su favor. No frunce el ceño, ni agita el dedo advirtiéndonos que «más vale que» no volvamos a hacerlo. No se sienta al otro extremo de la habitación, cruzando los brazos y frunciendo los labios como si nuestra sola presencia le disgustara. No, mil veces no. Como el padre del hijo pródigo, está tan listo para amarnos y perdonarnos que interrumpe nuestra confesión. Nos abraza, nos besa y organiza una fiesta para nosotros. «Es hora de celebrar a mi hijo», dice. «Es hora de hacer una fiesta de absolución».

Tal vez algunos de los que están alrededor dirán: «Pero, Señor, acabamos de hacerlo la semana pasada —la milésima vez que volvió arrastrándose desde un país lejano—». Y nuestro Señor dirá: «¿Y qué? No me importa si vuelve todos los días de su vida. Entonces celebraremos cada día de su vida, porque este hijo mío estaba muerto y ha vuelto a la vida. Estaba perdido y ha sido encontrado».

Seguir el camino del discipulado es abrazar la honestidad, confesar una y otra vez lo peor de nosotros, y oír a Jesús, también una y otra vez, decir: «Te amo. Te perdono. Sígueme».

En este sentido, todos somos como Jacob, porque estamos vestidos con las vestimentas de nuestro hermano mayor, Jesús, por lo que nuestro Padre celestial nos da la bendición del Primogénito.

Preguntas de discusión

1. ¿Por qué es tan popular el estudio del Antiguo Testamento con un enfoque moralizante? ¿Cuál es la mejor manera de leer e interpretar el Antiguo Testamento?

2. Repasen Génesis 27:1-29. Analicen la conversación entre Isaac y Jacob. ¿Por qué Isaac tiene dudas? ¿Con qué frecuencia miente Jacob? ¿Está permitido mentir alguna vez?

3. Analicen y den ejemplos de la afirmación de Martín Lutero: el pecado «no quiere ser pecado... Quiere ser justicia».

4. ¿Cuál es el valor de la confesión? ¿Por qué somos tan reacios a confesar nuestras malas acciones?

5. Cuando confesamos, ¿de qué manera responde el Señor? Lean Salmo 32:5 y 1 Juan 1:8-10.

CAPÍTULO 8

La crisis de los cuarenta... después de los setenta

Y Esaú dijo: «Con razón se llama Jacob...».

Génesis 27:36

Cuando nos imaginamos los acontecimientos de Génesis 27, la mayoría de nosotros visualizamos a Jacob y Esaú como hombres relativamente jóvenes. Dos hermanos de poco más de veinte o treinta años. Acaban de iniciar su vida adulta, cada uno en lo suyo, listos para enfrentar el mundo. Pero las imágenes populares de los libros de historias bíblicas para niños, e incluso las pinturas famosas, nos han engañado sobre la edad de estos mellizos. No eran jóvenes.

Para hacer el cálculo, debemos dar un salto hacia delante y luego retroceder. Cuando Jacob se entera de que José sigue vivo, se traslada a Egipto para reunirse con él. En aquel momento, Jacob tiene ciento treinta años (Gn 47:9) y José treinta y nueve (Gn 41:46; 45:6, 11). Esto significa que Jacob tenía unos noventa y un años cuando nació José. ¿Dónde y cuándo nació José? En Harán, hacia el decimocuarto año de la estancia de Jacob con Labán, es decir, catorce años después de su engaño a Isaac y del exilio resultante (Gn 30:25; 31:41).

Por lo tanto, cuando Jacob engaña a su padre, despierta la ira de Esaú y huye de casa, tiene unos setenta y siete años.

«¡Setenta y siete!», puedo oír a algunos de ustedes exclamar. «No tenía la menor idea de que fuera tan viejo». Bueno, así es, pero usemos también un poco de matemáticas comparativas. Puesto que vivió hasta los ciento cuarenta y siete años, en ese momento se encontraba más o menos en la mitad de su vida (Gn 47:28). Tomando como modelo la esperanza de vida actual, podríamos decir que, al inicio de su contienda fraternal, Jacob y Esaú eran como un par de cuarentones actuales. Para los estándares de la época, no eran ni jóvenes ni viejos. Estos hermanos estaban, literalmente, entrando en la crisis de la mediana edad.

Cuando Esaú cogió su arco y salió a cazar, debió de pensar que este sería uno de los mejores días de su vida. Recibiría la bendición del primogénito. Asumiría el liderazgo de la familia. Estaría listo para la vida. Puesto que Isaac había informado a su hijo mayor que pensaba bendecirlo, podemos suponer que nunca se le había informado que Esaú ya había vendido su primogenitura a Jacob. O tal vez había sucedido hacía tanto tiempo que ya parecía no importar. Como sea, Esaú supuso que ya no tenía nada que temer. Tras más de siete décadas de espera, Peludo vencería definitivamente a Talón.

Mientras Esaú iba de caza, el otro hermano se encontraba en casa embolsándose la bendición. Acababa de llevar a cabo su engaño cuando apareció Esaú (Gn 27:30). Cuando Jacob, inicialmente, saluda a su padre, este pregunta: «¿Quién eres, hijo mío?», pero al saludo similar de Esaú, Isaac responde: «¿Quién eres?» (27:18, 32). No hay «hijo mío». El padre ciego está desconcertado. Cuando Esaú dice: «Soy tu hijo, tu primogénito, Esaú», Isaac «tembló [*kjarád*] con un estremecimiento muy grande» (27:32-33). El verbo hebreo *kjarád* tiene la connotación de pánico, susto o incluso horror ante la recepción de malas noticias (p. ej., Gn 42:28; 1S 14:15; 1R 1:49). Aquí, el verbo se intensifica con la adición de su estremecimiento, significando algo como «presa de un gran temblor» (R. Alter). Isaac se teme lo peor. Aunque pregunta: «¿Quién fue entonces [aquel que] bendije?», el anciano padre debe de haberlo sabido. ¿Quién otro podría haber sido? Su hijo menor, el favorito de Rebeca, lo había engañado. De repente, como resignándose a esta realidad imprevista, añade: «Sí, y bendito será» (27:33). No había ningún ritual para desbendecir a Jacob. Lo hecho, hecho estaba.

Independientemente de lo que pienses de Esaú, me resulta difícil no sentir compasión por él en este momento. Sí, vendió su primogenitura. Sí, estuvo mal. Todos concordamos en eso. Pero si alguna vez has estado cerca de la cima de la alegría, pensando que por fin la vida va a encajar para ti, y alguien te ha arrebatado esa felicidad, entonces has sentido clavado en tu espalda el mismo cuchillo que sintió Esaú. Las emociones y palabras que inundaron a este hermano mayor —y que nos han inundado a muchos, incluyéndome— son una tóxica mezcla de conmoción, furia, amargura, confusión, aturdimiento y un irracional deseo de atacar, de herir a quien te ha herido.

Cuando era pequeño, una de las lecciones que mi padre me enseñó fue que nunca me abalanzara sobre un animal herido, aunque fuera una mascota querida y apreciada. En su dolor, conmoción y confusión, el perro de la familia, aunque normalmente sea muy dulce y mimoso, podría volverse contra ti. Algo similar puede ocurrir con la gente. De hecho, es tristemente previsible. En el caso de Esaú, como aquel animal herido, primero «clamó con un grande y amargo clamor» (27:34). Luego, arremetió contra su hermano de manera verbal: «¡Con razón le pusieron el nombre de Jacob [*Yaakób*]! Ya van dos veces que me ha hecho trampa [*acáb*][1]; primero me quitó mi primogenitura, y ahora me ha arrebatado mi bendición» (27:36 BLPH). Después, «Esaú, pues, guardó rencor a Jacob a causa de la bendición con que su padre lo había bendecido; y Esaú se dijo: "Los días de luto por mi padre están cerca; entonces mataré a mi hermano Jacob"» (27:41). De la conmoción dolorosa, a las palabras amargas, a un odio creciente y asesino; Esaú, dolido y herido, mostró los dientes y salivó deseando vengarse.

En la vida hay muchas búsquedas que prometen un premio pero producen veneno. Esas pasiones nos dicen: «Todo valdrá la pena», pero una vez que alcanzamos nuestro objetivo, la satisfacción es efímera. No hay nada de la emoción duradera y extática que pensábamos que sentiríamos. En el fondo de nuestras almas parece haberse abierto un desagüe. Y pronto nos quedamos vacíos, desconcertados por las áridas arenas del desierto que soplan en nuestras vidas. La venganza, amigos míos, es ese tipo de búsqueda.

Cuando se nos ha agraviado gravemente, la venganza puede rápidamente abrirse paso por entre las filas de nuestros deseos hasta sentarse sin oposición en el trono de nuestros corazones. Este dios furioso y rancio, lleno de odio ácido, reinó por años en mi interior. Exigía ser homenajeado con las liturgias de la fantasía en que tramaba mi venganza. Exigía que, tomando una vida de positividad, esperanza y alegría, la sacrificara y la desangrara en el altar de las represalias. Y la salvación que esta falsa deidad me ofrecía era que, una vez lograda la venganza, una vez que mi enemigo sintiera mi dolor, y una vez que hiciera justicia por mí mismo, entonces me sentiría mejor. Me curaría. Por fin podría seguir adelante. La venganza sería mi redención.

Solo por la gracia de Dios, mi adicción a la venganza permaneció interiorizada y jamás la llevé a la práctica. Pero he estado en esa tierra donde

[1] El nombre hebreo de Jacob, *Yaakób*, significa «talón», pero el verbo relacionado, *acáb*, que Esaú usa aquí, significa «hacer tropezar, engañar, suplantar». El juego de palabras en hebreo sería algo como: «¡Con razón le pusieron el nombre de Jacob! Ya van dos veces que me ha jacobeado».

la alegría fallece, y los demonios, vestidos con la suciedad de los sueños robados, entonan cantos de sirena para que los heridos acudan a la muerte de su alma. No vayan allí, mis amigos Esaúes. No vayan allí. Es el infierno en la tierra.

«A cualquiera que te abofetee en la mejilla derecha, vuélvele también la otra», dijo Jesús (Mt 5:39). Para devolver el golpe, no se necesita esfuerzo, racionalidad ni sabiduría —ni siquiera humanidad—. Si atacas a un animal salvaje, te atacará de vuelta. Nada es más inherente a la bestia que matarte a ti antes de que tú la mates a ella. Pero poner la otra mejilla, actuar con paciencia y sabiduría, ponderar las consecuencias y cultivar la paz, eso es ser humano.

La vida de un discípulo de Jesús es una existencia extraña. Por un lado, es difícil, por ser tan ajena al mundo y desmarcarse tanto de las máximas ampliamente aceptadas de la vida ordinaria. Nunca es fácil ir contra la corriente cultural. En ocasiones, significa ser tachado de enemigo. En los peores casos, significa ser martirizado. Por otro lado, ser cristianos no implica ser inhumanos, infrahumanos o transhumanos, sino *ser precisamente los seres humanos que Dios tuvo en mente al crearnos.* En ese sentido, nada es más verdaderamente natural que ser discípulo de Jesús. Decir «Sé cristiano» equivale a decir «Sé un ser humano recreado para llevar la imagen de Dios en Cristo y, así, ser plenamente la persona que nuestro Creador quiere que seamos».

Por eso, no buscar venganza, no devolver mal por mal, aunque sea difícil por nuestra condición de pecadores, es también radicalmente satisfactorio por nuestra condición de hijos de un Dios misericordioso y perdonador. Parece un error y al mismo tiempo un acierto. Nuestra «naturaleza de Esaú», por así decirlo, quiere que Jacob nos pague lo que nos debe. Pero también sabemos, por el Espíritu de Dios que vive en nosotros, que cobrar aquello es amontonar en nuestros corazones muchísima culpa, vergüenza y arrepentimiento.

En un capítulo posterior, veremos que el propio Esaú acabó llegando al mismo lugar al que yo, y muchos otros, hemos llegado: al otro lado de las sombras, a la tierra de la luz del perdón. A veces, el viaje lleva días; otras veces, lleva años. Por largo que sea el camino, todos somos llevados por el Espíritu de nuestro Señor, que gritó: «Padre, perdónalos», desde la cruz de su muerte. No gritó: «¡Padre, incinéralos!», o «¡Padre, haz que paguen!», sino: «Padre, no les tomes en cuenta este pecado».

San Ambrosio escribió: «Nadie se cura hiriendo a otro». Más bien, todos hallamos curación —tanto los que hieren como los que son heridos— en las cicatrices de la crucifixión de nuestro Señor perdonador.

Preguntas de discusión

1. Lean Génesis 27:30-41. ¿De qué manera el engaño de Jacob afectó tanto a Isaac como a Esaú? ¿Qué caracterizó sus respectivas respuestas?

2. Den ejemplos de situaciones modernas, de sus vidas personales o las vidas de otros, en las que alguien podría sentirse como Esaú y querer vengarse. ¿Qué motiva este deseo? ¿Qué buscamos, en el fondo, con la venganza? ¿Justicia? ¿Castigo? ¿Un bálsamo para nuestro ego herido? ¿Otra cosa?

3. Lean Romanos 12:17-21. ¿Cómo dice Pablo que debemos tratar a nuestros enemigos? ¿En qué se parece esto a las palabras de Jesús en Mateo 5:38-48? Comparen esto con Mateo 5:9 y Lucas 23:34.

4. Analicen estas afirmaciones: «Ser cristianos no implica ser inhumanos, infrahumanos o transhumanos, sino *ser precisamente los seres humanos que Dios tuvo en mente al crearnos*. En ese sentido, nada es más verdaderamente natural que ser discípulo de Jesús. Decir «Sé cristiano» equivale a decir «Sé un ser humano recreado para llevar la imagen de Dios en Cristo y, así, ser plenamente la persona que nuestro Creador quiere que seamos».

Parte 2

El exilio: El crecimiento de la familia disfuncional de Jacob

CAPÍTULO 9

Un cayado en la mano y una palabra en el bolsillo

Entonces Isaac despidió a Jacob…

Génesis 28:5

A menudo, nuestras vidas están marcadas por las despedidas. A los diecinueve, con una sonrisa y con todas mis posesiones terrenales cargadas en mi camioneta Ford, me despedí de mi madre y de mi padre para emprender el largo viaje a la universidad en Austin, Texas. A los treinta y seis, estando a las puertas del divorcio, me temblaron los labios cuando dije adiós a mi hija y mi hijo mientras nos mirábamos a través de la sucia ventanilla trasera del automóvil que partía. A los cincuenta, me despedí de mi hijo, cuando lo dejamos en la Academia Naval, y luego de mi hija, cuando se marchó para empezar un trabajo a tiempo completo en Utah. Tres partidas; una llena de esperanza, una llena de tragedia, y una llena de promesas. En cada una, yo era el mismo, pero a la vez un hombre diferente, siempre moldeado de formas nuevas y dolorosas, y a menudo sorprendentes, por las manos de mi Padre celestial.

También ha llegado el momento de que Jacob diga adiós, aunque su partida no está llena de esperanza, tragedia ni promesas, sino de un posible derramamiento de sangre. Si no se va, es probable que se repita Génesis 4, donde un hermano mayor asesina a un hermano menor. Luego de que Jacob le quitara la bendición a su hermano, Esaú lo odió y se dijo: «Los días de luto por mi padre están cerca; entonces mataré a mi hermano Jacob» (Gn 27:41). Cuando Rebeca fue informada del rencor de Esaú (¿realmente pensó que Esaú se encogería de hombros sin más?), ella, que anteriormente había ideado el engaño, ideó ahora la salida. Utilizando exactamente las mismas palabras que antes, le dice a su hijo predilecto: «Obedece a mi voz» (27:8, 43 RVR60). Y luego expone el plan: «Levántate y huye a Harán, a casa de mi hermano Labán. Quédate con él algunos días hasta que se calme el furor de tu hermano; hasta que la ira de tu hermano contra ti se calme, y olvide lo que le hiciste. Entonces enviaré y te traeré de allá. ¿Por qué he de sufrir la pérdida de ustedes dos en un mismo día?» (27:43-45).

No te pierdas tres detalles significativos de las palabras de esta madre. Primero, dice: «Quédate con él algunos días». La misma expresión (traducida aquí como «algunos días») se utilizará más tarde cuando diga: «Jacob, pues, sirvió siete años por Raquel, y le parecieron *unos pocos días*, por el amor que le tenía» (Gn 29:20). Sin embargo, lo que Rebeca supuso que serían «algunos días», ¡acabaron siendo veinte años! Puesto que, después del regreso de Jacob, solo se menciona a Isaac (35:37), es probable que Rebeca haya muerto en algún momento de las dos décadas de ausencia de su hijo —una de las consecuencias imprevistas de sus acciones—. En segundo lugar, le dice a Jacob que se quede en Harán hasta que Esaú «olvide lo que le hiciste». ¿En serio? ¿Lo que «[tú] le hiciste»? ¿Por qué no «lo que le *hicimos*»? Al fin y al cabo, este había sido un plan de Rebeca. Sí, Jacob la obedeció voluntariamente, pero resulta poco sincero de parte de ella hablar como si todo hubiera sido obra de él. En tercer lugar, ella promete: «enviaré y te traeré de allá», pero, por supuesto, eso jamás sucede, probablemente porque su propia muerte se lo impidió. Como sea, el hecho de que nunca llegara ningún mensajero de Rebeca a decirle a Jacob que era seguro volver a casa probablemente alimentó el temor que aún sentía por Esaú. La falta de un mensaje de mamá, diciendo: «Esaú se ha calmado», solo podía interpretarse como: «Esaú aún está ardiendo de ira».

Esta despedida del hijo con su madre va seguida de una despedida entre el hijo y su padre. Mientras que Rebeca está preocupada de mantener a Jacob con vida, Isaac está preocupado de evitar que Jacob se case fuera de la familia extensa. Le ordena que se case con una de las hijas del tío Labán, y luego repite y amplía la bendición que había pronunciado antes.

> «El Dios Todopoderoso te bendiga, te haga fecundo y te multiplique, para que llegues a ser multitud de pueblos. Que también te dé la bendición de Abraham, a ti y a tu descendencia contigo, para que tomes posesión de la tierra de tus peregrinaciones, la que Dios dio a Abraham» (Gn 28:3-4).

Aquí resuenan ecos de las palabras dirigidas a Adán y Eva («Sean fecundos y multiplíquense»; Gn 1:28) y de las promesas hechas a Abraham sobre la descendencia y la tierra (Gn 12:1-3; 13:14-17). Aun siendo indigno y engañador, Jacob ha recibido misericordiosamente la gran promesa que, a partir de él, se transmitirá a Judá, luego a David, y finalmente vivirá y crecerá dentro del vientre de María.

Solo con esta palabra en el bolsillo[1] y un cayado en la mano (Gn 32:10), Jacob deja atrás todo lo conocido para partir a la incertidumbre —y la aventura— de una vida en el exilio[2].

Nosotros, por supuesto, sabemos lo que le espera a Jacob en Harán. Un matrimonio con dos hermanas. Una intensa rivalidad entre esas hermanas. El nacimiento de once hijos y al menos una hija (el duodécimo hijo nacerá después del exilio). Trabajo duro —y a menudo poco gratificante— como pastor. Un tío avaro como jefe. Y, a través de todo ello, la mano divina, tomando esta situación turbia y llena de pecado, y guiándola hacia el resultado deseado. Esta nación microcósmica —la nación de Israel, que un día será llamada a salir de Egipto, y que mantendrá viva la promesa de la simiente mesiánica—, *esta nación tiene su génesis en el exilio*. Con una sola excepción, el padre de cada tribu de Israel nació fuera de la tierra prometida.

Dios puso a Jacob en el exilio porque, a menudo, es allí donde el Señor realiza su obra más decisiva en nuestras vidas. Y por «obra decisiva» me refiero al tipo de obra que probablemente no vamos a disfrutar. Lo que podría parecernos placentero sería que Jesús nos visitara mensualmente, pasara por nuestra casa para compartir una taza de café, se asegurara de que estamos bien, y luego siguiera su camino para ver a otros discípulos. En otras palabras, el tipo de relación en la que Jesús respeta nuestros límites. En la que te deja «hacer lo que vaya bien contigo». Pero la cosa es esta: Jesús no quiere que hagas lo que vaya bien contigo, o que definas tu identidad, sigas tus propios caminos o seas la persona que quieres ser. Eso es muy propio de nuestra cultura, y es también muy satánico. Es precisamente la clase de actitud egocéntrica que fomentan las fuerzas del infierno. Eso es lo que Jesús quiere hacer trizas. Y el lugar ideal para hacerlo es el exilio.

No sé qué aspecto tenga tu exilio. Visto desde afuera, puede que no luzca en absoluto como tal. Cada mañana sigues levantándote de la misma cama, en la misma casa. Aún vas a trabajar. Aún estás casado. Sigues yendo al entrenamiento de fútbol de tus hijos. Eso es lo que ven los demás. Pero

---

[1] He tomado prestada esta imagen de «una palabra en el bolsillo». Proviene de Martin Franzmann y su breve colección de sermones titulada *Ha! Ha! Among the Trumpets: Sermons by Martin Franzmann* (St. Louis: Concordia Publishing House, 1994), donde dice que, en Juan 4:16-54, Jesús envió al oficial a su casa «con solo una palabra en su bolsillo», 105.

[2] En el clásico estudio de David Daube, *The Exodus Pattern in the Bible* (Eugene, Oregon: Wipf & Stock, 2020), 62-72, se ofrece un útil resumen de las conexiones entre el exilio de Jacob y el posterior exilio/éxodo de Israel.

¿tu corazón, alma y mente? Están en Harán. Están confundidos, errantes y sin hogar. Tal vez comiences a luchar con preguntas sobre Dios. Tal vez estés luchando con serios demonios de desesperación o soledad. Tal vez sufras de lo que los monjes egipcios llamaban acedia o el «demonio del mediodía», una especie de estupor o apatía del alma. O quizás tu exilio sea más evidente. Justo después de un divorcio, la muerte de un ser querido, una batalla contra el cáncer, una lucha contra la adicción o un tiempo en la cárcel.

Durante ese exilio, casi puedo garantizarte que creerás que Dios está haciendo «A» cuando en realidad está haciendo «Z». Pensarás que está lejos de ti cuando se encontrará más cerca que nunca. Pensarás que es una deidad bastarda indiferente cuando estará cuidándote con un corazón paternal amoroso. Pensarás que trata de matarte cuando... bueno, en realidad, ahí tendrás razón. Quiere matarte taladrando tu ego, quemando tus ídolos, haciendo trizas tu narcisismo y vaciándote lo más posible para llenar él mismo ese vacío. Ese es el tipo de obra definitoria que Dios hace en el exilio.

Cristo está siempre haciendo esta obra en sus discípulos. Es la labor de su vida. Solo que esta labor amorosa se intensifica y agudiza en los períodos de exilio, cuando la conmoción de nuestra falta de control es más patentemente reconocible; cuando las circunstancias nos obligan a confesar nuestra propia impiedad, y a mirar fijamente al vacío de nuestra mortalidad. Allí y entonces, fuera de los muros de la comodidad, en el aullante desierto, vemos que todo lo que tenemos y todo lo que realmente necesitamos es Jesús. No podemos apoyarnos en nuestros logros éticos. No podemos apuntalarnos apelando a lo bien que tenemos organizadas nuestras vidas. No; en el remolino de la confusión, en la fiebre de la ansiedad, en el terror puro de la condición humana caída y frágil, exclamamos desde el vórtice de nuestro exilio:

> ¡Señor, ten piedad!
> ¡Cristo, ten piedad!
> ¡Señor, ten piedad!

Y él lo hace, siempre y abundantemente. Tuvo misericordia antes de que clamáramos. Oramos por lo que él ya nos había dado y siempre nos dará. Él sabía que cada célula de nuestro cuerpo, y cada gota de nuestra sangre, necesita misericordia. Solo quería que nosotros lo supiéramos. Y no hay mejor lugar para ello que el exilio.

Ser discípulo de Jesús significa vivir una vida en la que tendremos nuestros exilios. Pero ánimo: el Señor al que seguimos ya fue personalmente al exilio y regresó. Salir de la tumba, y sacarnos a nosotros de la tumba para llevarnos sanos y vivos a casa, es precisamente la misión con la que vive.

Preguntas de discusión

1. ¿Cuáles son algunas de las despedidas más significativas que han vivido? ¿Qué les dio esperanza, o les produjo miedo, al avanzar hacia un futuro desconocido?

2. Lean Génesis 27:42-28:5. ¿De qué manera Rebeca busca ser una «reparadora» o «controladora»? Como antecedente adicional, analicen la forma en que Génesis 27:46 arroja luz sobre su actitud para con Esaú y su creciente familia.

3. Jacob parte al exilio con tan solo «una palabra en el bolsillo». Lean Génesis 28:3-4. ¿Cuál es el contenido de esa «palabra»? ¿Cómo sostendría esto a Jacob? ¿Qué palabra(s) pone Cristo en tu bolsillo?

4. Analicen la variedad de exilios que experimentamos. ¿Qué estaba haciendo Dios con Jacob en su exilio? ¿Qué está haciendo el Señor en el nuestro? ¿Qué verdad principal nos está enseñando en esos períodos de prueba y tribulación?

CAPÍTULO 10

Solo, desprevenido y dormido

> [Jacob] se acostó en aquel lugar.
>
> Génesis 28:11

Delante de Jacob se extendía un viaje de cientos de kilómetros, a pie. La reticencia típica del relato bíblico a proporcionar detalles nos deja con la curiosidad, haciéndonos preguntas sin respuesta. ¿Cuánto tiempo le tomó viajar desde su casa hasta Harán? ¿A qué peligros o aventuras se enfrentó Jacob? ¿Con qué tipo de personas se encontró en el camino? ¿Cuáles fueron sus pensamientos, remordimientos, miedos y esperanzas? Todo lo que sabemos de esta caminata hacia lo desconocido es lo sucedido en una sola noche. Pero ¡vaya qué noche! Jacob ve una escalera que se extiende hasta las estrellas. Observa seres angélicos que, a través de ella, suben y bajan entre el cielo y la tierra. Sus ojos contemplan al propio Yahvé, de pie junto a él, y sus oídos se empapan de palabras divinas repletas de promesas.

Todos estos acontecimientos deslumbrantes y trascendentales son muy significativos y merecen una reflexión más profunda. Así que eso haremos. Sin embargo, antes de pasar a lo grande, meditemos en lo pequeño. Centrémonos en algunos detalles menores que, aunque algunos sean explícitos y otros implícitos, constituyen, todos ellos, momentos importantes e instructivos que debemos considerar.

Para empezar, esta es la primera vez que vemos a Jacob solo. Hasta aquí, lo habíamos visto interactuar con su hermano, con su madre, y con su padre. Pero no lo habíamos visto solo, hasta este momento. Dentro de veinte años lo volveremos a ver solo, otra vez con Dios, pero en ese acontecimiento futuro no estará soñando, sino luchando (Gn 32:24). El primer suceso tiene lugar cuando Jacob parte hacia el exilio; el segundo, cuando regresa a casa. Como veremos, estos dos encuentros a solas con el Señor moldean a Jacob de manera fundamental.

En segundo lugar, esta teofanía o aparición de Dios pilla a Jacob desprevenido. No estaba buscando a Dios. No estaba en una búsqueda religiosa ni en una peregrinación sagrada a un lugar santo, orando fervientemente para encontrarse cara a cara con la deidad en alguna visión. Era solo un hombre que huía, profundamente cansado, y acampando bajo las estrellas en lo que él supuso que era un terreno ordinario. En otras palabras, Jacob no estaba buscando a Dios cuando Dios vino en busca de él.

En tercer lugar —y esto, para mí, es más interesante—, este suceso ocurre mientras Jacob echa una siesta. A estas alturas, ya sabemos bien de qué es capaz Jacob cuando tiene los ojos bien abiertos. Puede mentir, engañar y salirse con la suya como un viejo profesional. Despierto, puede desenvolverse excepcionalmente bien. Sin embargo, el Señor elige visitarlo cuando el hombre está dormido, pasivo, receptivo; cuando lo único que su boca puede hacer es roncar.

Jacob, por lo tanto, está solo, desprevenido y dormido. Creo que podemos sacar lecciones de cada uno de estos aspectos. Pensemos en ellos utilizando a Jacob como un espejo de nosotros mismos.

¿Has visto la serie de telerrealidad *Solos*? En ella, los concursantes son abandonados en zonas remotas para ver cuánto tiempo pueden sobrevivir aislados. Cada uno puede llevar diez cosas. Todos son expertos en supervivencia. Los peligros son reales. Ha habido lobos merodeando por sus campamentos y un hombre fue atacado por un oso pardo. Algunos se han autoinfligido heridas graves. Unos cuantos han tenido que ser evacuados por razones médicas ya que, habiendo perdido tanto peso, corrían peligro de sufrir un fallo orgánico. Sin embargo, una y otra vez, lo que lleva a los concursantes a abandonar no son los depredadores, el frío o el hambre, sino un hecho simple: no pueden seguir soportando la soledad.

Sospecho que cada uno de nosotros comprende este hecho de una manera profunda y visceral. «Todos los problemas de la humanidad», escribió Blaise Pascal, «se derivan de la incapacidad del hombre de sentarse tranquilo en una habitación a solas»[1]. Sin duda, es por eso que, como diría Neil Postman, nos entretenemos hasta provocarnos la muerte. O,

---

[1] Esa es la cita habitual. Otra es: «A menudo he dicho que la única causa de la infelicidad del hombre es que no sabe permanecer tranquilo en su habitación». *Pensées* §136, trad. A. J. Krailsheimer (New York: Penguin Books, 1995), 37.

como dijo una vez Reed Hastings, director ejecutivo de Netflix, hablando del propósito de su empresa: «Fundamentalmente, se trata de eliminar la soledad y el aburrimiento»[2]. No obstante, todo eso es mentira, por supuesto. Los teléfonos, las tabletas y los televisores eliminan la soledad o el aburrimiento tal como las metanfetaminas eliminan el deseo de drogarse. Agravan el mismo problema que dicen resolver.

Para la mayoría de nosotros, estar solos es difícil, si no doloroso. No obstante, necesitamos tiempo a solas, sin distracciones, en el silencio de nuestros pensamientos, pues de lo contrario probablemente nunca nos conoceremos a nosotros mismos. Y conocernos a nosotros mismos —nuestros miedos más profundos, anhelos, luchas, identidades, amores— no es optativo para alguien que también quiere conocer a Dios. ¿A quién ama Cristo? A ti. Pero entonces, ¿quién eres, exactamente? ¿Qué tipo de persona eres? ¿Cuáles son tus anhelos? ¿Qué sombras perversas se esconden en los pasillos más oscuros de tu alma? ¿Por qué nunca hablas de «aquello» con nadie? ¿De qué tienes miedo, y por qué? ¿Qué quieres de la vida? ¿Qué quieres realmente de Dios? Podríamos seguir y seguir con las preguntas. Pero la cuestión es la siguiente: si nunca te las planteas, y si, en lugar de eso, sigues aspirando una línea más de redes sociales, o «atiborrándote» de Netflix, o haciendo prácticamente lo que sea para evitar sentarte a solas en una habitación en silencio, vivirás en gran medida sin ser consciente de la persona que está viviendo tu vida.

Practica la soledad. Piensa. Ora. Recuerda. Escucha. Evalúa. Dos de las experiencias más impactantes que vivió Jacob ocurrieron mientras estaba solo. A su manera, ambas fueron aterradoras, pero al mismo tiempo le cambiaron la vida.

Sin embargo, para continuar, date cuenta también de que esto no depende enteramente de ti. No eres tú quien domina o controla aquellas épocas en las que el Señor te hará una visita para enseñarte una o dos cosas sobre él y sobre ti mismo. Jacob no montó una tienda junto a un templo ni se puso a sudar para tener una experiencia visionaria. Simplemente estaba cansado. Se acostó, se quedó dormido, y Dios apareció. No estaba buscando al Señor cuando el Señor vino a buscarlo.

Recordemos también que estas visitas divinas no siempre son experiencias agradables. Tampoco serán necesariamente como las visiones de Jacob. Podría tratarse de un tumor detectado a través de una tomografía computarizada. O un correo electrónico sobre tu despido. O

---

2 Cady Lang, «Netflix's CEO Says Entertainment Pills Could Make Movies and TV Obsolete», *Time*, 25 de octubre de 2016, https://time.com/4544291/netflix-ceo-pills/

una llamada telefónica a las 3 a. m. que comienza diciendo: «Lamento comunicarle que...». Y repentinamente, en un instante, todo cambia. El suelo bajo tus pies se quiebra. En los días, semanas y meses posteriores, seguir a Jesús parece una broma cruel. No estás siguiendo a nadie. Estás encadenado a la desesperación. Te hundes en un mar de caos. Las monstruosas incertidumbres te parpadean desde la oscuridad con ojos brillantes. En lugar de ver una escalera que sube de la tierra al cielo, parece haber una escalera mecánica que sube a la tierra desde el infierno, desde donde llegan legiones de demonios hasta tu puerta.

Esto es común. Estas cosas le suceden al pueblo de Dios en nuestro mundo fracturado. Así que, cuando estos sucesos ocurran, cuando te sientas más que abrumado, recuerda que el Señor Jesús está cerca, a la puerta. Él se adentra en esta oscuridad con ojos solo para ti. Cristo ha venido porque tú no puedes venir a él. No eres tú quien lo sigue, sino que él te sigue a ti: te sigue hasta el vórtice del dolor, la pérdida, el miedo y la ira. Lo hace sin pestañear; sin vacilar. Puesto que, «por el gozo puesto delante de Él soportó la cruz», no pienses ni por un segundo que hace muecas o se acobarda o evalúa sus opciones antes de entrar en tu dolor y en el crisol de tu propio sufrimiento (Heb 12:2). Él se entrega por completo, exclusivamente por ti y por el gozo de amarte y salvarte. Aprenderás mucho sobre ti mismo, pero, lo que es más importante, aprenderás mucho sobre la magnanimidad del corazón del Señor. Con mayor claridad, te darás cuenta de que, sin él, no tienes esperanza. Sin embargo, en él, la esperanza es un don inefable que nos permite a todos afrontar el futuro, envuelto ya en la resurrección de Cristo.

Por último, el hecho de que Dios optara por visitar a Jacob en una visión mientras este dormía —incapaz de hacer otra cosa que escuchar, ver y recibir—, es una imagen perfecta de la esencia del discipulado. Dios da, nosotros recibimos: estas cuatro palabras encapsulan nuestras vidas como seguidores de Jesús.

Pregunta: «¿Qué tienes que no hayas recibido?» (1Co 4:7 NVI).
Respuesta: Nada.
Pregunta: Por lo tanto, ¿de qué puedes presumir?
Respuesta: De nada.

Todo lo que tenemos es un regalo de Dios. El Padre nos creó, nos dio ojos, oídos, corazones y cerebros. Él cuida de nuestros cuerpos vistiéndonos y alimentándonos. Nos protege de los peligros. Nos da familia y amigos.

¿Por qué? Porque le complace dar, cuidarnos y amarnos. El Hijo nos ha redimido mediante su nacimiento, pasión y resurrección, para llevarnos a su reino. ¿Por qué? Porque deseaba alegremente salvarnos y hacernos sus hermanos y hermanas. El Espíritu nos ha llamado a Cristo, nos ha dado arrepentimiento y fe, nos ha bautizado como parte de la Iglesia, nos perdona y ha prometido resucitar nuestros cuerpos en el último día. ¿Por qué? Porque tiene misericordia de nosotros, nos ama y solo quiere lo mejor para nosotros.

Dios nos da todas estas cosas, y nosotros las recibimos de él como dones. Sí, desde luego, como discípulos oramos a nuestro Padre, meditamos en su Palabra, vivimos por el Espíritu y servimos al prójimo con amor sacrificial. En muchos sentidos, somos activos. Pero aun nuestra actividad es la obra de Dios a través de nosotros. Tomando prestado el lenguaje de Isaías: «Todas nuestras obras Tú las hiciste por nosotros» (26:12). O, como dirá Pablo: «He trabajado mucho más que todos ellos, aunque no yo, sino la gracia de Dios en mí» (1Co 15:10). Esa frase, «aunque no yo, sino la gracia de Dios», podría aplicarse a toda nuestra vida.

- He servido a mi cónyuge y a mis hijos, aunque no yo, sino la gracia de Dios.
- He seguido a Jesús como su discípulo, aunque no yo, sino la gracia de Dios.
- He estudiado las Escrituras, aunque no yo, sino la gracia de Dios.
- He trabajado en mi vocación, aunque no yo, sino la gracia de Dios.
- Me he arrepentido, he confesado y he creído, aunque no yo, sino la gracia de Dios.

Jacob dormía cuando el Señor lo visitó con promesas de grandes bendiciones. Dios dio, Jacob recibió. No tenía nada de que jactarse, porque todo lo que tenía era un regalo de Dios. Lo mismo ocurre con todos nosotros, como seguidores de Jesús. En lugar de jactarnos, simplemente decimos: Solo a ti sea la gloria, oh Señor.

Preguntas de discusión

1. ¿Cuál ha sido el período más largo en el que has estado completamente solo? ¿Cuáles son los desafíos, dificultades y bendiciones que pueden derivarse de estar solo? ¿Qué podemos aprender del tiempo en que Jacob estuvo solo?

2. ¿En qué nos ayuda recordar que Jacob no estaba buscando a Dios cuando Dios vino a buscarlo a él? ¿En qué ocasiones el Señor puede aparecer inesperadamente en nuestras vidas? Piensa en los ejemplos de Abraham (Gn 18:1-15); Zaqueo (Lc 19:1-10); y Pablo (Hch 9:1-19). ¿Cómo ejemplifica la visita de Cristo a Pablo el hecho de que estas visitas divinas no siempre son experiencias agradables?

3. ¿De qué manera estas cuatro palabras, «Dios da, nosotros recibimos», encapsulan nuestras vidas como seguidores de Jesús? Aplícalas a tu vida y a tu vocación. ¿De qué manera la gracia de Cristo moldea cada aspecto de nuestra vida como discípulos?

CAPÍTULO 11

Escalera al cielo

El Señor estaba de pie junto a él.

Génesis 28:13

Si hay una imagen específica que asociamos con la visión nocturna que Jacob tiene de Yahvé en Génesis 28:10-22 es la famosa «escalera», «escalinata» o «rampa» que se extiende desde la tierra hasta el cielo. Las tres palabras son traducciones posibles de *sulám*, el sustantivo hebreo que se utiliza aquí para esta «carretera angélica». Aunque nuestra fascinación por la *sulám* es comprensible—y dedicaremos un momento a hablar de ella—, también puede distraernos del mensaje principal de la visión. El foco principal de este relato no son los ángeles, la escalera o la estela de piedra, sino Dios y su Palabra. Él aparece. Él habla. Él promete.

En primer lugar, esbocemos lo que sucede. Al atardecer, Jacob «se encontró [*pagá*] con un lugar [*macóm*]» (Gn 28:11 JBS). El verbo hebreo *pagá* subraya el carácter fortuito del lugar de acampada. No estaba en la «Lista de lugares a visitar» de Jacob. Simplemente «se encontró con» él. La palabra *macóm* lleva artículo definido, así que no es «un» lugar sino «el» lugar. En otras palabras, Dios sabía lo que hacía; Jacob, no. El Señor condujo providencialmente a su siervo a este lugar concreto, que posteriormente Jacob denominó Betel, sitio que ocupará un lugar destacado en el resto de la historia bíblica[1]. Mientras duerme con una piedra cerca (no debajo)[2] de su cabeza, Jacob tiene una visión onírica en

[1] Betel ya había sido visitado por el abuelo de Jacob, Abraham (Gn 12:8; 13:3-4). El arca del pacto estuvo allí por un tiempo (Jue 20:26-27). Después de que el reino del norte se separó del reino del sur, Jeroboam erigió sus becerros idolátricos en Dan y Betel (1R 12:28-29). Tanto Oseas (10:15) como Amós (3:14) predicaron explícitamente contra la idolatría practicada en Betel. El lugar que se originó como la puerta del cielo se convirtió en la puerta de la idolatría infernal.

[2] La piedra no sirvió de almohada, sino probablemente de protección para su cabeza. La frase hebrea exacta para «a su cabecera» describe la colocación de la lanza de Saúl en el suelo «a su cabecera» (1S 26:11, 16) y la torta colocada «en la cabecera» de Elías (1R 19:6). Véase también 1S 19:13, 16, donde la almohada de pelo de cabra está «a la cabecera» del ídolo.

la que ve a los mensajeros de Dios subiendo y bajando por la escalera. Por eso es que, una vez despierto, Jacob dice: «Esto no es más que la casa de Dios, y esta es la puerta del cielo» (Gn 28:17). En el antiguo Cercano Oriente, la idea de que existían tales «puertas del cielo» se hallaba muy extendida. Este era el portal entre lo celestial y lo terrenal. Por la mañana, Jacob toma la piedra cercana a su cabeza, la erige como una estela, la unge y nombra el lugar Bet-El, es decir, «Casa de El» o «Casa de Dios».

Sin embargo, en medio de todos estos acontecimientos se encuentra el drama principal de la noche: la teofanía de Yahvé ante Jacob. Si buscas en Google representaciones artísticas de este acontecimiento, casi todas mostrarán alguna figura divina en el cielo, parada en lo alto de la escalera. Allí, muy arriba, está Yahvé, con la cabeza en las nubes, mirando a su siervo, dormido mucho más abajo. Estas pinturas se ciñen a muchas traducciones que dicen «en lo alto de [la escalera]» (Reina Valera, *cf.* NTV; TLA); «el SEÑOR estaba encima» (JBS); o «el SEÑOR estaba sobre ella» (LBLA; *cf.* BLPH). Sin embargo, la frase preposicional hebrea *aláiv* también podría traducirse como «junto a él», es decir, junto a Jacob (DHH; NBLA; NBV; NVI; CST; *cf.* PDT), no «sobre ella». Esta traducción, además, concuerda mejor con la frase de Jacob: «el SEÑOR está en este lugar» (28:16). No estaba arriba en el cielo, hablando hacia abajo. Dios descendió hasta Jacob, al lugar donde este estaba, y allí le habló. «Junto a él» acentúa la cercanía de Dios. Era lo contrario de distante.

Puesto que conocemos bien el pasado poco glorioso de Jacob, especialmente sus aventuras recientes, sería razonable suponer que está a punto de recibir una reprimenda divina. Al fin y al cabo, se la merece. Conocemos sus actos egoístas. Y Dios también los conoce. El Señor Dios Todopoderoso está a punto de descargar una cadena de ayes sobre esta comadreja humana. Por lo tanto, es más que un poco desconcertante cuando los labios del Señor no hacen más que verter amor, gracia y promesas en los oídos de Jacob.

> «Yo soy el SEÑOR, el Dios de tu padre Abraham y el Dios de Isaac. La tierra en la que estás acostado te la daré a ti y a tu descendencia. También tu descendencia será como el polvo de la tierra. Te extenderás hacia el occidente y hacia el oriente, hacia el norte y hacia el sur; y en ti y en tu simiente serán bendecidas todas las familias de la tierra. Ahora bien, Yo estoy contigo. Te guardaré por dondequiera que vayas y te haré volver a esta tierra. No te dejaré hasta que haya hecho lo que te he prometido». (Génesis 28:13-15)

¿Ves todos esos «yo»? Yo soy el Señor. [Yo] te la daré. Yo estoy contigo. [Yo] Te guardaré. [Yo] No te dejaré. [Yo] haya hecho. [Yo] te he prometido. Es como si el Señor tuviera solamente cosas buenas que decir a Jacob. Le transmite el don de la tierra y la promesa de una bendición cosmopolita que implica a «todas las familias de la tierra». ¿Por qué el Señor actúa así? ¿Dónde está el Dios de justicia?

Con cierta regularidad, la gente caricaturiza al Dios del Antiguo Testamento. Lo pintan como un tirano malvado, sanguinario y sádico que se divierte aplastando a los pecadores con plagas y otras atrocidades. Y aun si no llegan a esos extremos, lo retratan como un Dios de ira, contrapuesto al Dios de amor del Nuevo Testamento. Indudablemente, se trata de una bazofia teológica, una falsa dicotomía que no guarda relación alguna con el testimonio tanto del Antiguo como del Nuevo Testamento. Pero eso no impide que la gente piense así.

Así que te sugiero algo: la próxima vez que te encuentres con esta caricatura o falsa dicotomía, recuerda la forma en que Dios trató a Jacob. He aquí un hombre que merecía justamente la reprimenda del cielo. No merecía otra cosa que recibir daños punitivos como pago. Sin embargo, cuando el Señor Dios descendió y se detuvo a un paso de Jacob, ¿qué hizo? Pronunció promesas. Mostró únicamente misericordia. Jacob era un perdedor que ganó. Un mentiroso perdonado. Un fugitivo redimido.

Este episodio siempre me ha recordado a otro discípulo descarriado: el hijo pródigo. Vuelve a casa sin más expectativa que la de tener que recuperar el favor de su padre. Se ofrecerá como siervo. Demostrará su remordimiento. Les demostrará a todos, y especialmente a su padre, que ha aprendido la lección. Pero tan pronto como el hijo inicia su confesión ensayada, el padre lo interrumpe diciendo a sus criados: «Pronto; traigan la mejor ropa y vístanlo; pónganle un anillo en su mano y sandalias en los pies. Traigan el becerro engordado, mátenlo, y comamos y regocijémonos; porque este hijo mío estaba muerto y ha vuelto a la vida; estaba perdido y ha sido hallado» (Lc 15:22-24). ¿Dónde está la justicia en eso? ¿Dónde está el castigo? ¿Dónde está el padre de rostro adusto, de «pruébame que realmente lo lamentas», y de fuego y azufre? No hay nada de eso. Solo la absolución escandalosa y chocante junto a un barril de cerveza y una barbacoa.

Como ocurrió con el pródigo ocurrió también con Jacob. Y lo mismo ocurre con cada uno de nosotros, que andamos a tropezones y a tientas por el camino del discipulado. Cada momento de cada día, vivimos y seguimos a Jesús exclusivamente por misericordia. «No nos ha tratado según nuestros pecados, ni nos ha pagado conforme a nuestras iniquidades» (Sal 103:10). Si lo hiciera, todos estaríamos muertos. «Porque como están de altos los cielos sobre la tierra, así es de grande Su misericordia para los que Le temen. Como está de lejos el oriente del occidente, así alejó de nosotros nuestras transgresiones. Como un padre se compadece de sus hijos, así se compadece el SEÑOR de los que le temen» (103:11-13). Escribe esas palabras con letras doradas y léelas todos los días.

Lo que sucede al pie de la escalera es lo siguiente: Jacob no obtiene lo que justamente merece, sino lo que el Señor le da misericordiosamente. Qué adecuado resulta, entonces, que Jesús, nuestro Señor de misericordia, el mismo que estuvo junto a Jacob tantos siglos antes, haya aludido una vez a ese incidente. Le dijo a Natanael: «En verdad les digo que verán el cielo abierto y a los ángeles de Dios subiendo y bajando sobre el Hijo del Hombre» (Jn 1:51).

Estas palabras pueden entenderse de dos maneras diferentes, pero ambas nos llevan al mismo destino.

La interpretación más común es que Jesús se identifica con la escalera que une la tierra y el cielo. El Hijo del Hombre une a Dios con la humanidad. En su cuerpo, Dios desciende hasta nosotros y nosotros ascendemos hasta Dios. Él es la unión de la divinidad y la humanidad. Todo eso es indudablemente verdadero e infinitamente reconfortante.

La otra interpretación posible es que Jesús se hace eco de una extendida tradición judía del siglo I que decía que en el trono de Dios estaba grabada la imagen del rostro de un hombre[3]. Ese rostro habría sido el de Jacob. Los ángeles ascendieron y descendieron *sobre Jacob*, es decir, bajaron hasta él para comparar su rostro real con la imagen que habían visto en el trono divino. Jesús, jugando con esta tradición, está diciendo: «Buen intento, pero se equivocaron. ¡Los ángeles de Dios subirán y bajarán *sobre mí*!». Es decir, la imagen de Cristo, su rostro, su persona, están relacionados con el trono de Dios, pues él es quien se sienta en ese trono junto a su Padre.

Así, ver el rostro de Jesús es ver el rostro de aquel que gobierna toda la creación; aquel que es Señor de su Iglesia, maestro de discípulos, sacerdote de pecadores, redentor de los perdidos, pastor de los descarriados y juez de vivos y muertos. Como trató con Jacob, así tratará con nosotros: con misericordia. ¿La merecemos? No, claro que no. ¡Pero de eso se trata!

---

[3] Esta tradición está representada, por ejemplo, en el Tárgum de Pseudo-Jonatán y el Tárgum Neofiti I, así como en el comentario rabínico posterior Génesis Rabá 68:12.

Agradezco que Dios no haya elegido como patriarca de su pueblo en el AT a un hombre que siguiera las reglas, actuara meticulosamente, fuera moralmente ejemplar y probablemente jamás hiciera nada vergonzoso. Eligió a Jacob. Eligió como su hombre número uno a un discípulo con un pasado turbio, un futuro problemático, una familia disfuncional y un corazón borracho de ego.

Cristo quiso dejar bien claro que ser su seguidor no consiste en subir una escalera de éxito espiritual, sino en ser recibido con misericordia, al pie de la escalera, por el Señor que baja hasta nosotros.

Preguntas de discusión

1. Los sucesos de Génesis 28 ocurrieron en Betel. ¿Qué significa Betel, en hebreo? ¿Cómo aparece este lugar en el resto de la historia bíblica? Lean Gn 12:8; 13:3-4; Jue 20:26-27; 1R 12:28-29; Os 10:15; y Am 3:14. Analicen de qué manera los lugares originalmente asociados con la santidad de Dios pueden corromperse con el tiempo.

2. Lean Génesis 28:10-22. ¿Cuáles son algunas de las promesas específicas que Dios le hace a Jacob? ¿En qué coinciden con algunas de las promesas hechas por Dios a Abraham e Isaac? ¿Por qué es tan necesario que oigamos, una y otra vez, las promesas de Dios?

3. Hablen de la diferencia que supone ver a Dios «en lo alto de la escalera» vs. «junto a Jacob». ¿Imaginan a Cristo lejos, cerca, o a veces ambas cosas? ¿Qué promete él en Mateo 28:18-20?

4. Analicen en qué consiste la misericordia y cómo Dios nos la muestra (ver Sal 51:1; Ef 2:4-8; Lc 18:13). ¿Merecía Jacob misericordia? ¿La merecemos nosotros? ¿De qué manera este incidente contradice la caricatura del Dios del Antiguo Testamento como un ser mezquino y de corazón duro?

5. Lean Juan 1:43-51. Hablen de lo que significa que Jesús sea aquel sobre quien suben y bajan los ángeles. ¿Qué significa para nosotros, como discípulos, que Cristo esté al final de la escalera con nosotros?

CAPÍTULO 12

El lado del matrimonio que contiene verduras

Cuando fue de mañana, sucedió que era Lea.

Génesis 29:25

«No es bueno que el hombre esté solo» (Gn 2:18). Esta es la primera cosa «no buena» en la Biblia, la cual resalta aun más por su contraste con los seis «era bueno» y el «era bueno en gran manera» del relato de la creación. Significa que Adán, aun antes del pecado, no se hallaba en una situación *perfectamente* buena. Su yo era insuficiente. Necesitaba otra persona, externa a él, y distinta de él, pero que fuera como él, hueso de sus huesos y carne de su carne. El hecho de que el Señor hiciera a la mujer no a partir de los árboles, el agua o la tierra, sino a partir del cuerpo del hombre, dio lugar a un magnetismo innato, divinamente diseñado, por el que el hombre se siente atraído a la mujer y la mujer al hombre. Esta atracción es simultáneamente biológica y teológica. Desde los torpes coqueteos de los alumnos de secundaria hasta las campanas de boda de los novios de hoy, somos testigos permanentes del impacto continuo de Génesis 2 en nuestras vidas.

Por supuesto, hay también otro lado más oscuro. Somos testigos permanentes del impacto del capítulo siguiente (Génesis 3) en la humanidad, incluidas las áreas de las relaciones maritales y sexuales. De hecho, para la mayoría de nosotros, es ahí donde las cuchillas del pecado cortan más profundamente, dejando cicatrices para toda la vida, algunas de las cuales nunca se curan por completo. Todo el discurso abstracto sobre el mal se vuelve dolorosamente concreto cuando descubres a tu marido en la cama con la mujer que creías que era tu mejor amiga. Ahora la maldad te ha dado un golpe en las entrañas de una forma totalmente nueva. La fractura del mundo se hace muy tangible cuando debes ingresar a tu esposa a un centro de rehabilitación. Y podríamos llenar fácilmente las próximas cien páginas dando únicamente ejemplos reales de abuso emocional, abuso físico, infidelidad sexual, manipulación psicológica, utilización de los hijos como armas y técnicas pasivo-agresivas de venganza conyugal que transforman completamente algunos matrimonios —incluidos los matrimonios de cristianos— en casas de horror.

El matrimonio es un don verdaderamente asombroso y maravilloso de Dios. Y *por esa misma razón*, siempre ha estado, y seguirá estando, en la mira de los francotiradores del infierno.

Jacob estaba a punto de descubrir todo esto de primera mano. La última vez que lo vimos, estaba despertando de su visión onírica, asombrado por lo que había experimentado (28:16-19). Habiendo hecho la promesa de volver a este lugar y dar al Señor el diezmo de todo lo que recibiera, Jacob prosiguió su viaje a Harán (28:20-29:1). Su llegada a ese lugar nos recuerda, en muchos sentidos, lo ocurrido una o dos generaciones antes, cuando el criado de su abuelo hizo este mismo viaje para elegir una esposa para Isaac, padre de Jacob (Gn 24). Aquel criado encontró a Rebeca en un pozo, dando de beber al ganado, tal como ahora Jacob encuentra a su futura esposa, Raquel, dando de beber a sus ovejas en el pozo (Gn 29:10). Ambos acontecimientos, aparentemente aleatorios, son, por supuesto, encuentros divinamente planeados. Dios, entre bastidores, hace de casamentero, uniendo al hombre y a la mujer. Sin embargo, como veremos pronto, el matrimonio de Isaac y Rebeca estuvo mucho más libre de dramas que el de su hijo.

En una escena de gran tensión, durante su primer encuentro, Jacob «besó a Raquel, y alzó su voz y lloró» (Gn 29:11). Esto nos parece sumamente extraño. Aun teniendo en cuenta las diferencias culturales, supongo que para Raquel también fue incómodo. En la Biblia aparecen muy pocos hombres besando a mujeres, ¡y especialmente a las que acaban de conocer! Sin embargo, habiendo dicho eso, es también una visión nueva y agradable de Jacob. No se comporta de una manera calculada, sino vulnerable, más sincera. No hay intrigas ni engaños. De su interior brota espontáneamente gratitud. Su viaje ha terminado. Está a salvo. Ha encontrado a su clan familiar. Y, por si fuera poco, se encuentra con una hermosa mujer de la que parece enamorarse perdidamente al instante.

En apenas veintidós versículos, recorremos rápidamente los siguientes siete años de la vida de Jacob (Gn 29:11-23). Conoce a Labán, el hermano de su madre, que lo recibe con los brazos abiertos (como veremos, después de este positivo primer encuentro, la relación de Jacob con Labán irá precipitadamente cuesta abajo). Los dos hombres acuerdan que Jacob trabajará siete años para ganarse la mano de Raquel en matrimonio. En uno de los pasajes más conmovedores de la Biblia, leemos que esos años «le parecieron [a Jacob] unos pocos días, por el amor que le tenía» (29:20). He ahí una devoción ejemplar. Jacob ya no se preocupa solamente de sí mismo, sino que trabaja esforzada y prolongadamente por otra persona. A estas alturas, la narración parece estar creando en nosotros un respeto, e incluso un cariño, por Jacob.

Finalmente, transcurridos los siete años, llega el día de la boda. Y, sin embargo, para el lector atento, tras el ambiente festivo se está gestando algo ominoso. Antes se nos habló de otra hija, Lea, la hermana mayor de Raquel. Rara vez los personajes bíblicos son introducidos de cualquier manera, solo para llenar la página. Ya tenemos a nuestros personajes estilo Adán y Eva, así que nos preguntamos: ¿cómo encajará Lea en esta historia? Lo descubrimos rápidamente. Ya sea por la oscuridad de la tienda nupcial, el pesado velo de la novia o la embriaguez del novio[1] —o, probablemente, una combinación de las tres cosas—, cuando Jacob, esa noche, lleva a su novia a la cama, ignora por completo que la mujer a la que hace el amor no es aquella que ha amado los últimos siete años.

Con una brevedad retórica apasionante, el versículo siguiente lo dice todo: «Cuando fue de mañana, sucedió que era Lea» (Gn 29:25). Labán se la había traído a Jacob la noche anterior (29:23). Con palabras cargadas de ironía, el hombre que había engañado a su padre para engañar a su hermano mayor, protesta (ahora que él mismo ha sido engañado para casarse con la hermana mayor): «¿Por qué, pues, me has engañado?» (Gn 29:25). Oh, Jacob, cómo se ha dado vuelta la tortilla. El engañador ha sido engañado. El que se hizo pasar por Esaú se acuesta con la mujer que se hace pasar por Raquel. Una leyenda judía lo expresa así: Jacob estuvo toda la noche llamándola «Raquel», a lo que Lea respondía «Sí». Cuando, por la mañana, enfadado, Jacob llama mentirosa a Lea, ella le responde: «¿No fue así que, cuando tu padre te llamó "Esaú", tú le respondiste "Sí"?»[2].

Tras esta impactante escena de la mañana siguiente, Jacob le lee la cartilla a Labán, este justifica débilmente su engaño, y ambas partes acuerdan que dentro de unos días Jacob se casará con Raquel y luego trabajará siete años más por su segunda esposa (Gn 29:25-29).

Las primeras palabras de Adán tras ver a Eva fueron las siguientes: «Esta es ahora hueso de mis huesos, y carne de mi carne. Ella será llamada mujer, porque del hombre fue tomada» (Gn 2:23). Las primeras palabras de Jacob, tras ver a su propia «Eva», no podrían ser más contrastantes: «¿Qué es esto que me has hecho?»[3].

---

1 Labán «hizo un banquete» (Gn 29:22). La palabra hebrea *mishté*, comúnmente traducida como «banquete», proviene del verbo «beber». Ciertamente había comida, pero era también un banquete para beber. Ya en el siglo I, Josefo explica que Jacob no se dio cuenta del engaño porque estaba «bebido y en la oscuridad» (*Antigüedades* 1.19.7 [§301]).

2 Una paráfrasis de Génesis Rabá 70:19.

3 Resulta revelador que el texto hebreo de las palabras de Jacob «¿Qué es esto que me has hecho?» repitan textualmente lo que Faraón le dijo a Abram tras descubrir que el patriarca lo había engañado con respecto a Sarai: «¿Qué es esto que me has hecho? ¿Por qué no me avisaste que era tu mujer?» (Gn 12:18).

Creo que ninguno de nosotros, la mañana siguiente de nuestra boda, sufrió el mismo *shock* que Jacob. No fuimos en busca de nuestros suegros ni aporreamos su puerta exigiéndoles saber: «¿Qué es esto que me has hecho?». Sin embargo, llega un día, o un año —con suerte, mucho después de nuestra boda— en que la mayoría, si no todos, nos preguntamos: «¿Qué es esto que me has hecho?». Quizás se lo preguntemos a nuestra cónyuge. Quizás se lo gritemos al cielo. O quizás —de hecho, es lo más probable— nos lo preguntemos a nosotros mismos.

Si durante los períodos matrimoniales de frustración, decepción, o aburrimiento puro, los cristianos le preguntáramos a Dios: «¿Qué es esto que me has hecho?», tal vez su respuesta sería algo como: «Te he dado un copecador con quien vivir, a fin de que juntos, en esta universidad del matrimonio, puedan estudiar y aprender en qué consiste una vida de amor sacrificial». Eso nunca aparecerá en una tarjeta romántica, pero es muy realista. En aquellos momentos en que los esposos están en el séptimo cielo, disfrutando de la compañía del otro, y saboreando los dones de la estabilidad, el amor, el sexo y la amistad, no es necesario explicarles el porqué del matrimonio. Es evidente —tal como no hace falta explicar por qué la tarta de chocolate es un postre delicioso—. Sobran las palabras. Simplemente se sabe. Pero el matrimonio es algo más que una tarta de chocolate: incluye algunas verduras. Y aunque algunas de ellas puedan ser saludables para nosotros, también pueden darnos ganas de escupirlas cuando las probamos.

Bienvenido a ese lado del matrimonio que contiene verduras.

Al Señor no le sorprendió la rebelión de Adán y Eva tras su unión como marido y mujer. Sabía muy bien lo que se avecinaba en el horizonte. Se dio cuenta de que, una vez envueltas en el pecado, estas dos criaturas se necesitarían mutuamente de un modo diferente, mucho más crítico. Todos llegamos a este mundo con un defecto congénito común, heredado de Adán y Eva. No lo encontrarás en un libro de medicina, pero es una enfermedad inscrita en la historia de la humanidad. En latín, se llama *incurvatus in se*, que significa «curvado sobre sí mismo». Si necesitas repasar rápidamente en qué consiste el *incurvatus in se*, intenta que un niño pequeño haga algo que no quiere hacer. Aunque no es un comportamiento aprendido, ciertamente puede convertirse en un comportamiento practicado, y de manera muy hábil, perjudicial tanto para nosotros como para los demás. Una vez que pertenecemos a Cristo, la operación perpetua del Espíritu en nuestro interior podría resumirse como la reiterada acción de descurvarnos, a fin de curvarnos hacia afuera —hacia los demás—.

El matrimonio es un taller ideal para la labor descurvadora del Espíritu, a fin de que seamos discípulos caracterizados no por el egoísmo, sino por el altruismo. El matrimonio exige sacrificio; no hacer siempre mi voluntad; compartir; velar por los intereses del otro; fidelidad; decir la verdad; dejar que el otro vea mis defectos, malos hábitos y errores estúpidos; perdonar y ser perdonado; y —de muchas y diversas maneras— morir al yo para que el Espíritu nos resucite a la imagen de Jesús.

En resumen, el matrimonio es una escuela de discipulado que Dios nos da. Sí, tiene altos y bajos. En los valles podríamos gritar: «¿Qué es esto que me has hecho?»; y déjame decirte que está muy bien hacer esa pregunta. Los Salmos están llenos de «Por qué», «Qué» y «Hasta cuándo», siempre dirigidos a Dios, sin ninguna censura por parte de nuestro Padre, que acoge todos los lamentos. Sin embargo, al otro lado del lamento, recordemos que Jesús nunca dijo: «Cojan el champán, las flores y síganme». Nos pide que llevemos nuestras cruces. Mientras las carguemos, el Espíritu nunca nos abandonará, sino que trabajará en nosotros —quizás en maneras que jamás comprenderemos totalmente— para herirnos y curarnos, matarnos y revivirnos, a fin de formarnos a la imagen de nuestro Señor crucificado y resucitado.

En los capítulos siguientes tendremos ocasión de hablar más de los matrimonios de Jacob y de los nuestros. Pero, por ahora, concluyamos con este último —y ojalá alentador— pensamiento: si no hubiera sido por el imprevisto matrimonio del patriarca con Lea, Judá no habría nacido. Y si Judá no hubiera nacido, no habría existido la tribu de Judá. Y si no hubiera habido tribu de Judá, no habría habido Booz, ni Isaí, ni David, ni una joven virgen en Nazaret llamada María, en cuyo vientre creció la esperanza de nuestro mundo.

«¿Qué es esto que me has hecho?», preguntó Jacob, furioso y decepcionado. Oh, si tan solo hubiera sabido lo bueno que nuestro Padre sacaría un día de su matrimonio, habría besado a Lea y llorado de alegría.

Preguntas de discusión

1. Vuelvan a leer Génesis 2, especialmente la creación del hombre y la mujer. ¿Por qué no era bueno que el hombre estuviera solo? ¿Por qué Dios creó el matrimonio?

2. Lean Génesis 29:1-30. Hablen del carácter de Labán, las descripciones de Raquel y Lea, y el amor de Jacob. ¿Vemos una nueva faceta de Jacob en este relato? ¿Se nos da alguna pista de lo que Raquel y Lea pensaron de este cambio de esposa?

3. ¿Qué piensan de esta afirmación? Dios dice: «Te he dado un copecador con quien vivir, a fin de que juntos, en esta universidad del matrimonio, puedan estudiar y aprender en qué consiste una vida de amor sacrificial». ¿Están de acuerdo o en desacuerdo? ¿Por qué?

4. ¿Qué significa *incurvatus in se* y cómo se manifiesta en el matrimonio? Den ejemplos. ¿En qué sentido el matrimonio es una escuela de discipulado dada por Dios?

CAPÍTULO 13

Las hermanas que edificaron la casa de Israel

«Haga el Señor a la mujer que entra en tu casa como a Raquel y a Lea, las cuales edificaron la casa de Israel».

Rut 4:11

Cuanto más nos adentramos en la historia del Antiguo Testamento, más fruncimos el ceño y arrugamos la frente. Este libro sagrado está plagado de flagrante impiedad. Tenemos hermanos que matan a hermanos, engañan a hermanos y ganan dinero vendiendo a un hermano como esclavo. Tenemos al marinero Noé, ebrio en el suelo de su tienda, vestido únicamente con el traje de su nacimiento, maldiciendo a su nieto una vez que recupera la sobriedad. Tenemos a dos de los tres patriarcas diciendo —a propósito de sus esposas—: «Oh, ¿esta hermosa mujer? Sí, es mi hermana». Abraham incluso se hace rico con la mentira. Y eso es solo el comienzo. Más tarde, un hijo tendrá sexo con la madre de sus medios hermanos. Una nuera se vestirá de prostituta con el deliberado fin de ser contratada y preñada por un «cliente» que es el padre de sus dos maridos muertos. Y espera hasta que llegues a Jueces, Samuel y Reyes, donde la locura familiar, fraternal y sexual corre de manera desenfrenada.

Bienvenido a la altamente disfuncional familia bíblica.

Para los cristianos modernos, quizás más desconcertante que los propios relatos sea el hecho de que a veces no logramos encontrar una condena explícita de las acciones, acciones que nos parecen, si no abominables, al menos poco éticas. El Señor nunca dice expresamente que haya estado mal que Abraham mintiera diciendo que Sara era su hermana, ni tampoco hay una palabra negativa sobre el hecho de que tuviera concubinas (Gn 12:10-20; 25:6). No se prohíbe la práctica de la poligamia. De hecho, en la situación del levirato, se espera que un hermano, aunque ya tenga esposa, se case también con la viuda de su hermano muerto para que ella engendre hijos y así continúe el legado de su hermano fallecido (Dt 25:5-10). En la historia bíblica posterior, el Señor incluso dirá a David: «Yo también entregué a tu cuidado [...] las mujeres de tu señor, y te di la casa de Israel y de Judá; y si eso hubiera sido poco, te hubiera añadido muchas cosas como estas» (2S 12:8).

¿Qué debemos hacer nosotros, discípulos de Jesús, con estos episodios de telenovela? Al pensar en nuestros propios matrimonios, hijos y familias, ¿qué podemos aprender de estos relatos antiguos? Para empezar a responder a estas preguntas, reflexionemos sobre la siguiente fase de la vida de Jacob, que se centra en su creciente número de (co) esposas e hijos (Gn 29:30-30:24).

Como vimos en el capítulo anterior, el patriarca, gracias a la astucia de su suegro, es ahora marido no de una, sino de dos esposas. No hace falta ser profeta ni consejero matrimonial para saber que esto no acabará bien. Tampoco empezó bien. Inmediatamente se nos dice que Jacob «amó más a Raquel que a Lea» (29:30) y que «Vio el Señor que Lea era aborrecida» (29:31)[1]. Dada la evidente predilección de Jacob por la atractiva Raquel, podríamos suponer que, cada noche, él y ella disfrutaban de románticas conversaciones de almohada. Pero no fue así. Por muy difícil que fuera el matrimonio de Jacob y Lea, él no rehuyó la cama de esta, al menos durante los primeros años. Ella tuvo cuatro hijos sucesivos con él. Los nombres de estos hijos, sin embargo, delatan una continua amargura. «Hacer el amor», en el caso de esta pareja, debió de ser más bien una manera formal de «hacer bebés». Lea llamó a los niños Rubén, Simeón, Leví y Judá. Los nombres de los tres primeros son juegos de palabras hebreos que transmiten el mismo mensaje triste: «Quizás este hijo hará que mi marido me ame». Nombra a su primogénito Rubén, diciendo: «Por cuanto el Señor ha visto mi aflicción, sin duda ahora mi marido me amará» (29:32). Del siguiente hijo, Simeón, dice: «Por cuanto el Señor ha oído que soy aborrecida, me ha dado también este hijo» (29:33). Leví se llama así porque «Ahora esta vez mi marido se apegará a mí, porque le he dado tres hijos» (29:34). Imagínate a una madre de hoy llamando a su hijo «Tan Solo», diciendo: «Si "tan solo" mi marido me amara». Ese es el mensaje que transmiten estos tres nombres. Solo su cuarto hijo, Judá, recibe un nombre optimista, pues Lea dice: «Esta vez alabaré al Señor» (29:35).

---

[1] Probablemente, el verbo hebreo para «aborrecer» (*sané*) lleva aquí la connotación de «no amada» o «no elegida». Como comenta Nahum Sarna sobre este pasaje, «En Deuteronomio 21:15, el hebreo *senuhá* ["aborrecida"] aparece junto con *ajubá* ["amada"] en un contexto similar sobre la relación de un marido con sus coesposas. Además de su dimensión emocional, el término tiene implicaciones sociojurídicas. No expresa tanto «aborrecida» por contraposición a «amada», sino más bien un grado relativo de preferencia». *Genesis*. The JPS Torah Commentary (Philadelphia: The Jewish Publication Society, 1989), 206.

También leemos que, con el tiempo, el acalorado romance inicial de Jacob y Raquel empezó a enfriarse. Mientras su hermana daba a luz un hijo tras otro, «Raquel era estéril» (29:31). Con el tiempo, el monstruo de los celos rugió con su verde mirada. «Pero viendo Raquel que ella no daba hijos a Jacob, tuvo celos de su hermana, y dijo a Jacob: "Dame hijos [en hebreo: *baním*], o si no, me muero"» (30:1). Y ¿cómo responde Jacob a este arrebato? Con un arrebato propio: «Entonces se encendió la ira de Jacob contra Raquel, y dijo: "¿Estoy yo en lugar de Dios, que te ha negado el fruto de tu vientre?"» (30:2). Una vez, hace mucho tiempo, cuando yo era pastor, estuve en casa de unos jóvenes esposos que se hallaban enzarzados en una pelea a gritos, lanzándose mutuamente acusaciones a la cara. Esa es la escena que viene a mi mente cuando leo las cortantes palabras de Raquel y Jacob. Ella está dolida. Él está a la defensiva. Ambos dicen cosas estúpidas y dolorosas. De hecho, estas son las primeras palabras registradas de Raquel. Como suele ocurrir con los personajes bíblicos, la primera declaración que se registra nos dice mucho sobre su carácter. Eso es lo que sucede con Raquel. Su vida es representativa de alguien que, por encima de todo, quiere hijos o una sepultura. En una triste ironía, será el nacimiento de su segundo hijo, Benjamín, el que envíe a esta madre a la tumba (Gn 35:16-20).

Al final, mientras compiten por la medalla de oro en este torneo de gestación, cada hermana recluta a su sierva para inclinar las probabilidades a su favor. Es el viejo método Abraham-Sara-Agar, legal y culturalmente aceptable en aquella época, en el que la sierva de la esposa actuaba como madre suplente (Gn 16:1-3). Raquel pone en el lecho de Jacob a Bilha, y Lea hace lo mismo con Zilpa. Jacob tiene ahora un miniharén, aunque también parece haber boicoteado el lecho de Lea. Esta, desesperada, «alquila» a su marido para una noche de sexo haciendo un trueque con Raquel, que quería algunas de las mandrágoras de Lea (una fruta considerada afrodisíaca). Una tarde, cuando Jacob sale del trabajo, Lea le informa con total naturalidad: «"Debes llegarte a mí, porque ciertamente te he alquilado por las mandrágoras de mi hijo". Y él durmió con ella aquella noche» (30:16).

Para cuando llegamos a una muy necesaria pausa en esta historia de sucesivos nacimientos, tenemos lo siguiente: Raquel ha dado a luz un hijo (José); Lea tiene seis hijos y una hija (Rubén, Simeón, Leví, Judá, Isacar, Zabulón y Dina); Bilha tiene dos hijos (Dan y Neftalí); y Zilpa tiene dos hijos (Gad y Aser). El hombre que, años antes, partió al exilio siendo soltero, tiene ahora dos esposas, dos coesposas, once hijos y una hija. Con la excepción de Benjamín, que nacerá cuando la familia regrese del exilio, cada uno de los futuros patriarcas se encuentra ya en el cuadro.

¿Y qué muestra, exactamente, ese cuadro? A la familia elegida de Dios. La comunidad santa de Yahvé. La «Iglesia» del Antiguo Testamento, con todas sus imperfecciones.

Hice la pregunta: «¿Qué debemos nosotros, los discípulos de Jesús, pensar de todo este enredo?». Se pueden decir muchas cosas. Podríamos hablar del fruto podrido que crece en la tierra de los matrimonios polígamos. Podríamos hablar de amargura, celos, favoritismos, y de los matrimonios infelices en los que el «amor» es algo que la gente intenta ganarse de su cónyuge. La historia misma podría servir como una parábola de los matrimonios problemáticos.

Sin embargo, lo que me gustaría que consideráramos es lo siguiente: ninguna familia, por fracturada, desfigurada o disfuncional que sea, está fuera del alcance de la gracia y la redención divinas. Generaciones más tarde, cuando Booz se prepara para casarse con Rut, el pueblo de Belén le dice: «Haga el Señor a la mujer que entra en tu casa como a Raquel y a Lea, las cuales edificaron la casa de Israel» (Rut 4:11). Estas dos hermanas, rivales por el afecto de su marido, cada una muy insatisfecha a su manera, juntas «edificaron la casa de Israel». En lenguaje cristiano, diríamos que juntas edificaron la Iglesia. ¿Lo hicieron de manera perfecta? Por supuesto que no. ¿Lo hicieron con motivos puros? Difícilmente. Pero ¿actuó el Señor, Dios de Israel, mediante —y pese a— sus debilidades y defectos —por no hablar de los de Jacob— para crear una comunidad en la que sus promesas finalmente se extenderían hasta los confines del mundo? ¡Sí! Sí, solo por gracia, ciertamente lo hizo.

Hoy en día, dentro de nuestras comunidades de fe, todos estamos muy conscientes de las familias que reflejan algo de la familia Jacob-Lea-Bilha-Zilpa. Si conoces mi historia personal, que relato en *Night Driving*, estoy muy felizmente casado con mi esposa Stacy desde 2013. Pero en mi pasado hay dos divorcios, así como hay uno en el de Stacy. Juntos, somos una familia, pero una familia con cicatrices. En nuestra iglesia, los domingos por la mañana, hay padres e hijos que han sido heridos por la adicción, el aborto, el encarcelamiento, el adulterio y un sinfín de otros traumas y males. Aun las familias con apariencia externa de armonía y estabilidad guardan a menudo heridas profundas y secretas, enmascaradas tras una sonrisa obligatoria.

Mira atentamente todos los bancos de la iglesia y verás manchas de lágrimas y sangre, así como los fragmentos de los sueños rotos de felicidad familiar.

Sin embargo, aquí estamos, precisamente donde el Señor nos quiere: en su santa casa, sometiéndonos a su yugo fácil, para ser sus discípulos. Débiles y fluctuantes, lo seguimos. Temerosos y vacilantes, seguimos a Jesús cojeando. ¿Y nuestro Señor? No podría estar más contento con nosotros. Él no dijo: «Vengan a mí, todos los que tienen todo en orden, los que presumen de hogares idílicos, los que tienen matrimonios de ensueño». No. Dijo: «Vengan a Mí, todos los que están cansados y cargados, y Yo los haré descansar» (Mt 11:28). Y eso hacemos. Frustrados, como Raquel, venimos. Amargados, como Lea, venimos. Utilizados, como Bilha y Zilpa, venimos. Y, sí, egoístas y abrumados, como Jacob, venimos.

Venimos para quedarnos en el único lugar donde hay esperanza para el matrimonio, la familia y los hijos: al pie de la cruz de nuestro Señor y junto a su tumba vacía. Nos deleitamos en su amor redentor. Somos perdonados, y perdonamos. Y creemos que, sin importar cuán indignos seamos, adoramos a un Rey que no se sienta en su trono inútilmente. Él gobierna. Gobierna el reino del que formamos parte. Y gobierna todo el universo. Quizás no tengamos claro cómo nos utilizará en ese reino, pero aun así lo confesamos. Entregados a su misericordia, recibimos sus dones por fe y, por la obra del Espíritu, nos esforzamos por dejar que su amor fluya de nosotros hacia los demás.

Sabemos que, si algo caracteriza a la familia bíblica, es el hecho de ser una comunidad en la que la misericordia divina reina por encima de todo.

Preguntas de discusión

1. ¿Les molesta la naturaleza disfuncional de tantas familias bíblicas? ¿Por qué sí o por qué no?

2. Lean Génesis 29:31-35 y 30:1-24. Hablen de los matrimonios y los hijos de Jacob. ¿Qué temores, desafíos, dolores, decepciones, alegrías y resentimientos existían en esa familia? ¿Cómo se manifiestan esas cosas en las familias y los matrimonios de hoy?

3. ¿Qué debemos nosotros, como discípulos de Jesús, pensar del enmarañado lío de la «sagrada» familia? ¿Qué verdades, grandes y pequeñas, podemos aprender de esta parte de la historia de Jacob?

4. ¿Cómo podemos utilizar esta parte de la vida de Jacob para alentar a los cónyuges, hijos o padres que creen que su familia es una «causa perdida» o que ya «no se puede redimir»? Lean Efesios 5:22-6:4. ¿Qué instrucciones da Pablo a los discípulos respecto del matrimonio y los hijos?

CAPÍTULO 14

El invierno fructífero

Así prosperó el hombre en gran manera, y tuvo grandes rebaños, y siervas y siervos, y camellos y asnos.

Génesis 30:43

A lo largo de los años, he tenido innumerables conversaciones con hermanos y hermanas en Cristo siguiendo este mismo patrón básico: «Pasé por una época muy oscura y difícil en mi vida. Fue doloroso. Fue estresante. A veces sentí que estaba viviendo una pesadilla de la que no podía despertar. Cuando finalmente terminó y pasó algo de tiempo, me di cuenta, en retrospectiva, de que fue entonces —durante ese período de lágrimas y tribulaciones— cuando el Señor trabajó más intensamente en mi vida. Sí, por un lado, fueron los peores tiempos. Pero, por otro lado, fue el mejor de los tiempos para que Cristo me moldeara, bendijera y condujera por el camino que él quería que siguiera».

Podríamos referirnos a esta estación espiritual como el invierno fructífero.

El invierno fructífero no es nada nuevo en la vida del pueblo de Dios. Pablo, en sus escritos, lo expresa de la manera clásica, especialmente en 2 Corintios (p. ej., 4:8-12; 6:1-10; 12:7-10). Las palabras de Jesús a Pablo encarnan esta verdad: «Te basta Mi gracia, pues Mi poder se perfecciona en la debilidad». El verbo griego que significa «se perfecciona», *teléo*, es el mismo que se utiliza en la cruz, cuando Jesús grita: «*Tetelestai*», es decir, «Consumado es» o «Se ha hecho perfecto». Y el sustantivo griego que Pablo utiliza para «debilidad», *asdséneia*, es la misma palabra que utilizará en el capítulo siguiente cuando diga que Cristo fue «crucificado en debilidad» (2Co 13:4 NVI). Podríamos resumirlo así: tal como la muerte de Jesús, crucificado en debilidad, hizo perfecta nuestra salvación, nuestras propias debilidades, pruebas y cruces son el momento en el que el poder misericordioso de Dios realiza su obra perfecta en nosotros. O, como Pablo lo expresa irónicamente, «Cuando soy débil, entonces soy fuerte» (12:10).

En Génesis 30, nos encontramos en medio del invierno fructífero de Jacob. En nuestro próximo capítulo, exploraremos más detalladamente su historia de infortunios, llena de reveses, sufrimientos y privaciones. Baste decir por ahora que, si Jacob tenía una «espina en la carne» al estilo de Pablo, esa espina se llamaba Labán, quien era su tío, suegro, jefe y un personaje semejante a Faraón, todo en uno. El nombre de Labán significa «blanco», pero era un hombre en cuyos ojos brillaban los verdes signos del dinero. Lo conocemos décadas antes, cuando el criado de Abraham llega a Harán en busca de una esposa para Isaac. Los camellos del criado iban cargados de ricos y elaborados regalos, pues Abraham era un hombre acaudalado. El narrador deja caer magistralmente un fuerte indicio de la personalidad avara y depredadora de Labán. Dice que salió corriendo a recibir al criado y, «cuando [...] vio el anillo y los brazaletes en las manos de su hermana», dijo: «Entra, bendito del Señor» (Gn 24:30-31). Tenía buen ojo para las cosas que brillaban. Era como si el criado de Abraham hubiera llegado a la casa de Labán en un Rolls Royce. Los ojos de Labán sabían reconocer —y desear— un bolsillo lleno de riquezas.

A estas alturas de su vida, Labán tiene muchas más arrugas, pero su avaricia no parece haber perdido su vigor juvenil. Lo sabemos por lo siguiente. Después de haber servido a Labán catorce años, siete por Lea y siete más por Raquel, Jacob ya tiene ganas de volver a casa, así que le pide permiso para marcharse (Gn 30:25). Sin embargo, su suegro no tiene prisa por perderlo. Sabe muy bien que, precisamente gracias a Jacob, el Señor lo ha bendecido con rebaños sanos y en rápido crecimiento (¡cha-ching!) (Gn 30:27-30). Para Labán, su yerno es la gallina de los huevos de oro. Los dos regatean un poco y llegan a un acuerdo que, a primera vista, parece muy malo para Jacob. Ambos se repartirán las ovejas y las cabras. Labán se quedará con las ovejas blancas y las cabras oscuras, mientras que Jacob se llevará «toda oveja moteada o manchada y todos los corderos negros», así como «las manchadas o moteadas de entre las cabras» (Gn 30:32). Puesto que Jacob sigue cuidando del ganado de Labán, todo animal recién nacido no monocromático será suyo.

Sin embargo, hay dos grandes problemas con este contrato. En primer lugar, apenas hacen el trato, Labán apuñala a Jacob por la espalda. «Aquel mismo día apartó Labán los machos cabríos rayados o manchados y todas las cabras moteadas o manchadas, y todo lo que tenía algo de blanco, y de entre los corderos todos los negros, y lo puso todo al cuidado de sus hijos. Y puso una distancia de tres días de camino entre sí y Jacob» (Gn 30:35-36). En otras palabras, Labán se apoderó preventivamente de todos los animales que debían pertenecer a Jacob. Como señala Nahum Sarna, el segundo problema es que, en «el Cercano Oriente, las ovejas suelen ser blancas, y las cabras, de color marrón oscuro o negro. Una minoría de las ovejas puede tener manchas oscuras, y en el caso de las cabras, marcas blancas»[1]. En el mejor de los casos, Jacob podría esperar conseguir ocasionalmente un cordero o cabrito moteado o manchado, pero serían pocos y distantes entre sí. Como en la noche de bodas de Jacob, parece que aquí Labán ha vuelto a engañar a su yerno.

Sin embargo, no tan rápido. Puede parecer que Labán apuñaló a Jacob por la espalda, pero Dios guardaba las espaldas de Jacob. Como leemos en el capítulo siguiente (Gn 31:8-12), el Señor se apareció a Jacob en sueños para darle una estrategia de reproducción tan singular y extraña como eficaz. Jacob pelaría parte de la corteza de varas de «álamo, de almendro y de plátano», dejando así al descubierto «lo blanco de las varas» (30:37). Estas varas rayadas y manchadas se colocarían entonces en los abrevaderos, delante de los rebaños, cuando los animales más fuertes se aparearan (30:38-42). Las crías que nacieron reflejaron las varas y salieron rayadas y manchadas. Sin embargo, lo que parecía magia no lo era en absoluto. Era el método prescrito por el propio Señor. Si más tarde Dios pudo utilizar la vara de Moisés para causar plagas y dividir el mar Rojo, sin duda podía utilizar estos palos de Jacob para dar a luz ovejas y cabras no monocromáticas. Para hacer el bien a su pueblo, el Señor siempre ha unido las palabras de sus promesas a objetos físicos.

¿Cuál fue el resultado? Durante los seis años siguientes, «prosperó el hombre en gran manera, y tuvo grandes rebaños, y siervas y siervos, y camellos y asnos» (30:43; cf. 31:41). De hecho, tanto aumentaron los rebaños de Jacob, que sus primos, los hijos de Labán, empezaron a quejarse: «Jacob se ha apoderado de todo lo que era de nuestro padre, y de lo que era de nuestro padre ha hecho toda esta riqueza» (31:1). O, como Jacob lo expresa con más precisión al hablar con Raquel y Lea: «De esta manera Dios ha quitado el ganado al padre de ustedes y me lo ha dado a mí» (31:9).

Lo que el Señor hizo por Jacob es un tema clave en el Antiguo Testamento. La trama es la siguiente: (1) El pueblo de Dios está en el exilio; (2) es oprimido; (3) Dios lo enriquece a costa de sus opresores; y (4) sale del exilio poseyendo más que al llegar. Lo vemos con Abram y Sarai, durante su estancia en Egipto (Gn 12:10-20); lo observamos aquí con Jacob, que pronto partirá a su hogar (31:17ss.); y lo veremos una vez más, cuando los israelitas salgan de Egipto llevando consigo las riquezas

---

Genesis, The JPS Torah Commentary (Philadelphia: The Jewish Publication Society, 1989), 212.

de aquel país (Éx 3:22; 12:36). En otras palabras, este es el tema del invierno fructífero, cuando el poder de Yahvé se perfecciona en la debilidad de ellos.

Dudo que, para nosotros, los discípulos de Jesús, haya una verdad más difícil de aceptar que esta. No tengo reparos en admitir que detesto ser débil. Cuando los Labanes de mi vida se aprovechan de mí, me engañan, me mienten y dicen mentiras sobre mí, mi primer instinto es querer vengarme. Deseo tener el control total de mi vida, ir un paso por delante de mis competidores, tener todo organizado y tener la fuerza y la salud suficiente como para llevar mis objetivos a buen puerto. En otras palabras, quiero que se haga mi voluntad —y que se haga a mi manera, en el momento que yo prefiera y de acuerdo con mis especificaciones precisas—. Y, si no es mucho pedir, me gustaría recibir algunos aplausos por el camino.

En resumen, me gustan los veranos fructíferos, no los inviernos fructíferos. ¿No es eso lo que nos gusta a todos?

Sin embargo, lo que a nosotros nos gusta y lo que nuestro Padre sabe que es mejor para nosotros casi nunca coinciden. Si siempre se hiciera nuestra voluntad, el resultado final sería nuestra perdición, nuestra destrucción, tanto en esta vida como en la eternidad. Somos como niños de tres o cuatro años cuya voluntad se inclina por aquellas cosas que proveen una satisfacción momentánea y una decepción permanente. Por eso, nuestro Padre, cuya voluntad es salvarnos, bendecirnos y perfeccionarnos, nos conduce frecuentemente a un exilio invernal, donde aprendemos —generalmente por las malas— que él es Dios y nosotros no.

Sin embargo, en este exilio invernal asimilamos no solo nuestra mortalidad, debilidad y vulnerabilidad, sino, lo que es mucho más importante, la misericordia y la gracia de nuestro Salvador para con nosotros. Como dice el apóstol: «Cuando soy débil, entonces soy fuerte» (2Co 12:10). Dentro de nosotros, nuestra debilidad abre un vacío que debe ser llenado por la fuerza de Jesús. Estamos matriculados en la escuela de la cruz que, por definición, será dolorosa, pero también mostrará simultáneamente la gloria de Dios en nuestras vidas. En el caso de Jacob, de no haber estado con Labán, ni en el exilio, ni teniendo que cargar su propia cruz, el patriarca nunca habría llegado a tener una familia y posesiones con las cuales regresar del exilio. El poder de Dios se perfeccionó en la debilidad de Jacob.

Vemos, por tanto, que para los discípulos de Jesús, la cruz siempre definirá el modo en que el Señor actúa en nuestras vidas. Esto no significa que estemos siempre sufriendo, siempre ensombrecidos por los pesares de la vida. Más bien, significa que el discipulado consiste en morir al yo, morir a la voluntad propia, morir a lo que queremos, debido a que estamos crucificados con Jesús. Morimos con él para resucitar con él a una vida nueva. Como dice Pablo: «¿O no saben ustedes que todos los que hemos sido bautizados en Cristo Jesús, hemos sido bautizados en Su muerte? Por tanto, hemos sido sepultados con Él por medio del bautismo para muerte, a fin de que como Cristo resucitó de entre los muertos por la gloria del Padre, así también nosotros andemos en novedad de vida» (Ro 6:3-4). Nuestra nueva vida es moldeada por el bautismo, en el cual morimos y a la vez resucitamos con Jesús. Esta unión con él, efectuada en el bautismo, realizado una única vez en el agua impregnada de la Palabra, es el patrón de toda nuestra vida, pues cada día el Espíritu da muerte a nuestra naturaleza rebelde y egocéntrica y nos resucita para reflejar la imagen de nuestro Señor y Rey.

En nuestro invierno fructífero, el Mesías no nos abandona. Todo lo contrario. Llevando aún las marcas de la lanza y los clavos —estigmas del amor divino— en sus propias manos y costado, nos pastorea delicadamente hacia nuestra propia debilidad y hacia su fuerza continua y misericordiosa.

Preguntas de discusión

1. Analicen aquellos momentos de la vida (propia o ajena) que podrían describirse como un «invierno fructífero». Además de Jacob, ¿cuáles son algunos otros ejemplos bíblicos de individuos que soportaron tal «invierno»?

2. Lean Génesis 30:25-43. ¿Cuál es la estrategia básica (ideada por Dios [31:4-13]) para aumentar los rebaños y las manadas de Jacob? ¿Qué otros ejemplos muestran cómo el Señor usa las cosas ordinarias, unidas a su palabra, para hacer el bien a su pueblo? Lean Éxodo 14:16; Números 21:8-9; Jueces 7:16-22; Hechos 2:38.

3. Lean 2 Corintios 4:8-12; 6:1-10; 12:7-10. Utilicen esos pasajes para analizar esta afirmación: «Somos como niños de tres o cuatro años cuya voluntad se inclina por aquellas cosas que proveen una satisfacción momentánea y una decepción permanente. Por eso, nuestro Padre, cuya voluntad es salvarnos, bendecirnos y perfeccionarnos, nos conduce frecuentemente a un exilio invernal, donde aprendemos —generalmente por las malas— que él es Dios y nosotros no».

4. Lean Romanos 6:3-4. ¿De qué manera las acciones de Dios sobre nosotros y por nosotros en el bautismo moldean nuestras vidas como discípulos?

CAPÍTULO 15

Embolsarse un ídolo de camino a la iglesia

Raquel robó los ídolos domésticos que eran de su padre.

Génesis 31:19

En su libro *El precio de la Gracia*, Dietrich Bonhoeffer escribió las famosas palabras: «Cuando Cristo llama a un hombre, le pide que venga y muera». ¿Que muera a qué? Bonhoeffer incluye el martirio; morir a nuestras inclinaciones y lujurias; morir a nuestra propia voluntad; y morir a nuestros apegos a este mundo. Todo eso es cierto. «Llevar la cruz» como discípulo de Jesús puede significar solamente una cosa: esa cruz está ahí para matarte. Un discípulo no crucificado es una contradicción.

La primera vez que me citaron esas palabras de Bonhoeffer, yo era un estudiante universitario, un creyente joven. Y me aferré a esas palabras. Mi corazón ardía por Jesús. Estaba dispuesto a sacrificarlo todo por él y su reino. Muéstrame una cruz, oh Señor, y extenderé mis manos y mis pies para recibir los clavos. Trabajaría. Sufriría. Y de ser necesario, incluso sangraría. La única cosa que jamás haría sería darle la espalda a mi Salvador. Y no podía entender cómo otros —supuestamente cristianos— hacían eso frecuentemente. Eran autoindulgentes, mundanos, vanidosos, lujuriosos y codiciosos. Algunos eran borrachos. Otros se drogaban o se acostaban con cualquiera. Pero yo, gracias a Dios, había muerto y estaba totalmente comprometido con Jesús. Era un verdadero cristiano.

Como puedes sospechar, era también un hipócrita exaltado. Habría podido orar la oración del fariseo: «Dios, te doy gracias porque no soy como los demás hombres…» (Lc 18:11). En ese tiempo no me daba cuenta, pero a esa temprana edad mi pecho ya alimentaba a un dragón de arrogancia espiritual que un día asomaría su fea cabeza para devorarme a mí y todos mis preciados trofeos espirituales.

Una de las muchas verdades que aún debía comprender, a un nivel profundamente visceral, era que la muerte a la que Cristo me llamaba —la muerte de la que Bonhoeffer escribió— no era un acontecimiento que ocurría una sola vez en la vida; era una muerte *diaria, recurrente y perpetua* al yo. No era como si un día Jesús me hubiera hecho discípulo, todas mis debilidades, tentaciones e inclinaciones al mal se hubieran desprendido de mi corazón como escamas, y me hubiera convertido en una persona radicalmente nueva, adornada con un alma virginal. No, seguía siendo propenso a tener pensamientos autodestructivos y caprichos vanos. Seguía actuando de manera estúpida, egocéntrica y censuradora. Y, en la raíz de todo, dentro de mi corazón, se hallaba la fábrica que aún producía falsos dioses, falsas confianzas, y falsas religiosidades —24 horas al día, 7 días a la semana—.

Iba todo el tiempo a la iglesia, pero por el camino me guardaba muchos ídolos en el bolsillo.

Al parecer, el guardado de ídolos en el bolsillo es un tema bíblico bastante constante. Como veremos dentro de poco, Raquel lo hizo cuando ella y su familia abandonaron Harán (Gn 31:19). Cuando los israelitas salieron de Egipto, Moisés les advirtió que dejaran de adorar a los demonios con forma de machos cabríos (Lv 17:7 NVI). Mucho más tarde, Ezequiel dice que los israelitas no «abandonaron los ídolos de Egipto» (Ez 20:8). Mucho después de que entraran a Canaán, cuando Josué ya es un anciano, dice a los israelitas: «Quiten los dioses que sus padres sirvieron al otro lado del Río y en Egipto, y sirvan al SEÑOR» (Jos 24:14). En el Nuevo Testamento, los antiguos dioses y diosas cananeos eran ahora deidades romanas o griegas —o eran las posesiones, el poder o el sexo—, pero su realidad e influencia no habían cambiado.

Lo otro que no cambió es que, entre las muchas muertes continuas que, como discípulos, debemos soportar, se encuentra la perpetua muerte a nuestro temor, amor y confianza en algo más que nuestro único y verdadero Padre celestial[1].

Génesis 31 documenta los turbulentos acontecimientos ocurridos cuando Jacob y su familia huyeron secretamente de Labán. Fue el «éxodo de Jacob», un presagio de la futura salida de Israel de Egipto. Como comentamos en el capítulo anterior, Labán era un personaje sumamente desagradable, una especie de mini-Faraón que acosó y atormentó al patriarca y a su familia durante veinte años. En la tradicional liturgia

[1] Aquí aludo a la explicación del primer mandamiento en el *Catecismo menor* de Martín Lutero «Debemos temer, amar y confiar en Dios por sobre todas las cosas».

judía de la Pascua, ¡se dice incluso que Labán era peor que el Faraón[2]! Sus antecedentes penales son impresionantemente largos: engañó a Jacob en su noche de bodas intercambiando a las hermanas; lo obligó a trabajar siete años más por la mujer que amaba; engañó a Jacob y le cambió el salario diez veces (31:7); básicamente vendió sus hijas a Jacob y consumió todo el dinero que les habría pertenecido (31:15); como un cuatrero, robó las ovejas y las cabras que pertenecían legítimamente al patriarca (30:35-36); y, para colmo, habría despedido a Jacob con las manos vacías si Dios no hubiera intervenido (31:42). Tras dos décadas de abusos semejantes, Jacob y sus esposas estuvieron de acuerdo en que ya era suficiente. Y el Señor también confirmó el deseo de Jacob, diciéndole: «Vuelve a la tierra de tus padres y a tus familiares, y Yo estaré contigo» (31:3). Eso fue música divina para los oídos de Jacob. Así que, aprovechando la oportunidad que les brindaba la ausencia de Labán durante la época en que se esquilaban las ovejas, el patriarca y su séquito de esposas, coesposas, hijos, criados, rebaños, camellos y asnos emprendieron disimuladamente su largo viaje de regreso a casa (31:17-21).

Sin embargo, justo en medio de la narración, el autor deja caer estas ominosas palabras: «Raquel robó los ídolos domésticos que eran de su padre» (31:19). Leer estas palabras es como encontrar un pelo en el sabroso plato de sopa que estás tomando. Es desagradable. Es repugnante. Y es demasiado real. La palabra hebrea para estos «ídolos domésticos» es *terafím*. Probablemente eran estatuillas que representaban a las deidades que velaban por el bienestar de la casa de Labán; algo similar a los *penantes* de los hogares romanos. No se nos dice por qué Raquel los robó. Quizás pensó que velarían por ella y su familia en este largo viaje. O quizás pensó que, al quitárselos a su padre, ahora estos dioses estarían con ella en lugar de con él[3]. Cualesquiera fueran sus razones, con esta lamentable acción, Raquel, la matriarca de Israel, prefiguró el futuro problema de su propia familia, que guardaría ídolos en su bolsillo durante el camino a la tierra prometida.

La historia de estos *terafím* no se acaba ahí, por supuesto, y llegaremos a ello en el próximo capítulo, que incluye el relato negramente humorístico

---

[2] Mediante una interpretación complicada y muy creativa, Deuteronomio 26:5 se entiende como «un arameo trató de destruir a mi antepasado», es decir, Labán el arameo trató de hacer esto. Véase el análisis de Jeffrey H. Tigay en *Deuteronomy*, The JPS Torah Commentary (Philadelphia: The Jewish Publication Society, 1996), 240.

3. La interpretación rabínica tradicional le da a esto una dirección positiva: Raquel pretendía liberar a su padre de su apego a la idolatría (*Génesis Rabá* 74:5). Martín Lutero, en sus charlas sobre Génesis, sostiene que Raquel robó los dioses por razones monetarias, porque era todo lo que le quedaba de herencia (American Edition [AE] 6:25-35).

de una mujer menstruante sentada sobre dioses secuestrados. Sin embargo, por ahora, simplemente hagamos una pausa y reflexionemos sobre las acciones de Raquel y lo que implican para nuestras vidas.

No es que Raquel ignorara al Dios verdadero. Tampoco lo había arrojado por la borda religiosa en favor de deidades populares más atractivas de los alrededores de Harán. Cuando nació José, por ejemplo, Raquel exclamó: «Que el Señor me añada otro hijo» (Gn 30:24). Ella conocía al Señor, es decir, a Yahvé. Creía en Yahvé y le oraba. Raquel, simplemente, quería «Yahvé y *terafím*». El término técnico para esto es sincretismo, pero podemos pensar en ello como Yahvé-y-ismo[4]. Yahvé y Baal. Yahvé y Asera. Yahvé y el poder, o el dinero, o la popularidad, o la familia, o el trabajo, o el ego, o lo que sea. El dios que sigue a la «y» realmente no importa. Todos comunican la misma mentira diabólica: Yahvé, por sí solo, no da la talla. Necesita que otro dios le eche una mano. Es una deidad insuficiente, con un poder insuficiente, ejercido de maneras insuficientes. Él no basta.

Me gustaría poder decir que, con el paso del tiempo y la suficiente madurez espiritual, dejamos atrás el Yahvé-y-ismo. Superamos este sincretismo juvenil y, con el alma unida a nuestro Señor, somos capaces de concentrarnos en purgar otras áreas de nuestras vidas en las que los pecadillos, esos «pecados menores», aún acechan. Pero eso no sucede con ningún discípulo, tenga diez o cien años. Los *terafím* de Raquel, en lugar de dejar de cortejar nuestros corazones, simplemente cambian de melodía y de forma.

Lo siniestro y peligroso de los *terafím* es que, a diferencia de las estatuillas de Raquel, en nuestro caso suelen ser buenos en sí mismos. Confiamos en Cristo y la Familia. Confiamos en Cristo y nuestro Partido político. Lo más importante para nosotros es Cristo y nuestra Nación, nuestro Trabajo, nuestro Éxito, nuestro Cuerpo, y nuestras Cosas. Consideradas aisladamente, ninguna de esas cosas es mala o incorrecta. Y, desde luego, es por eso que son las máscaras ideales para el ocultamiento de los *terafím*. Pablo insinúa lo mismo cuando dice que «aun Satanás se disfraza como ángel de luz» (2Co 11:14). Se envuelve con el manto de lo bueno y saludable para, lenta y deliberadamente, atraernos al abrazo de la noche.

Por esta razón, en los Evangelios nuestro Señor utiliza frecuentemente el verbo griego *proséjo*, como en: «Cuídense de los hombres» (Mt 10:17);

[4] C. S. Lewis le da a esto su expresión clásica en *Cartas del diablo a su sobrino*, donde Escrutopo aconseja a Orugario que mantenga a su paciente centrado en «el cristianismo y...». *The Screwtape Letters* (New York: Macmillan Publishing, 1961), 115.

«¡Tengan cuidado!» (Lc 17:3); o «Estén alerta» (21:34). O utilizará el verbo *gregoreo*: «Velen» (Mt 24:42) y «Velen, pues» (25:13). En otras palabras: «Revisen sus bolsillos en busca de ídolos». Siempre los habrá. Y por esta misma razón, la vida del discipulado es arrepentimiento de por vida, o, en palabras de Bonhoeffer, venir a Cristo y morir. Morir al sinergismo. Morir al Yahvé-y-ismo.

Por lo tanto, una pregunta útil que podemos hacernos es la siguiente: ¿Qué *terafím* hay en mi bolsillo hoy, esta semana, este año? ¿Qué se ha apoderado de mi corazón? ¿Qué cautiva mi mente, cuando me pierdo en mis pensamientos? ¿Qué es lo que más me preocupa? Lo más probable es que las respuestas a estas preguntas sean nuestros propios *terafím*.

Con esa respuesta en la mente, y la confesión de ese pecado en nuestros labios, estamos listos para morir una vez más. Pero es una muerte grata, porque la muerte al yo es simplemente vida en Jesús. Nuestra contrición y arrepentimiento diarios y continuos son la forma en que el Espíritu vacía nuestros bolsillos de ídolos y llena nuestros corazones de perdón, salvación, paz, vida y libertad en el Mesías.

Preguntas de discusión

1. Hablen de los diversos significados de la palabra «ídolo» en nuestra sociedad, incluyendo cosas como los «ídolos del pop», los «ídolos del deporte» y el significado más natural de la palabra. ¿Qué sugiere todo eso? ¿Qué definición podrían utilizar para englobar todos esos usos?

2. Lean Génesis 31:1-21. ¿Por qué Raquel robó los dioses de su padre? ¿Qué motivaciones pudo tener?

3. Analicen el «Yahvé-y-ismo», o lo que C. S. Lewis llamó «cristianismo y». ¿Qué tendemos a poner después de esa «y»? ¿Por qué la idolatría es tan omnipresente y peligrosa?

4. Lean 1 Corintios 10:1-14. ¿Qué quiere Pablo que aprendamos —positiva y negativamente— de la historia de Israel? En particular, ¿qué dice de la idolatría?

5. Hablen de esta afirmación y de lo que significa para nosotros como discípulos: «Nuestra contrición y arrepentimiento diarios y continuos son la forma en que el Espíritu vacía nuestros bolsillos de ídolos y llena nuestros corazones de perdón, salvación, paz, vida y libertad en el Mesías».

CAPÍTULO 16

Decir pacíficamente adiós a los Labanes de nuestras vidas

> «Ahora bien, ven, hagamos un pacto tú y yo y que sirva de testimonio entre los dos».
>
> Génesis 31:44

Hace quince años, me senté frente a un hombre que estaba muy decepcionado conmigo. Y tenía todo el derecho a estarlo. Era el rector del seminario en el que yo había enseñado los últimos cinco años. Durante ese tiempo, le había sido infiel a mi esposa. Mi pecado le dio un golpe fatal a mi matrimonio, y con ello, a mi trabajo, mi carrera y muchas cosas más. Al momento de nuestra reunión, los efectos de mis acciones apenas estaban comenzando. Las cosas empeorarían mucho antes de mejorar. Correrían rumores. La verdad se filtraría. Pronto, toda una comunidad sentiría el impacto de mis actos estúpidos y egoístas.

Aquella tarde, sentado en el despacho del rector, supe que esa sería nuestra despedida. Probablemente, él y yo no volveríamos a vernos (así ha sido). La pregunta que me asaltaba era: ¿cómo nos despediríamos? ¿En silencio? ¿Con ira? ¿Con una amarga decepción?

Nos despedimos y él me perdonó. Le confesé lo que había hecho. Sin excusas. Sin culpar a otros. Solo un desgarrador desahogo total de mi pecado y mi vergüenza. Y él, que siempre había sido una suerte de pastor y abuelo para mí, pronunció sobre mí la absolución que tan desesperadamente deseaba y necesitaba. Hasta el día de hoy, no sé si alguna vez me he sentido más vacío y, al mismo tiempo, más lleno. Tras una breve conversación en la que me dio algunos sabios consejos, nos levantamos y nos dimos la mano. Me alejé de un campus al que nunca volveré, y de un hombre al que, a este lado de la eternidad, probablemente jamás volveré a ver cara a cara. Dadas las circunstancias, nos despedimos de la mejor manera posible: reconociendo sosegadamente que nuestro Señor, que reina con misericordia sobre ambos, estaba trazando caminos diferentes para nuestras vidas a partir de ese día.

Ojalá pudiera decirles que todas mis despedidas de antiguos amigos y conocidos se han caracterizado por esa gracia. Lamentablemente, no ha sido así. Y yo asumo gran parte de la responsabilidad por esas separaciones menos que ideales. Sin embargo, de los errores de mi pasado, espero haber aprendido esto: que «Si es posible, en cuanto de ustedes dependa, estén en paz con todos los hombres» (Ro 12:18). Pero si no es posible, que al menos sea una partida en paz y con perdón, arrojando todo vestigio de amargura e ira al fuego de la misericordia de nuestro Señor.

Génesis 31 se trata de una separación final: la separación emocionalmente intensa de Jacob y Labán. Al final, estos hombres tendrán su despedida pacífica (o, al menos, semipacífica), pero al principio no. En absoluto. Cuando estos dos embusteros se enfrentan por última vez, puedes imaginártelos frente a frente, escupiéndose, agitando los puños y dejando que los viejos agravios emerjan volcánicamente a la superficie arrojando la lava de la ira.

Como vimos en el capítulo anterior, Jacob y su familia se escabulleron mientras Labán estaba lejos esquilando sus rebaños de ovejas (Gn 31:19). Si creciste rodeado de agricultores de trigo —como yo lo hice—, sabes que durante el período de la cosecha dejarás de ver al agricultor o a su equipo por días, si no semanas. Pareciera que trabajan, comen y duermen en sus máquinas cosechadoras y sus camiones de grano. El tiempo de la esquila era como el período de la cosecha. Labán, sus hijos y sus siervos habrían estado sudando y esquilando de sol a sol. Por esa razón, la noticia del éxodo de Jacob no llegó a Labán antes del tercer día, de modo que, aunque los persiguieron con ahínco, él y sus hombres tardaron toda una semana en alcanzarlos (31:22-23).

Me imagino a Labán, esos siete días, maldiciendo a Jacob entre dientes, soñando con vengarse, y echando humo por la cantidad de dinero y propiedades que habían caído en el regazo de su yerno. Para colmo de males, probablemente comenzó esta persecución antes de haber esquilado todas las ovejas. Cuando finalmente volviera de la persecución, se habría atrasado mucho. Estaba indignado. De hecho, considerando la advertencia que Dios le había hecho a Labán, y la forma en que, más tarde, este le habla a Jacob, su furia era potencialmente asesina. El Señor le advirtió en sueños: «¡Cuida de no hablar a Jacob ni bien ni mal!» (Gn 31:24, R. Alter). Y, cuando Labán le transmite esta palabra divina a Jacob, le dice: «Tengo poder para hacerte daño» (31:29).

Labán es un perro rabioso que Dios mantiene atado con una correa corta.

Veinte años antes, la vida de Jacob había corrido peligro a causa de su hermano. Ahora, el peligro es su suegro. Así, sus años de éxodo comienzan y terminan con una espada suspendida sobre su cabeza. En ese sentido, es como su homónimo, la nación de Israel, durante su tiempo en Egipto. Al principio, son llevados a Egipto por la amenaza del hambre, y al final, el Faraón pone sus vidas en peligro en el mar Rojo. Tanto en el caso del individuo como en el de la nación, Jacob/Israel solamente se salvó de la muerte gracias al cuidado protector y el fiero amor de Yahvé.

Cuando Labán finalmente se enfrenta a Jacob, el anciano actúa como toda una reina del drama. Utilizando prácticamente la misma expresión empleada por Jacob contra él a la mañana siguiente de su sorpresiva boda con Lea, Labán acusa ahora a Jacob: «¿Qué has hecho...?» (Gn 31:26; 29:25). Labán el engañador ha sido engañado, tal como antes Jacob el engañador fue engañado por Labán. Ha sido un círculo vicioso de represalias y contrarrepresalias. Raquel y Lea ya nos han dicho que su padre no se preocupa ni un ápice por ellas; después de todo, las había vendido y había consumido su dinero (31:15). Así que colaboraron plenamente para huir de su padre poco paterno. No obstante, Labán, en modo hipócrita total, acusa a Jacob de llevarse a sus hijas como «cautivas de guerra» (31:26). Quiere hacernos creer que tenía el sincero deseo de despedirlas con una fiesta digna de carnaval, «con alegría y cantos, con panderos y liras» (31:27). Dudo mucho que alguien creyera las palabras de Labán, incluido él mismo.

Pero entonces, casi en mitad de la frase, Labán deja de fingir y lanza una acusación seria: «¿Por qué robaste mis dioses?». Y al decir «robaste», señala únicamente a Jacob. En hebreo, no señala a toda la familia de Jacob, sino a la segunda persona masculina del singular. Tras esta acusación, toda la escena que sigue sería cómica si no fuera tan seria. Jacob se mantiene firme en su inocencia y en la de su familia. Raquel, sin que su marido lo sepa, está sentada sobre los mismos ídolos que Jacob piensa que no están allí (y ella está nada menos que con la regla, por lo que es ritualmente impura y profana esos ídolos [Lv 15:22]). Y Labán, como un borracho furioso que no encuentra el control remoto, pone todo patas arriba, tira los cojines del sofá, y busca a tientas por todas las tiendas. Raquel, con lo que probablemente sea un poco de alivio, dice básicamente: «Papá, lo siento, pero no puedo levantarme a abrazarte porque, bueno, estoy en mi período, así que estoy aquí atrapada, encaramada sobre la silla de mi camello».

Finalmente, Jacob ha tenido suficiente. En la clásica canción de Kenny Rogers, «Coward of the County», Tommy lleva «veinte años de arrastrarse... embotellados en su interior» cuando se desahoga con los «chicos Gatlin» que le han hecho daño a su Becky. Del mismo modo, Jacob lleva embotellados en su interior veinte años de ira, y los deja volar en una ráfaga de puñetazos verbales. «¿Cuál es mi transgresión?», comienza. «¿Cuál es mi pecado para que con tanta insistencia me hayas perseguido?» (Gn 31:36). Y luego se lanza a exponer punto por punto la perfidia de Labán ante la fidelidad inquebrantable de Jacob (31:37-42). Cuando Jacob concluye, todo lo que Labán puede hacer es esgrimir una breve defensa, tan poco convincente como un niño pequeño que jura no haberse comido las galletas pero tiene la cara llena de chocolate.

Sin embargo, habiendo dicho eso, démosle el crédito a quien lo merece: finalmente, es Labán, y no Jacob, quien pide la paz (Gn 31:44). ¿Realmente la deseaba, o se dio cuenta de que solo un equipo estelar de abogados podía defender sus actos indefendibles? ¿Quién sabe? En realidad, no importa. Lo que sí importa es que, una vez que ambos hombres se desahogaron y se calmaron un poco, hicieron lo correcto. Hicieron un pacto. Aceptaron las condiciones mutuas. Ofrecieron un sacrificio y comieron la comida ceremonial que sellaba el trato (31:44-54). Al salir el sol, Labán se despidió de sus hijas y nietos (31:55). Cuando Jacob, dos décadas antes, apareció por primera vez en la vida de Labán, este «corrió a su encuentro, lo abrazó, lo besó y lo trajo a su casa» (29:13). Ahora, cuando se separan, no hay beso ni abrazo. Pero, al menos, hay paz. La animosidad se ha resuelto. Tomando caminos diferentes, ambos hombres pueden seguir adelante, guiados por el mismo Señor de la paz.

Creo no equivocarme al suponer que, en nuestro pasado, todos tenemos algún Labán. Y quizás también en nuestro presente. Tal vez tuvimos un jefe con una actitud degradante y dictatorial. O un cónyuge que llegó a nuestras vidas como una cálida brisa de primavera y se marchó como una gélida tormenta invernal. Después de todo, Jesús no es el único que ha experimentado el beso de un Judas. Y, si somos sinceros con nosotros mismos, probablemente también hemos sido un

Labán (o un Judas) para alguien. Yo, desde luego, lo he sido, más de una vez. Herimos y somos heridos. Mentimos y nos mienten. Somos una mezcla heterogénea de Jacob con Labán. Por eso es que, a veces, ya sea por circunstancias externas o por elecciones personales, nos separamos de los demás. Decimos adiós. La pregunta es: ¿cómo debemos hacerlo?

Sobre todo, perdonando. Perdonar a los demás es, en primer lugar, confesar: «Yo no soy Dios. No soy dueño de hacer con el perdón lo que me parezca, cuando me parezca y con quien me parezca. Solo Dios es dueño del perdón. En la absolución no está escrito el nombre nuestro, sino el de Cristo». En segundo lugar, perdonar a los demás es orar: «Que Dios te perdone. Que Dios tenga misericordia de ti. Que Jesús sea tu Dios y el mío». El rector del seminario podría haberme vuelto el frío hombro de la negación del perdón o haberme dado el cálido abrazo de la misericordia. Eligió lo segundo. Y esas palabras enriquecieron mi vida más de lo que ni él ni nadie podría imaginar. ¿Por qué no enriquecer la vida de aquellos a quienes decimos adiós usando la misma palabra que, en Cristo, el Padre nos ha dirigido a nosotros? Como oramos: «Perdona nuestras ofensas, como también nosotros perdonamos a los que nos ofenden».

Permítanme rápidamente aclarar que despedirse perdonando no es lo mismo que decir: «Realmente quisiera que siguieras en mi vida». No todos nuestros condiscípulos son buenos amigos, influencias saludables, confidentes de confianza, o siquiera personas con las cuales querríamos pasar mucho tiempo. Sabio es el consejo de Jesús Ben Sira: «Que sean muchos tus amigos, pero amigo íntimo solo uno entre mil» (Eclesiástico 6:6). Puede que Labán haya sido creyente, pero, admitámoslo, también resultó ser un gran imbécil y un tipo molesto. Si Jacob hubiera seguido viviendo con él, probablemente se habrían ido a las manos, o habrían derramado sangre. Jacob, bendecido por Dios, decidió prudentemente tomar otro camino y dejar mucha distancia entre él y su suegro. A menudo, es sabio hacer lo mismo con aquellos que, por la razón que sea, tienen con nosotros la misma relación que el fuego y la gasolina.

«Si es posible, en cuanto de ustedes dependa, estén en paz con todos los hombres», dice Pablo (Ro 12:18). Esas palabras, «en cuanto de ustedes dependa», significan que no es nuestra responsabilidad crear corazones pacíficos y perdonadores en las demás personas. Una vez más: no somos Dios. Dios sabe que ¡ni siquiera podemos crear ese tipo de corazones en nosotros mismos! Lo que sí podemos hacer es orar: «Crea en mí, oh Dios, un corazón limpio» (Sal 51:10). Enciende en mí un amor por la paz. Alimenta en mí el deseo de perdonar. Y líbrame de pensar que soy el Salvador de los demás.

Pronunciando la que probablemente fue la declaración más suavizada de su ministerio, Jesús dijo: «En este mundo afrontarán aflicciones» (Jn 16:33 NVI). Problemas con Labán. Problemas con los hijos de Labán. Problemas con el nieto del padrastro del primo tercero del tío de Labán. Y así sucesivamente. Afrontaremos aflicciones, y la mayoría de ellas se deberán a las relaciones con los demás. Ánimo, amigos. No estamos llamados a arreglar el mundo. No estamos llamados a arreglar todas y cada una de las relaciones. Cuando sea posible, sí, hagámoslo con humildad, amor y abnegación. Pero cuando no podamos, perdonemos, oremos por ellas y confiemos en que ambos nos hallamos cubiertos por la misericordia del Hijo, quien, a su extraña y misteriosa manera, no solo nos ama a todos, sino que además gusta de nosotros.

Preguntas de discusión

1. Lean Génesis 31:22-55. ¿Por qué Labán persigue a Jacob y a su familia? ¿Cuáles son sus motivaciones y acusaciones? ¿Tienen algún fundamento? ¿Por qué sí o por qué no?

2. ¿Qué tipo de respuesta recibe Labán por parte de Raquel (Gn 31:35) y de Jacob (31:36-42)? ¿Cuál es la esencia de la queja de Jacob? ¿Tiene alguna validez? ¿Por qué sí o por qué no?

3. Imagina que se te ha designado para hacer las paces entre Labán y Jacob. ¿Qué recomendarías? ¿Te has encontrado alguna vez en una situación en la que intentaste que dos grupos o personas hicieran las paces? ¿A qué desafíos te enfrentaste?

4. Lean Romanos 12:18; Efesios 4:32; Mateo 6:12-15; Colosenses 3:13. ¿Qué significa perdonar? ¿Significa también que debemos mantener una relación estrecha con la persona a la que hemos perdonado? Analicen situaciones concretas en las que esto podría ocurrir (o ha ocurrido).

Parte 3

El regreso a casa: Luchar con Dios y, a partir de entonces, cojear

CAPÍTULO 17

El latido de su horrible corazón

Jacob tuvo mucho temor y se angustió.

Génesis 32:7

En el cuento gótico de Edgar Allan Poe *El corazón delator*, un loco describe cómo asesinó a un anciano cuyo «ojo de buitre» le heló la sangre. Tras matarlo, descuartizar su cadáver y esconder las partes del cuerpo bajo las tablas del suelo de la habitación del anciano, el agresor se convenció a sí mismo de que se había salido con la suya. Había cubierto todas sus huellas. Era el crimen perfecto. Aun cuando tres policías aparecen en su puerta para investigar la denuncia de un grito procedente de aquella casa esa noche, los recibe «alegremente», seguro de que no descubrirán nada[1]. Con la «salvaje audacia de [su] perfecto triunfo», no solo invita a los policías a sentarse en tres sillas dentro de la habitación en que se cometió el crimen, sino que coloca su propia silla directamente «sobre el lugar preciso bajo el cual reposaba el cadáver de la víctima». Toda una osadía, en verdad.

Sin embargo, el cuento concluye con el criminal convertido en su propio fiscal. Empieza a oír un «sonido bajo, sordo y rápido, muy similar al que hace un reloj cuando se lo envuelve en algodón». Es el latido de un corazón. A medida que su volumen aumenta, el loco, muy agitado, se asombra de que los policías hagan como si no oyeran nada. ¡Suena cada vez más y más fuerte! Al final, perdiendo completamente el dominio propio, les grita a los agentes que dejen de fingir. «¡Lo admito! ¡Arranquen las tablas! ¡Aquí, aquí! ¡Es el latido de su horrible corazón!». Sin embargo, por supuesto, no lo era. El latido del horrible corazón surgía del pecho del culpable.

---

[1] Todas las citas provienen de *Great American Short Stories*, con introducción y notas de Jane Smiley (New York: Barnes and Noble, 2012), 81-85.

Su corazón delator, invisible e inaudible para los demás, fue ineludible e implacable.

En el relato de Poe, el lapso de tiempo entre el crimen y su efecto en el asesino es muy breve, apenas unas horas. En muchas situaciones de la vida, si no en la mayoría, ese lapso es mucho más largo. Pasan semanas, meses, años, e incluso décadas. Otros pueden pensar que los esqueletos de nuestro armario se han convertido en polvo, y que este, a su vez, ha sido llevado por el viento del tiempo. Pero nosotros no los olvidaremos. Si abres el armario de nuestras mentes, encontrarás los esqueletos frescos, acusadores, y manteniendo vivos, con su mirada inerte, la culpa, la vergüenza, y el miedo. Dentro de nosotros, ese horrible corazón latirá con su bum-bum, bum-bum.

La última vez que vimos a Jacob, acababa de hacer las paces con un miembro de su familia —Labán, su suegro—. Sin embargo, apenas esa herida cicatriza, se ve obligado a enfrentarse a una relación mucho más fracturada con otro miembro de su familia: Esaú, su hermano mellizo. Nuestro amigo Jacob sale de la sartén para pasar al fuego.

Como recordarán, veinte años antes, lo último que Esaú dijo fue: «Mataré a mi hermano Jacob» (Gn 27:41). Ese sí que es un hombre franco. Y no era una amenaza vacía. En nuestros tiempos, lo que Jacob le hizo a Esaú sería como si un hermano menor aprovechara la ausencia de su hermano mayor, en viaje de caza, para robarle su identidad y, con ello, el derecho a dirigir la granja familiar, poseer todos los tractores e implementos, gestionar el ganado, contratar y despedir trabajadores, y heredar la abultada cuenta bancaria, todo ello sin ninguna sanción legal, sin recurso alguno que permita al hermano mayor acudir a un tribunal de justicia o deshacer el robo de alguna forma. Así que *por supuesto* que Esaú quería matar a Jacob. Este le había robado todo su futuro. Me atrevería a decir que, en la misma situación, la mayoría de nosotros habríamos sentido la misma ira asesina.

Siempre me he preguntado —y quizás tú también— qué pensaba Jacob de sí mismo, a la luz de sus actos. ¿Se dio palmaditas en la espalda por haberlo logrado, por haber obtenido esa bendición por la cual había luchado desde, literalmente, el día de su nacimiento (Gn 25:26)? ¿O, con el paso de los años, empezó a cuestionarse la sabiduría de lo que había hecho? En su diatriba contra Labán, Jacob se quejó amargamente de su vida de pastor: «De día me consumía el calor, y de noche me moría de frío, y ni dormir podía» (Gn 31:40 NVI). Mientras sudaba y, alternativamente, tiritaba, ¿pensó alguna vez: «Si no hubiera robado las bendiciones de mi hermano, qué diferente habría sido mi vida»? En esas noches de insomnio, ¿solía pensar en su pasado, considerando la cólera de su hermano, y oyendo aún en su mente el eco de aquellas escalofriantes palabras: «Mataré a mi hermano Jacob»?

Algunas de las cosas que se nos cuentan sobre Jacob revelan lo que pasaba por su mente. En primer lugar, cuando se acerca a su tierra natal, lo primero que hace no es buscar a sus padres. No busca un hogar nuevo para su numerosa familia. Más bien, busca el favor de su hermano:

> Entonces Jacob envió mensajeros delante de sí a su hermano Esaú, a la tierra de Seir, región de Edom. Y les dio órdenes, diciendo: «Así dirán a mi señor Esaú: "Así dice su siervo Jacob: 'He morado con Labán, y allí me he quedado hasta ahora. Tengo bueyes, asnos y rebaños, siervos y siervas; y envío a avisar a mi señor, para hallar gracia ante sus ojos'"» (Gn 32:3-5).

Siguiendo el estilo de otras cartas del Cercano Oriente, probablemente el hebreo debería traducirse: «Así dirás: "A mi señor Esaú, así dice tu siervo Jacob"» (32:4, R. Alter). Jacob no comienza su breve epístola diciendo: «Querido Esaú» o «Querido hermano», sino llamando a Esaú «señor» y autodenominándose «siervo». La gran ironía es que, tanto por la profecía como por la bendición paterna, se suponía que Jacob era «señor» de Esaú (Gn 27:29), y sin embargo, aquí ocurre exactamente lo contrario. Este lenguaje típico de un vasallo significa que Jacob no finge ser igual a Esaú. No nos importa si es sincero o si solo está intentando apaciguar a su hermano. Obviamente se da cuenta de que debe reparar un puente quemado hace veinte años, y lo empieza a reconstruir con estas palabras obsequiosas.

En segundo lugar, el mensaje de Jacob no es simplemente: «Hola, hermano, he vuelto. Tomémonos una cerveza y arreglemos las cosas». No, menciona «bueyes, asnos y rebaños, siervos y siervas» (Gn 32:5). Jacob no está exhibiendo un montón de dinero delante de su hermano para demostrar lo bien que le ha ido. Eso solo provocaría a Esaú. Más bien, como señala Nahum Sarna, «insinúa indirectamente que, de ser necesario, tiene los medios para pagar a su hermano»[2]. ¿Su objetivo? «Hallar gracia ante [los] ojos [de Esaú]» (32:5). En otras palabras, como señala el erudito judío medieval Rashi, Jacob está diciendo: «Estoy en paz contigo y busco tu amistad»[3].

Genesis, The JPS Torah Commentary, 224.

Los útiles comentarios y explicaciones del famoso erudito judío medieval Rashi pueden encontrarse en el sitio web sefaria.org.

Sin embargo, cuando los mensajeros regresan, una nube oscura se cierne sobre ellos: «Fuimos a su hermano Esaú, y él también viene a su encuentro, y 400 hombres con él» (Gn 32:6). En otras partes de las Escrituras, 400 hombres son el tamaño típico de una milicia o grupo de asalto (p. ej., 1S 22:2; 25:13; 30:10, 17). Si eres Jacob, puedes interpretarlo de una sola manera: Esaú marcha para cumplir su amenaza de ponerte a dos metros bajo tierra. Si la venganza es un postre que se come mejor frío, la venganza de Esaú está helada; ha estado enfriándose por dos largas décadas. Ha soñado con este día. Y finalmente, ha llegado. Su hermano recibirá lo que se merece. Al hombre que le robó su futuro le será robado el suyo a hoja de espada.

¿La reacción de Jacob? «Tuvo mucho temor y se angustió» (Gn 32:7). Apuesto a que sí. Su corazón delator empezó a latir ominosamente.

Pronto hablaremos de la oración de Jacob y de la reunión de los hermanos. Por ahora, sentémonos un momento con Jacob y reflexionemos. Nosotros tenemos una clara ventaja: sabemos lo que Jacob no podía saber. Sabemos que Esaú, lejos de marchar con su puño cerrado, viene con el corazón abierto. No puede esperar para ver a su hermano, abrazarlo y besarlo como si entre ellos jamás hubiera habido mala sangre (Gn 33:4). Si pudiéramos decírselo a Jacob, probablemente pensaría que nos faltan gramos para el kilo. La misericordia suele parecer una locura. Es difícil oír la verdad, aun cuando es grata, mientras el corazón delator tamborilea.

Una de las conclusiones de este episodio es que la culpa no confesada es una de las grandes tragedias de la vida. David describe cómo, mientras guardó silencio sobre su pecado, su cuerpo se consumía, gemía, y su «vitalidad se desvanecía con el calor del verano» (Sal 32:3-4). En la novela de Fiódor Dostoyevski, *Crimen y castigo*, Raskólnikov ha asesinado a dos mujeres. Tras el crimen, descubre todo el infierno físico, psicológico y espiritual del mal no confesado ni absuelto. Es como una pitón que se enrosca en torno al alma y comienza a apretar. A menudo pienso en los horrores de nuestro mundo —la destrucción de familias, la amargura corrosiva de algunos matrimonios, la horrible desesperación que lleva a algunos a quitarse la vida o quitársela a otro en un arrebato de ira— y me pregunto si la mayoría de esos horrores no se remontan en última instancia, al latido de ese horrible corazón. No deja de acusar Envenena nuestras vidas y nuestras relaciones. Y no se lo podrá silenciar

Ah, pero sí se puede. «Confiésense sus pecados unos a otros», dice Santiago (5:16). Dietrich Bonhoeffer escribe: «Eres un pecador; un pecador grande y desesperado. Ahora, ven, como el pecador que eres, al Dios que te ama. Él te quiere tal como eres. No quiere nada de ti; ni un sacrificio, ni una obra; te quiere solo a ti»[4]. «¿A mí?», podríamos objetar, «¿A mí, que he fracasado épicamente en la vida? ¿A mí, este adúltero, asesino y ladrón? ¿A mí, esta persona que parece incapaz de hacer nada bien?». Sí, a ti, precisamente. Jesús no tiene tiempo para personas perfectas (como si existieran). En cambio, tiene toda la eternidad para los pecadores. De hecho, clama: «¡Vengan a mí! Vengan a mí todos los que están cansados y agobiados, todos los que son pésimos discípulos, todos los que no pueden desoír ese corazón delator».

Acudimos a él en el gran don de la verdadera comunidad cristiana; donde el pecado se halla totalmente democratizado. Cuando acudo a mi pastor, o me siento con cualquier condiscípulo, y le digo: «He pecado», estoy hablando su lengua materna. Un pecador hablando con pecadores. Y luego de escuchar nuestra confesión, nos dicen: «Amigo, estás perdonado. En Cristo, eres libre. Dios no conoce ni recuerda tu pecado. Se halla tan profundamente enterrado en la carne de Jesús que nunca más será visto ni oído. Menciónaselo a Dios, y te dirá: "Hijo mío, no tengo ni idea de lo que estás hablando"».

A *ese punto* ha desaparecido.

Y nunca lo oiremos lo suficiente; este mensaje de gracia sanadora, de un Dios que olvida el pecado. Que día tras día oigamos su dulce música como una sola canción en nuestros hogares, en nuestras iglesias, y en nuestras amistades. Cuanto más la oigamos, más comenzará a suceder algo fenomenal: ese corazón delator irá debilitándose. Lo que antes era un estruendo de culpabilidad, se convierte, poco a poco, en un gemido, un susurro, el resuello de una acusación moribunda que finalmente guarda silencio para siempre, de modo que solo oímos la voz de Jesús, diciéndonos: «En ti, mi hijo amado, mi tesoro, me complazco».

Preguntas de discusión

1. Lean Génesis 32:1-8. ¿De qué manera el cuento gótico de Edgar Allan Poe, *El corazón delator*, ejemplifica lo que sucede durante este episodio de la vida de Jacob?

2. ¿Te sigue molestando algo que hiciste hace años, o incluso décadas? ¿Cuáles son algunas formas poco útiles de enfrentarse a esos malos recuerdos? ¿Cómo intentó Jacob enfrentarse a los suyos?

---

[4] *Life Together*, traducción de John W. Doberstein (New York: HarperCollins Publisher, 1954), 132.

3. Lean Salmo 32:1-5. ¿Cómo describe el salmista su vida antes de que confesara; antes del perdón? ¿Cómo describe su vida después de la confesión? Analicen lo que podemos aprender de esto.

4. Lean Santiago 5:16 y Juan 20:19-23. ¿De quién buscamos el perdón? ¿Cómo podemos hacer que la confesión y el perdón ocupen un lugar más central en nuestras vidas como seguidores de Jesús?

CAPÍTULO 18

Oraciones descuidadas: Repetirle (mal) a Dios las cosas que él ha dicho

«Porque Tú me dijiste: "De cierto te haré prosperar"».

Génesis 32:12

Ciertas oraciones han marcado el camino de mi vida como señales. Cuando era niño, mi padre oraba en la mesa de la cocina dando gracias al Señor por la comida y pidiéndole que la bendijera «para el sustento de nuestros cuerpos». Cuando, siendo adolescente, estuve en el hospital con los ojos horriblemente quemados a causa de un estallido de fuegos artificiales, la voz de mi madre suplicó incesantemente a Jesús que sanara mis ojos (cosa que hizo). Como un pastor joven, cada mañana de domingo me arrodillaba ante el altar de una iglesia silenciosa y oraba los siete salmos penitenciales a fin de preparar mi corazón para el día. Una década más tarde, cuando ese corazón estaba destrozado y mi rabia era como un cáncer, golpeaba con mi puño la puerta del cielo, gritando: «¿Dónde [insertar palabrota] estás, Dios, y por qué estás tan empeñado en hacer de mi vida un [insertar palabrota] infierno en la tierra?». Y, no hace mucho, estando sentado en el suelo de mi estudio, repentinamente abrumado por la emoción de lo que nuestro Señor había hecho por mí, oré entre lágrimas estas sencillas palabras: «Gracias, Jesús. Gracias por evitar que, en aquellos años de oscuridad, acabara con mi vida, y gracias por llevarme una vez más a la luz de la esperanza».

De maneras que no solemos percibir, la oración documenta el flujo y reflujo de nuestras vidas.

Encuentro fascinante e instructiva la variedad de oraciones que vemos en las Escrituras. Ahí está el fariseo, dándose palmaditas en la espalda mientras ora: «Dios, te doy gracias porque no soy como los demás hombres: estafadores, injustos, adúlteros; ni aun como este recaudador de impuestos» (Lc 18:11). Ese mismo recaudador de impuestos simplemente declara: «Dios, ten piedad de mí, pecador» (18:13). Abraham negocia con el Señor para que perdone a Sodoma (Gn 18:23-33), como también, más tarde, Moisés suplicará a Dios que perdone a Israel (Éx 32:11-13). En la dedicación del templo, Salomón pronuncia una elocuente oración de treinta versículos (1R 8:23-53), mientras que el ciego Bartimeo lanza esta única petición, que en griego ocupa apenas cinco palabras: «¡Jesús, Hijo de David, ten misericordia de mí!» (Mr 10:47). Y el maestro de la oración, el rey David, elaboró oraciones de alabanza, lamento, confesión y acción de gracias en los salmos que llevan su nombre.

Un tema constante, desde Génesis en adelante, es que, antes de que nosotros le hablemos a Dios, él nos habla a nosotros. Nuestras peticiones nacen de su promesa. De ese modo, toda oración es como un eco: le devolvemos a Dios sus propias palabras, pidiéndole que haga lo que dijo que haría y que sea quien prometió ser. Esto se ejemplifica en la famosa oración de David después de que el Señor le prometiera establecer su trono dinástico para siempre (2S 7:18-29). En medio de la oración, el rey dice: «Y ahora, oh Señor Dios, confirma para siempre la palabra que has hablado acerca de Tu siervo y acerca de su casa, y haz según has hablado» (7:25). Fíjate en lo que dice David: «Confirma para siempre la palabra que has hablado» y «Haz según has hablado». Un niño al que, más temprano, su padre le prometió un helado, le recordará más tarde: «¡Papá, lo prometiste!». Del mismo modo, el rey está diciendo: «¡Padre, lo prometiste! Ahora, cúmplelo. Cumple tu palabra. Haz lo que has dicho». A los padres terrenales no siempre les gusta que sus hijos les recuerden sus palabras, pero a nuestro Padre celestial sí. Él no solo quiere que oremos, sino que nos ordena hacerlo; quiere que, por así decirlo, lo hagamos cumplir su palabra.

Eso es precisamente lo que Jacob está a punto de hacer en este momento de su historia. Como vimos en el capítulo anterior, su corazón delator se le sale del pecho al oír que Esaú avanza hacia él con cuatrocientos hombres. Jacob, la clase de persona siempre dispuesta a tomar las riendas de la situación, primero «Dividió en dos campamentos la gente que estaba con él, y las ovejas, las vacas y los camellos, y dijo: "Si Esaú viene a un campamento y lo ataca, el campamento que queda escapará"» (Gn 32:7-8). Si era necesario, reduciría sus pérdidas, por grandes que fueran.

Jacob ora entonces de la siguiente manera:

> «Oh Dios de mi padre Abraham y Dios de mi padre Isaac, oh SEÑOR, que me dijiste: "Vuelve a tu tierra y a tus familiares, y Yo te haré prosperar". Indigno soy de toda misericordia y de toda la fidelidad que has mostrado a Tu siervo. Porque con solo mi cayado crucé este Jordán, y ahora he llegado a tener dos campamentos. Líbrame, te ruego, de la mano de mi hermano, de la mano de Esaú, porque yo le tengo miedo, no sea que venga y me hiera a mí y a las madres con los hijos. Porque Tú me dijiste: "De cierto te haré prosperar, y haré tu descendencia como la arena del mar que no se puede contar por su gran cantidad"». (Gn 32:9-12)

Reflexionemos sobre la oración de Jacob. Y mientras lo hacemos, pensemos también en nuestra forma de orar, en lo que pedimos y en cómo lo pedimos.

A primera vista, podría parecer una oración bíblica relativamente típica. Se dirige al Señor como el Dios de Abraham y de Isaac. Nada fuera de lo común, hasta ahí. Jacob se declara indigno de toda la generosidad del Señor para con él. Una vez más, esta humildad y menoscabo propio nos recuerdan otras oraciones bíblicas. El patriarca, además, basa sus peticiones en las promesas que Dios le había hecho anteriormente. Esto concuerda con lo que ya dijimos sobre citarle al Señor sus propias palabras. Por tanto, podríamos calificar esta oración con un notable o un notable alto. En otras palabras, es una oración típica.

Pero estaríamos equivocados. Por todas partes, esta oración lleva escritos el regateo y la manipulación de los hechos que ya podemos esperar de parte de Jacob. Vemos el «jacobeo» de esta oración en dos formas.

La primera es cómica. Al describir cómo el amor inquebrantable y la fidelidad de Dios son evidentes en su vida, Jacob señala que salió de casa llevando solo un cayado en la mano y, sin embargo, ha regresado con «dos campamentos» (Gn 32:10). Pero ¿cómo llegó Jacob a tener dos campamentos? ¡Él mismo, justo antes de esta oración, dividió a su gente en dos campamentos! Y el propósito de ellos era minimizar sus pérdidas ante Esaú, que —según la (errónea) suposición de Jacob— buscaba sangre. Esto sería como si yo tomara 10 000 dólares, los pusiera en dos cuentas de ahorro separadas, y luego me arrodillara para decir: «Querido Dios, una vez tenía solamente un dólar a mi nombre, ¡pero ahora, gracias a ti, tengo dos cuentas bancarias!». Como escribe Samuel E. Balentine: «Así Jacob camufla su propia maquinación como prueba de la bendición de Dios»[1].

---

[1] *Prayer in the Hebrew Bible: The Drama of Divine-Human Dialogue* (Minneapolis: Fortress Press, 1993), 68.

El segundo aspecto «jacobeante» de esta oración es el siguiente: cuando el patriarca le cita las palabras de Dios al propio Dios, lo cita mal. En primer lugar, Jacob dice: «Oh Señor, que me dijiste: "Vuelve a tu tierra y a tus familiares, y Yo te haré prosperar"» (Gn 32:9). Y luego, al final, añade: «Porque Tú me dijiste: "De cierto te haré prosperar..."» (32:12). En ambas ocasiones, Jacob afirma que Dios le dijo explícitamente estas palabras. Y las dos veces, Jacob dice que el Señor utilizó la forma causativa (Hifil) del verbo *yatáb*, que significa algo como: «Haré que prosperes». En la segunda de ellas, en el versículo 12, Jacob estira aun más las cosas afirmando que Dios utilizó una forma verbal intensificada (infinitivo absoluto), indicada por el adverbio «de cierto»: «De cierto te haré prosperar». Sin embargo, en las palabras registradas del Señor a Jacob, no dijo tal cosa.

Así que, ¿qué dijo Dios en realidad? «Yo estoy contigo» y «Yo estaré contigo». En Betel, al comienzo del éxodo de Jacob, dijo: «Ahora bien, *Yo estoy contigo*. Te guardaré por dondequiera que vayas y te haré volver a esta tierra. No te dejaré hasta que haya hecho lo que te he prometido» (Gn 28:15; cursivas añadidas). Y luego, al final de su éxodo, cuando Jacob se preparaba para volver a casa, el Señor le dijo: «Vuelve a la tierra de tus padres y a tus familiares, y *Yo estaré contigo*» (31:3; cursivas añadidas). En otras palabras, Dios le prometió su presencia a Jacob, no una proliferación de bienes materiales.

Siendo benevolentes, podríamos decir que Jacob está interpretando o desarrollando la promesa divina. Es decir, para él, «estaré contigo» significa «[De cierto] te haré prosperar». Sin embargo, dado que conocemos el lado «canalla» de la personalidad de Jacob, pareciera que intenta utilizar sus habilidades de regateo y manipulación con Dios mismo. Después de todo, logró lo que quería con su padre, su hermano y su suegro. Así que, ¿por qué detenerse ahí? Próxima parada: Yahvé.

Ahora, aquí viene la parte que me enfurece y, al mismo tiempo, me hace reír de alegría: ¡funcionó! Jacob obtuvo lo que pidió. De hecho, fue incluso más de lo que podría haber soñado recibir. Oró: «Líbrame, te ruego, de la mano de mi hermano» (Gn 32:11), y el Señor le dijo: «Noo, eso es demasiado fácil». Dios, «que es poderoso para hacer todo mucho más abundantemente de lo que pedimos o entendemos», en lugar de simplemente librarlo, le dio a Jacob placer (Ef 3:20). Organizó una reunión fraternal con abrazos, besos y lágrimas de alegría en el encuentro de Esaú con Jacob (33:4). Lo exasperante de todo esto es que, una vez más, *este sinvergüenza obtuvo lo que no se merecía*. Y lo que me hace reír de alegría —y debería hacernos reír a todos— es que *todos nosotros somos Jacob*. Nosotros somos ese sinvergüenza. Sin embargo, puesto que el modus operandi de Dios, nuestro Padre, no es el mérito sino la misericordia, él siempre nos regala lo que no merecemos.

¿Qué discípulo de Jesús no sonríe cuando Pablo, con toda franqueza, le recuerda a la Iglesia de Roma: «No sabemos qué pedir» (Ro 8:26)? Esa es la verdad. Y dándoles una vuelta a las palabras de Jesús: es probable que, en nuestras oraciones, pidamos una serpiente, pero nuestro Padre nos da un pez; pedimos un escorpión, y nos da un huevo (*cf.* Lc 11:11-12). Como dice Pablo a continuación en ese mismo capítulo de Romanos: «El que no negó ni a Su propio Hijo, sino que lo entregó por todos nosotros, ¿cómo no nos dará también junto con Él todas las cosas?» (8:32). Si un día le compro una mansión de veinte millones de dólares a mi hijo o hija, ¿pensarías que, al día siguiente, en el desayuno, me negaría a comprarle una taza de café? O, si dono uno de mis riñones a alguien que necesita un trasplante, ¿imaginas que me negaría a tenderle una mano a la misma persona si tropieza y se cae? Por supuesto que no. Del mismo modo, nuestro Padre, que nos compró la salvación, y que envió a su Hijo a morir por nosotros, ciertamente hará por nosotros inimaginablemente más de lo que podamos soñar pedirle. Nuestras oraciones son minúsculas comparadas con la inmensidad de su amor.

Sin embargo, ¿no deberíamos, como discípulos de Jesús, hacer lo que dijimos al principio de este capítulo: pedirle a nuestro Padre que sea fiel a su palabra? ¿Que sea la persona que ha prometido ser? ¿Que haga lo que dijo que haría? Sí, claro que debemos hacerlo. Debemos «orar en todo tiempo, y no desfallecer» (Lc 18:1). Si nos sentimos solos, oremos: «Dios, prometiste no abandonarme nunca; te necesito aquí conmigo ahora». Si la culpa nos abruma, oremos: «Señor, prometiste que arrojarías todos nuestros pecados a lo profundo del mar; absuélveme y hunde mis pecados en el océano de tu amor». Que nuestras oraciones surjan siempre de sus promesas.

Por lo tanto, ¿no se equivocó Jacob al utilizar manipuladoramente la oración? Sí, indudablemente se equivocó. Y, con demasiada frecuencia, ¿no hacemos eso todos? En la más vil de mis putrefactas oraciones, he insultado a Dios por no arreglar situaciones malas que yo mismo he creado; he intentado hacer tratos en que le prometo una cosa a cambio de otra; he tergiversado los hechos para satisfacer mis necesidades; y he hecho peticiones con motivos impuros y egoístas. Todo eso ha estado mal, muy mal. Podemos decir con seguridad que ninguna, ni una sola de nuestras oraciones ha sido pura, inmaculada y desinteresada. ¿Por qué? Porque todas han salido de los labios inmundos de pecadores que no pueden hacer nada con motivos totalmente santos. Cada palabra de nuestras oraciones, consideradas por sí solas, lleva la acidez de la halitosis de nuestras naturalezas pecaminosas.

Pero allí se muestra la escandalosa bondad de nuestro Señor. Aun cuando, como Jacob, le entregamos a nuestro Padre una oración equivalente a un pastel de barro, él lo acepta como un verdadero trozo de un delicioso postre. Lo hace porque todas nuestras oraciones van de nuestra boca al oído de Cristo, y de la boca de Cristo al oído de nuestro Padre. Nuestras oraciones pasan por la mediación purificadora de nuestro gran Sumo Sacerdote.

Nuestra voz, al orar, es siempre la voz de Jesús.

Preguntas de discusión

1. ¿Hay oraciones que hayan marcado sus propias vidas como señales? Quizás las que oraron de niños, o alguna oración especial en algún momento significativo de sus vidas. ¿Cuál es su oración más habitual?

2. Lean Génesis 32:9-12. Analicen esta oración de Jacob. ¿Cómo le habla a Dios? ¿Qué le pide? ¿Qué opinan de la forma en que «altera» las palabras que Dios le ha dicho?

3. Lean Romanos 8:26-39. ¿Qué nos enseña sobre la oración? ¿Quién intercede por nosotros? ¿Sabemos realmente qué deberíamos pedir? ¿Por qué sí o por qué no?

4. Comenten esta imagen: «Aun cuando, como Jacob, le entregamos a nuestro Padre una oración equivalente a un pastel de barro, él lo acepta como un verdadero trozo de un delicioso postre». ¿Qué significa esto? ¿De qué manera nos reconforta cuando hablamos con nuestro Padre celestial?

CAPÍTULO 19

Una lucha con Jesús (Parte 1)

Un hombre luchó con él hasta rayar el alba.

Génesis 32:24

Las cicatrices son como los jeroglíficos; sus historias están grabadas en la pirámide de nuestra carne. En mi muñeca derecha hay una cicatriz que llevo desde hace cuatro décadas y media, un recuerdo imborrable de cuando, a los seis años, atravesé a toda velocidad el escaparate de una gran tienda. Mi esternón tiene una marca donde, hace unos cuatro años, me extirparon un cáncer de piel (fruto de trabajar demasiados años techando sin camiseta). Y, como la mayoría de la gente, tengo el cuerpo salpicado de muchos otros recuerdos de cuchillos que se resbalaron, lesiones laborales y meteduras de pata cometidas en la infancia.

El estado actual de nuestro cuerpo le paga un alto tributo al pasado. Las cicatrices son solo un ejemplo. Los luchadores suelen tener «orejas de coliflor», y quienes han jugado al hockey por mucho tiempo presentan en sus talones la deformidad de Haglund. Los pulmones de quienes fuman constantemente parecen minas de carbón y los hígados de los bebedores empedernidos cuentan historias mórbidas. Podemos intentar ignorar, olvidar u ocultar nuestro pasado, pero nuestros cuerpos no cooperarán con esta conspiración delirante. Ellos no mienten.

La cojera de Jacob también contaba la verdad. El título de este libro, por supuesto, deriva de las secuelas del combate nocturno que está a punto de tener lugar entre Jacob y «un hombre», hombre del cual más tarde sabremos que es Dios mismo (Gn 32:24-32). Esta breve narración, tan densa que la dividiremos en dos capítulos, es posiblemente una de las ocasiones más extrañas y espectaculares de todas las Escrituras. Sin precedentes ni repeticiones, es un combate mortal contra el Inmortal; la tierra contra el cielo, el hombre contra Dios. Al final, cuando el polvo se asienta y el sol se levanta, Jacob tiene un nombre nuevo y una historia para los siglos. También tiene esa cojera que no miente. Cada uno de sus vacilantes pasos es un sermón silencioso, que predica que su cuerpo ha sido marcado por el toque de Dios.

En el día previo a aquella noche inolvidable, Jacob envió diversos grupos de siervos con animales, en dirección al sur, como una serie de fiestas de bienvenida para presentar regalos a Esaú —un plan de pacificación al que volveremos (32:13-21)—. El patriarca, junto con su familia, se quedó en el arroyo Jaboc, que fluye de este a oeste a través de profundos cañones, desembocando finalmente en el Jordán a unos 30-40 kilómetros al norte del mar Muerto. Cruzando un vado de este río, Jacob acompañó a su familia (Gn 32:22). Luego, por razones que no se informan, «Jacob se quedó solo» (Gn 32:24).

En el amplio marco de la vida del patriarca, esto es casi Betel 2.0, una especie de repetición de la visión de la escalera al cielo, cuando Yahvé visitó a Jacob para confirmarle que lo acompañaría a Harán («Yo estoy contigo. Te guardaré por dondequiera que vayas y te haré volver a esta tierra» [Gn 28:15]). Al igual que ahora, en aquel momento Jacob volaba en solitario. Al igual que ahora, en aquel momento era de noche. Tal como en los días venideros Yahvé estará con el pueblo de Israel al cruzar el mar Rojo y el Jordán, ahora está con el hombre que pronto se convertirá en Israel al cruzar el Jaboc en su propio éxodo de regreso a casa. Como solían decir los rabinos, *Maasé avot simán lavanim*, es decir, «las acciones de los padres son una señal para los hijos». Lo que el padre (Jacob) hizo sentó las bases para todos sus hijos (la nación).

Sin embargo, como pronto descubriremos, lo sucedido en Jaboc no es una mera réplica de lo que ocurrió en Betel. Aquella vez, el Señor estuvo junto a Jacob mientras este dormía y le dirigió palabras de consuelo y tranquilidad. Ahora, «un hombre luchó con él hasta rayar el alba» (Gn 32:24). ¿Qué rayos ocurre aquí? ¿Quién es este hombre? ¿Es un hombre, siquiera? ¿Y por qué luchan, Jacob y él?

Comencemos por el hebreo. Con excepción de sus dos usos aquí (vv. 24-25), el verbo traducido como «luchó» (*abak*) no aparece en ninguna otra parte del Antiguo Testamento. Si el verbo se deriva del sustantivo para «polvo» (*abak*), sugeriría una pelea que levanta una polvareda. Esta lucha, se nos dice, ocurre entre Jacob y «un hombre». La palabra hebrea para «un hombre» (*ish*) no es inusual, pero el individuo en cuestión sí lo es. A medida que se desarrolla la historia, a Jacob le queda claro (y a nosotros también) que no se trata de un simple mortal. En primer lugar,

Jacob le pidió al «hombre» que lo bendijera, una petición ciertamente extraña si Jacob hubiera pensado que quien lo había asaltado en la oscuridad era un extraño cualquiera. En segundo lugar, en la Biblia, el que cambia los nombres es Dios. Como ya había hecho con el abuelo de Jacob, Abram/Abraham, y su abuela Sarai/Sara, lo hace aquí con Jacob/Israel (Gn 17:5, 15; 32:28). En tercer lugar tenemos la negativa del «hombre» a revelar su propio nombre, como lo hará más tarde el Mensajero de Yahvé cuando el padre de Sansón le pregunte su nombre (Gn 32:29; Jue 13:18). Y, finalmente, cuando se disipó la polvareda, «Jacob le puso a aquel lugar el nombre de Peniel, porque dijo: "He visto a Dios cara a cara, y ha sido preservada mi vida"» (Gn 32:30).

El hombre, por tanto, es Dios, que ha adoptado una forma humana temporal. Como en otros encuentros similares entre el hombre y Dios, los mortales solo toman conciencia de la identidad del individuo divino en forma gradual (Jue 6:11-24; 13:19-23). Generaciones más tarde, cuando el profeta Oseas predica sobre esta historia, dice que Jacob «luchó con el ángel [*malák*]» (12:4). Esto encaja perfectamente con muchos otros relatos del AT en los que el *malák* («mensajero») de Yahvé aparece en alguna forma visible y/o humana (p. ej., Gn 16:7-13; 22:11-19; Éx 3:1-6; Jue 6:11-24; 13:1-23). Como explico en *Cristo, la llave*, este mensajero no es otro que el Hijo de Dios[1].

Para utilizar el lenguaje del NT: a orillas del Jaboc, Jesús luchó con Jacob.

En ningún otro momento de la historia bíblica se registra un acontecimiento tan extraño. Antes de su encarnación, el Hijo de Dios tuvo otras interacciones con la gente. En Edén, donde el Señor se paseaba, podemos suponer sin temor a equivocarnos que Adán y Eva se pasearon con él (Gn 3:8). El Señor comió una comida preparada por Abraham y Sara (Gn 18:8). Se apareció y habló a muchas personas, como Agar, Josué, Gedeón y otros. El paralelo más cercano es, quizás, cuando el Señor «le salió al encuentro a Moisés y quiso matarlo», aunque no hay pruebas de que en ese encuentro hubiera contacto físico directo, ni mucho menos de que se revolcaran en la tierra y el barro por incontables horas (Éx 4:24).

Así, en esta singular ocasión, el Hijo de Dios se introdujo en un cuerpo humano para pasar la noche en el Jaboc, donde, usando bíceps y fuerza, manos y esfuerzo, mezcló su aliento y sudor con el hombre que encarnaba

---

[1] Chad Bird, *Cristo, la llave: La centralidad de Cristo en el Antiguo Testamento* (Ellensburg, WA: Proyecto Nehemías, 2023), 31-53.

al pueblo de Yahvé. Aunque era Dios, se despojó a sí mismo, tomando la forma de un luchador humano, manifestándose semejante a los hombres. Y hallándose en forma humana, se humilló, negándose a ganar en combate, y aun en su combate con Jacob (*cf.* Fil 2:6-7). Él, siendo divino, se acomodó a las limitaciones humanas. Él, siendo omnipotente, limitó su fuerza para que Jacob tuviera la oportunidad de vencer.

Y Jacob venció, pero de una manera extraña, llena de presagios de gracia. «Cuando [el hombre] vio que no podía prevalecer contra Jacob, lo tocó en la coyuntura del muslo, y se dislocó la coyuntura del muslo de Jacob mientras luchaba con él» (Gn 32:25). El Hijo de Dios «no podía prevalecer». No ganaría esa lucha. Aun después de sufrir una lesión, Jacob continuaba arriba. Dios seguía perdiendo ante el hombre. El patriarca se negó obstinadamente a dejarlo partir antes de que su oponente divino lo bendijera. Ese acto sería, por así decirlo, el reconocimiento final de su propia bendita derrota, un trofeo para el vencedor, una bendición para el hombre que había vencido a Dios.

¿Ves lo que está ocurriendo a orillas del arroyo Jaboc? Mientras los discípulos de Jesús, con los ojos muy abiertos, formamos un círculo alrededor de estos dos luchadores en la oscuridad, oyendo sus gruñidos y jadeos, y viéndolos sudar y tensar sus músculos, ¿qué estamos presenciando, sino una antigua representación proléptica de la culminante lucha final entre Dios y el hombre —en el suelo ensangrentado, bajo una cruz romana, mientras el cielo se oscurecía—?

A través del ojo de la cerradura de la lucha de Jacob, contemplamos la habitación de la crucifixión.

Los descendientes de Jacob pondrán sus manos sobre el Hijo de Dios, «el cual, aunque existía en forma de Dios, no consideró el ser igual a Dios como algo a qué aferrarse, sino que se despojó a Sí mismo tomando forma de siervo, haciéndose semejante a los hombres. Y hallándose en forma de hombre, se humilló Él mismo, haciéndose obediente hasta la muerte, y muerte de cruz» (Fil 2:6-8). Aquel a quien Jacob clavó en el suelo sería clavado en el madero fatal. Y el Hijo de Dios, abrazando su derrota mortal con la mirada de alguien que sabe y prevé una tumba vacía, dirá: «¡Consumado es!» (Jn 19:30). Un trofeo para la humanidad. Una bendición para todos nosotros, que somos Jacob. Ya está hecho Dios ha perdido. Nosotros ganamos.

Pero, por supuesto, había sido planeado así desde la fundación de mundo. ¿Recuerdas lo que dijo Pedro en su sermón de Pentecostés: «Este [Jesús] fue entregado por el plan predeterminado y el previc conocimiento de Dios, y ustedes lo clavaron en una cruz por manos de impíos y lo mataron» (Hch 2:23). Por el plan predeterminado de Dios. Por el previo conocimiento de Dios. El sacrificio de Jesús no fue un giro equivocado lamentable que requirió que el GPS divino redefiniera el viaje de la salvación. Desde el principio, la cruz fue el destino del viaje, el viaje iniciado en Génesis. ¿Y esta derrota? ¡Qué victoria divina! Jesús, «por el gozo puesto delante de Él soportó la cruz, despreciando la vergüenza, y se ha sentado a la diestra del trono de Dios» (Heb 12:2). Por el gozo. Su derrota fue su deleite, porque su muerte es nuestra vida.

Seguimos a un Maestro cuyas cicatrices son un trofeo de cuando la humanidad —todos nosotros, cada uno un Jacob—, ganó oro comprado con sangre. Jesús bajó a la tierra. Jesús subió a la cruz. Y de él recibimos gracia sobre gracia.

Preguntas de discusión

1. Lean Génesis 32:22-32. Hablen de la importancia de varios detalles de este relato: que Jacob estuviera solo; en un río; al final del exilio; luchando; etc.

2. Lean Oseas 12:1-4. A este «hombre» con el que Jacob luchó también se le llama Dios y «ángel» (lo cual se traduce más exactamente como «mensajero»). Este mensajero, comúnmente llamado el mensajero de Yahvé (p. ej., Génesis 16:7-16 y Éxodo 3:1-6), es el Hijo de Dios. Reflexionen sobre la importancia de que Jacob luche con el Hijo de Dios.

3. Lean Filipenses 2:5-11. ¿De qué manera estos versículos reflejan y desarrollan lo que estaba sucediendo con Jacob y este «hombre»?

4. ¿De qué otras maneras esta historia funciona como un anticipo de la cruz?

CAPÍTULO 20

Una lucha con Jesús (Parte 2)

El sol salía cuando Jacob cruzaba Peniel, y cojeaba de su muslo.

Génesis 32:31

Solo treinta y dos estudiantes recibieron sus diplomas del instituto Shamrock en 1988. Yo fui uno de ellos. Durante esos años de formación y crecimiento, una pequeña ciudad y una pequeña escuela creaban grandes conexiones. Después de nuestro último año, algunos estudiantes se quedaron, echaron raíces y empezaron a criar a sus hijos e hijas en este pueblo de Texas. La mayoría nos trasladamos a donde los estudios y el trabajo nos llevaron. Con el tiempo, perdimos el contacto a medida que los kilómetros y los años debilitaron lo que alguna vez fueron fuertes lazos. Hasta hace unos años, no tenía ni idea de dónde vivían y trabajaban la mayoría de mis compañeros.

Y entonces llegó Facebook. Se enviaron y se aceptaron solicitudes de amistad. Se revisaron fotos familiares y se intercambiaron mensajes. Un hecho inmediatamente evidente fue que los apellidos de la mayoría de las chicas con las que me había graduado habían cambiado. Ahora, Robinson era Scarbrough, y Haws era Stepp. Aunque pareciera simple, ese cambio de nombre encarnaba, por supuesto, una historia más grande e intrincada. Una historia de enamoramiento y adaptación para compartir alegrías y lágrimas, placeres y luchas, con sus maridos. Su nuevo apellido era el emblema de dos vidas —y dos historias— entretejidas por Dios en una sola narración.

Al igual que mis compañeras, Jacob recibió su propio nombre nuevo. Sin embargo, no fue en un altar florido, flanqueado por damas de honor y padrinos; fue en las oscuras y fangosas orillas del arroyo Jaboc. El misterioso oponente de Jacob lo rebautizó *Yisraél* (o, como lo escribimos nosotros, Israel). Mi amigo Chris Hulshof me dijo una vez que, cuando enseña estos relatos de Génesis a sus estudiantes universitarios, les recuerda que, con cambios de nombre como Abram-Abraham, Sarai-Sara y Jacob-Israel, «resulta imposible contar tu historia sin contar la historia de Dios. "Oye, ¿no te llamabas Jacob?" "Bueno, sí, pero sucedió algo..."»[1].

Sí, algo había sucedido. Antes de esta batalla nocturna, ciertamente el Señor estaba haciendo que sucedieran cosas en la vida de Jacob, pero esta noche fue diferente. Fue una noche que cambió su vida. A partir de entonces, las historias de Dios y Jacob se entretejieron en un único relato. En efecto, Israel, el pueblo de Dios, se convirtió en la esposa de Yahvé.

Con el cambio de nombre vino también otra cosa; algo menos agradable. Jacob se retiró con un nombre nuevo, pero también con una herida nueva. Cojeaba. El toque divino lo había herido. Si cada rosa tiene su espina, casi toda bendición divina conlleva una herida. Aun el propio bendito lleva todavía los estigmas de la crucifixión.

En el capítulo anterior, hablamos del encuentro de Jacob con el Hijo de Dios, revestido en forma humana. Al retomar la historia en Génesis 32:26-29 (NVI), oímos este breve diálogo:

> Jesús: «¡Suéltame, que ya está por amanecer!».
> Jacob: «¡No te soltaré hasta que me bendigas!».
> Jesús: «¿Cómo te llamas?».
> Jacob: «Me llamo Jacob».
> Jesús: «Ya no te llamarás Jacob, sino Israel, porque has luchado con Dios y con los hombres, y has vencido».

En hebreo, el nombre Yisrael está formado por dos palabras. No son pocos los eruditos que discuten sobre la mejor manera de explicar el nombre, pero lo más sencillo es seguir las indicaciones del propio texto. La segunda parte, «-el», es el título divino, *El*, que es el equivalente hebreo de la palabra «Dios». La primera parte, «Yisra-», es una forma del verbo *sará*, que significa «luchar» o «contender». Este es el verbo que se utiliza cuando se da el nombre: «has luchado [*sará*] con Dios y con los hombres». Jacob, entonces, es ahora Yisrael (=Israel), El que lucha con Dios o El que contiende con Dios[2]. En el capítulo anterior trazamos la trayectoria de esta «lucha con Dios» hasta el Gólgota.

---

[1] Correspondencia privada.

[2] Una de las complicaciones de esta interpretación del nombre es que, normalmente, cuando «El» va unido al nombre de una persona, El es el sujeto, y no el objeto, del verbo incluido en el mismo nombre. Así, Samuel significa «El ha oído [no "él oye a El"]» y Ezequiel significa «El fortalece [no "é fortalece a El"]». Sin la narración que lo acompaña, si solo viéramos el nombre Yisrael, asumiríamos que significa «Dios pelea/lucha/contiende». Sin embargo, en la explicación de Génesis 32:28, El es e objeto y Jacob es el sujeto: Jacob lucha con El. Quién sabe, tal vez al invertir nuestras expectativa sobre el significado del nombre, Dios está amplificando lo extraordinario que es todo este escenario

Sin embargo, hay un hecho bastante extraño sobre este famoso cambio de nombre. Después de que Abram se convirtiera en Abraham, nunca se lo volvió a llamar Abram. Después de que Sarai se convirtiera en Sara, nunca se la volvió a llamar Sarai. Pero Jacob rompe ese patrón. Tras convertirse en Israel, se lo siguió llamando Jacob en numerosas ocasiones. De hecho, según mis cálculos, desde que se le cambió el nombre hasta el momento de su muerte, se lo llamó Jacob aproximadamente el doble de veces que Israel. Por tanto, parece que, más que recibir un nombre nuevo, Jacob recibió un nombre adicional. Ya no es *solamente* Jacob, sino también Israel. Sigue siendo un Talón; solo que ahora es también El que lucha con Dios. Lo que sus padres le dieron y lo que Dios le dio, ambas realidades juntas, ambos nombres, cuentan la historia de este hombre.

Retengamos ese pensamiento porque volveremos a él dentro de un momento. Antes de eso, pensemos en la herida de Jacob. Durante la escaramuza, el Hijo de Dios «tocó [a Jacob] en la coyuntura del muslo, y se dislocó la coyuntura del muslo de Jacob mientras luchaba con él» (Gn 32:25). Cuando todo terminó, leemos lo siguiente: «El sol salía cuando Jacob cruzaba Peniel, y cojeaba de su muslo. Por eso, hasta hoy, los israelitas no comen el tendón de la cadera que está en la coyuntura del muslo, porque el hombre tocó la coyuntura del muslo de Jacob en el tendón de la cadera» (32:31-32).

En sus prácticas culinarias, los descendientes de Jacob mantuvieron vivo el recuerdo del lugar en que Dios tocó al hombre. «No comemos esa parte del animal», le diría un padre a su hijo. «¿Por qué?», preguntaría el hijo. «Bueno», diría el padre, «déjame contarte una historia». Y le contaba la historia de cuando Dios y el hombre lucharon, cuando Dios perdió y el hombre ganó, y el vencedor salió cojeando con una herida que cuenta una historia inolvidable.

Me gusta imaginar que Jacob nunca se recuperó completamente de su batalla con Jesús. Al fin y al cabo, ninguno de nosotros realmente lo logra. Jacob cojeó hacia el futuro llevando las cargas de su pasado, cargas que se hacían más livianas por el recuerdo del Dios que lo bautizó con un nombre victorioso.

Cualquiera que te diga que convertirse en discípulo de Jesús te hará la vida más fácil es un falso maestro, un charlatán o, sencillamente, un loco. Cuando Cristo llama a un hombre o a una mujer a seguirlo, puedes estar seguro de que los está llamando a una vida incómoda —o a algo incluso mejor—. Sin embargo, esto no significa que nuestra vida de fe sea una existencia sombría y lúgubre en la que caminamos por este mundo sin sonreír y con una expresión de abatimiento santo. Jamás confundamos la tristeza —ni mucho menos el malhumor— con la santidad. Significa más bien que, de un modo u otro, cada día cojearemos con la secreta alegría de quienes llevan cicatrices de origen divino.

¿Cómo se manifestará? No sé cómo será en tu caso. Solo sé en qué consiste para mí y para otras personas que me han hablado de sus propias heridas. Es como si, al igual que las huellas dactilares, nuestras cicatrices fueran únicas para cada persona. Jacob tenía su cojera. Yo tengo la mía. Y tú tienes la tuya, o la tendrás pronto.

Cada una de estas cicatrices, cojeras y espinas en la carne —como la de Pablo— son recordatorios incesantes de que, cada día, vivimos cada momento solo por la gracia de Dios. Si el Señor retirara de nosotros su mano misericordiosa, aunque solo lo hiciera por unos segundos, estaríamos tan indefensos y sin esperanza como un bebé en la guarida de un león. Puesto que somos tan propensos al autoengaño, y a la orgullosa presunción de que podemos salir adelante con nuestras propias fuerzas, el Señor Jesús nos debilita con amor y sabiduría. O, mejor dicho, nos coloca en situaciones que nos llevan a descubrir dolorosamente nuestras debilidades inherentes y mortales.

La vida del discipulado no consiste en volvernos más fuertes, sino en ser cada vez más conscientes de nuestra debilidad y de la fuerza del Señor. En vaciarnos de nosotros mismos y llenarnos de Jesús. Las palabras de Juan el Bautista son las palabras de un seguidor de Cristo: «Es necesario que Él crezca, y que yo disminuya» (Jn 3:30).

Sin embargo, nuestro decrecimiento es, también, irónicamente, nuestro propio crecimiento, porque la gloria de Dios es volver a crearnos, en Cristo, como personas que llevan su nombre y comparten su reino. Sí, llegamos al futuro tropezando, como Jacob. Aún somos canallas, y aún somos pecadores, demasiado a menudo actuando y hablando como insensatos, pero también como quienes llevan el nombre de cristianos. Somos pecadores y santos, necios y sabios, abyectos y perdonados, Jacob e Israel, todo mezclado en un cóctel humano que solo Dios puede realmente separar.

Sin embargo, cojeamos con Dios; no desde él, hacia él o separados de él. Cojeamos a su lado. Y si nuestros ojos pudieran ver lo invisible, nos daríamos cuenta de que estamos siendo llevados por manos que aún lucen las cicatrices de un sacrificio hecho alegremente por nosotros.

PREGUNTAS DE DISCUSIÓN

1. En este capítulo se utiliza el ejemplo de la mujer que, cuando se casa, adopta otro apellido en señal de que Dios ha entretejido dos vidas. ¿Qué otros ejemplos pueden dar de decisiones, relaciones o acciones que cambian nuestra vida y nos definen para siempre, de modo que no podemos contar «nuestra historia» sin contar también la de otra persona?

2. ¿Qué significa el nombre hebreo Yisrael (=Israel)? ¿Qué mensaje transmite?

3. Analicen esta afirmación y sus implicaciones para nuestra vida como discípulos: «Cualquiera que te diga que convertirse en discípulo de Jesús te hará la vida más fácil es un falso maestro, un charlatán o, sencillamente, un loco». ¿Por qué?

4. Cuando piensan en sus propias cicatrices o cojeras, ¿en qué consisten? Hablen de cómo la vida del discipulado no se trata de volvernos más fuertes, sino de ser cada vez más conscientes de nuestra debilidad y de la fortaleza del Señor.

CAPÍTULO 21

El regreso del hermano pródigo

> Esaú corrió a su encuentro y lo abrazó, y echándose sobre su cuello lo besó, y ambos lloraron.
>
> Génesis 33:4

Existe un pequeño juego de autoengaño al que nos gusta jugar. Se llama: «Jamás volveré a hacerlo». Cuando el convicto sale de la cárcel, dice: «Jamás volveré a robar». Cuando el adicto que sale de rehabilitación vuelve a la vida normal, dice: «Jamás volveré a consumir metanfetaminas». Todos sabemos cómo funciona. Hemos recorrido mil veces este camino haciendo diez mil juramentos diferentes. No fumaré otro cigarrillo. No volveré a contar chismes sobre un amigo. No volveré tres veces a la mesa de postres durante la cena familiar. No me perderé otro partido de mi hijo. Simplemente no lo haré.

Hasta que lo hacemos. O al menos, la mayor parte del tiempo. Por ejemplo, la reincidencia delictiva es deprimentemente alta. Un estudio reveló que, tras ser puestos en libertad, cerca del 83 % de los reos volvían a ser detenidos en un plazo de nueve años[1]. La mayoría de nosotros tenemos amigos y familiares que han pasado por la puerta giratoria de la rehabilitación. Y no necesito explicar cómo nuestras promesas y resoluciones de «nunca más» duran lo mismo que un donut en una cocina llena de adolescentes.

Efectivamente, gracias a Dios, las lecciones que aprendemos de nuestros pecados y errores son a veces tan profundamente dolorosas que nunca volvemos a tocar la proverbial «estufa caliente». Sin embargo, aun entonces, la atracción permanece, ¿verdad? Las fantasías llaman. Los deseos susurran. Jugamos con la idea de acercar lo más posible la mano

---

[1] Un estudio llevado a cabo en 2018 por el Departamento de Justicia de los EE. UU. https://www.prison legalnews.org/news/2019/may/3/long-term-recidivism-studies-show-high-arrest-rates/

al calor sin quemarnos. Solo queremos llegar a uno o dos centímetros del fuego. Tales son los peligros con los que coqueteamos. Aunque experimentemos el encuentro más positivo y edificante con Dios que se pueda imaginar, o el encuentro más negativo y debilitante imaginable con el pecado, en cualquiera de los dos casos, la euforia temporal o el pavor existencial que estos acontecimientos producen solo nos mantendrán en el camino recto y angosto por un breve período. El enfoque de la voluntad humana siempre se reconoce por el sonido de las cadenas.

Por eso es muy bueno que nuestra esperanza no esté basada en nosotros ni en nuestra propia justicia, sino solo en Cristo. Aun cuando somos infieles e inconstantes como la arena movediza, él es la roca inamovible de nuestra salvación.

No puedo leer el relato del reencuentro de Jacob con Esaú sin que pase por mi cabeza el siguiente tipo de pensamientos. Verás, así es como me *habría* gustado que se leyera la historia:

> Jacob, cojeando tras su lucha con Dios, con el alma llena de asombro por el nuevo nombre que se le había concedido, levantó la vista y, he aquí, su hermano Esaú se acercaba. Los hermanos corrieron y se abrazaron, llorando de alegría. Esaú perdonó a Jacob, y Jacob perdonó a Esaú. Cada uno relató el bondadoso trato del Señor para con él. Más tarde, cuando Esaú le pidió a su hermano que se reuniera con él en Seir, Jacob aceptó gustosamente su invitación. Los hermanos, alguna vez distanciados pero ahora reunidos, viajaron juntos hacia el sur.

Pero, por supuesto, eso nunca ocurrió. Lo que ocurrió no fue un final feliz, pero fue más fiel a la naturaleza humana. En esta reunión fraternal, aprendemos un poco más de Esaú, un poco más de Jacob y mucho de nosotros mismos.

La última vez que oímos hablar del inminente encuentro de Jacob con Esaú, el corazón delator de Jacob latía desbocado. La información más reciente era que Esaú marchaba hacia él con cuatrocientos guerreros. Jacob «tuvo mucho temor y se angustió» (Gn 32:7). Parece una reacción de sentido común, teniendo en cuenta el pasado poco halagüeño de los mellizos. Así que Jacob actuó con rapidez. Dividió su ganado y sus sirvientes en grupos. Cuando cada grupo se encontrara con Esaú y sus hombres, debían decir que pertenecían a Jacob; que los animales eran un regalo «enviado a mi señor Esaú»; e informarle que Jacob venía en camino, detrás de ellos (32:18). Los motivos de Jacob eran claros:

«Apaciguaré [a Esaú] con el presente que va delante de mí. Y después veré su rostro; quizá me acepte» (32:20). Parece que los antiguos sabían tan bien como nosotros que «el dinero habla».

Sin embargo, todos estos planes preventivos ocurrieron antes del encuentro de Jacob con el Señor. ¿No sería razonable que, tras una noche así, única en la vida, después de haber visto a Dios cara a cara, y luego de que el Todopoderoso lo bendijera con un nuevo nombre, todas sus ansiedades se evaporaran? ¿Que su Jacob-idad innata, evocada por su nombre de «Talón», diera lugar a un compromiso inquebrantable con la honestidad? ¿Que, después de haber engañado a su hermano una vez —con consecuencias desastrosas para toda la familia—, jamás se le ocurriera tomar el mismo camino? ¿No pensaría: «Dios está 100 % conmigo; me ha bendecido ricamente; no tengo nada que temer. Seré un hombre nuevo, con un nombre nuevo»? Sí. Al considerar todas las evidencias que tenemos, esa parecería una respuesta completamente razonable.

No obstante, si hay algo que los pecadores rara vez hacen es ser razonables. ¿Ser moralmente erráticos? Sí. ¿Autoprotegerse? Sí. ¿Ser con frecuencia absurdamente tontos? Por supuesto. Pero ¿razonables? No.

¿Qué ocurrió, entonces? Jacob, dicho sea en su honor, no trató a sus esposas e hijos como un escudo humano, sino que «se les adelantó, y se inclinó hasta el suelo siete veces hasta que llegó cerca de su hermano» (Gn 33:3). Ahora bien, si estuviéramos viendo toda esta escena en directo, podríamos pensar: «Oh, aquí vamos. ¡Llegó la hora de la verdad! Una de dos: o Esaú mata a su hermano, o los regalos lo apaciguan y deja a Jacob con vida. Esas son realmente las únicas dos opciones». Pero estaríamos equivocados.

En una de las muestras más conmovedoras de amor humano misericordioso registradas por las Escrituras, Esaú no mató a su hermano ni se limitó a dejarlo con vida para que viera un día más. En lugar de eso, «Esaú corrió a su encuentro y lo abrazó, y echándose sobre su cuello lo besó, y [...] lloraron [¿lloró?][2] (Gn 33:4). Si este lenguaje te resulta vagamente familiar, ¡bien! Estás oyendo ecos del regreso del hijo pródigo,

---

Algunos eruditos han sugerido que, durante el copiado del texto hebreo, la primera letra (una *vav*) le la palabra siguiente («y-alzó», LBLA) se repitió accidentalmente en el final de la forma verbal y-lloraron», convirtiendo así el verbo singular original en una forma plural. Esto se denomina uplografía («doble escritura»), un error bastante común en los manuscritos copiados a mano. El esultado fue que el singular, «[Esaú] lloró», se convirtió en plural, «[Esaú y Jacob] lloraron». Es una onjetura intrigante porque todos los verbos precedentes son singulares: Esaú abraza, se echa sobre l cuello de Jacob y lo besa. También encajaría con otras reacciones no tan emocionales de Jacob nte Esaú a medida que la conversación se desarrolla.

cuyo padre «lo vio y sintió compasión por él, y corrió, se echó sobre su cuello y lo besó» (Lc 15:20). Las dos escenas son tan sorprendentemente similares, tanto en lenguaje como en tema, que se puede argumentar de manera muy sólida que, cuando Jesús contó esta famosa parábola, tenía en mente el reencuentro de Esaú con Jacob[3]. Lucas 15 sería lo que los intérpretes judíos llaman un midrash, una interpretación y expansión, de Génesis 33. De ser así, llegamos a esta notable conclusión: Esaú es la figura paterna de la parábola del hijo pródigo. Él es el que ve, el que siente compasión, el que corre, abraza, besa y llora por Jacob el pródigo.

Esta es verdadera compasión fraternal. Es gracia inesperada. Es un amor no ganado, inmerecido y unidireccional.

De hecho, toda esta emotiva escena es tan prístina que ojalá pudiéramos dejarla ahí. Alejarnos lentamente, sonriendo. Suspirar aliviados. Susurrar una oración de agradecimiento porque, en aquellos largos años, Dios ablandó el corazón de Esaú.

Sin embargo, la historia continúa. Hay, como decía la canción pop de los noventa, «una mosca negra en nuestro Chardonnay».

En la conversación entre Jacob y Esaú percibimos un dejo de tensión. El mellizo mayor se refiere a Jacob con el familiar «hermano mío», pero Jacob no le corresponde. Se dirige respetuosamente a Esaú como «mi señor», y habla de sí mismo como «siervo». Luego, como si quisiera ir cada vez más lejos, llega a decir que ver el rostro de su hermano Esaú es como «[ver] el rostro de Dios» (33:10). Finalmente, Esaú le pide a Jacob que viaje con él a su hogar en Seir, ofreciéndole incluso dejar atrás algunos de los suyos para que vayan con ellos. Sin embargo, Jacob dice: «Adelántese ahora mi señor a su siervo; y yo avanzaré sin prisa, al paso del ganado que va delante de mí, y al paso de los niños, hasta que llegue a mi señor en Seir» (33:14).

El relato dice a continuación: «Aquel mismo día regresó Esaú por su camino a Seir. [Pero] Jacob siguió hasta Sucot» (33:16). En caso de que no conozcas muy bien la geografía bíblica, eso significa que, en vez de alcanzar a su hermano mayor en el lugar prometido, viajó en el sentido contrario.

En otras palabras, Jacob engañó a su hermano. Una vez más. Solo se registran dos conversaciones entre Esaú y Jacob: esta, y el intercambio de la «sopa de lentejas», cuando eran más jóvenes (Gn 25:29-34). Como señala Victor Hamilton, «En la primera ocasión [...] Esaú no percibió la

[3] Para leer todo un libro sobre este tema, véase Kenneth Bailey, *Jacob & the Prodigal: How Jesus Retold Israel's Story* (Downers Grove, IL: InterVarsity Press, 2011).

capacidad lucrativa de Jacob. En la segunda, no percibió las dudas y la falta de entusiasmo de Jacob por ir a Seir. En ambos casos, Jacob logra engañar a Esaú»[4].

Quizás pienses que estoy siendo demasiado duro con Jacob. Y tal vez tengas razón[5]. Pero, a estas alturas de la biografía del patriarca, tenemos un historial bastante claro de sus astutas maneras. Hace años, un consejero amigo de mi esposa decía: «La constancia en el tiempo demuestra el cambio». En el caso de Jacob, podríamos decir: «La constancia en el tiempo demuestra la ausencia de cambio». Ha sido constantemente engañoso.

En otras palabras, ha sido constantemente *demasiado similar a nosotros*. Y no me refiero simplemente a su astucia y a sus malas artes. Me refiero a lo siguiente: habiendo luchado hace poco con Dios, habiendo sido impresionado por el favor del Señor para con él, y habiendo sido ahora sorprendido por el magnánimo amor y perdón de su hermano, podríamos pensar justificadamente que estamos tratando con un hombre radicalmente cambiado. Pero sigue siendo el mismo. Sí, ciertamente parece humilde (al menos formalmente), y sí, se coloca entre Esaú y su familia —reconozcamos el mérito de este hombre—.

Sin embargo, cuando llega el momento de despedirse de su hermano, se separa de él con una mentira. Sospecho, como la mayoría de los comentaristas, que Jacob no confía plenamente en su hermano. ¿Y si la magnanimidad de Esaú es una mascarada? ¿Y si es un pretexto para llevarlo a Seir y así poder saldar esa antigua deuda? Jacob decide no arriesgarse. Tan pronto como su hermano mayor desaparece en el horizonte meridional, Jacob y su séquito se dirigen al norte, a Sucot, donde «se edificó una casa e hizo cobertizos para su ganado» (33:17).

Sucot es un lugar que todos hemos vivido. Es esa aldea del alma a la que vamos cuando nos negamos obstinadamente a —o no logramos— alterar la realidad fundamental de lo que somos. La constancia en el tiempo demuestra también nuestra ausencia de cambio. Sobre la entrada de la puerta de Sucot están inscritas las inolvidables palabras de san Pablo:

---

[4] *The Book of Genesis: Chapters 18-50*. NICOT (Grand Rapids, MI: Eerdmans, 1995), 348.

[5] Sin duda Martín Lutero, con quien suelo coincidir en cuestiones de interpretación bíblica, pensaría que estoy siendo demasiado duro con Jacob. Sostiene que «no deberíamos sospechar que Jacob actúa de manera hipócrita y engañosa con su hermano, sino que tiene un corazón absolutamente abierto y lleno de una alegría sin límites por la reconciliación que se ha producido». Entonces, ¿por qué Jacob no fue a Seir? Lutero dice: «Mi respuesta es que no prometió que en este viaje quería ir directamente a Seir, sino que le dijo a Esaú que continuara hasta que él lo siguiera y llegara a Seir [en una fecha posterior]». Me parece que la interpretación del reformador excusa a Jacob un poco exageradamente (AE 6:177).

«Porque lo que hago, no lo entiendo. Porque no practico lo que quiero hacer, sino que lo que aborrezco, eso hago» (Ro 7:15).

Si tú, como discípulo de Jesús, después de seguirlo cinco, diez o incluso cincuenta años, sigues sintiéndote débil en las mismas áreas de la vida, y aún luchas con la lujuria o la ira o la avaricia o el odio, entonces bienvenido al Club del Discipulado, conocido comúnmente como La Iglesia. No, no estamos aquí para excusarnos mutuamente. Sin embargo, estamos aquí para presentarnos, semana tras semana, con frases como: «Hola, me llamo Chad y soy un pecador».

«He luchado con (nombra-aquí-tu-debilidad). Tengo días buenos y días malos. A veces tengo días infernales en los que pienso que el diablo me está estrangulando. Otros días parece irme bien. Sin embargo, aun entonces, siempre hay tentaciones persistentes y seducciones sutiles. Si me abstengo exteriormente de esta o aquella mala acción, demasiado a menudo es allí que mi corazón se concentra o mi mente sueña despierta. Y lo que me enloquece aun más es que, cuando lo hago bien y creo estar progresando mucho, empiezo a sentirme orgulloso de mí mismo y ¡bam!, repentinamente, mi alma saca músculos de arrogancia y justicia propia. Dios mío, es frustrante. Me vuelve loco. No puedo escapar de mi peor enemigo —yo mismo—».

Bienvenido al discipulado. Bienvenido a la vida cristiana. Bienvenido a la vida de Jacob.

Y bienvenido también al Jesús que nos responde a cada uno diciendo: «Vengan a Mí, todos los que están cansados y cargados, y Yo los haré descansar. Tomen Mi yugo sobre ustedes y aprendan de Mí, que Yo soy manso y humilde de corazón, y hallarán descanso para sus almas. Porque Mi yugo es fácil y Mi carga ligera» (Mt 11:28-30).

Una de las cosas que aprenderemos de nuestro Salvador es que no nos llamó a ser testigos de una transformación completa de vida en la que ahora somos mejores que otras personas. Más bien, nos llamó a una relación viva consigo mismo y con el Padre a través del poder del Espíritu; una relación en la que nuestras verdaderas identidades están ahora completamente seguras en Jesús.

¿Aun cuando fallamos? Sí.

¿Aun cuando volvemos a caer en el mismo pecado? Sí.

¿Seguirá llamándonos al arrepentimiento? Sí.

¿Seguirá disciplinándonos como un padre a su hijo? También sí.

Todo discípulo de Jesús desea quedar libre del pecado *en esta vida*. Pero estamos en esta vida; por lo tanto, aún estamos en guerra contra nosotros mismos; en guerra contra la naturaleza pecaminosa que, cuando nos convertimos en cristianos, no huye con el rabo entre las piernas. Nos declara la guerra.

Pero Jesús sí ha vencido y, en él, nosotros también. De hecho, en él, somos más que vencedores. Somos amados. Y la gracia de Cristo, constante en el tiempo, demuestra que él nunca dejará de ser el Amigo y el Perdonador de los Pecadores.

Preguntas de discusión

1. ¿Por qué nos resulta tan difícil mantener nuestras resoluciones, y evitar repetir los errores? Si hemos tocado una vez la «estufa caliente», ¿por qué mantenemos la mano cerca de ella en otras ocasiones?

2. Lean o repasen Génesis 32:13-21 y 33:1-17. ¿Por qué Jacob envía regalos para Esaú delante de sí? ¿Cuáles eran los escenarios que habrían podido darse cuando estos dos hermanos se reunieran?

3. Comparen la reunión entre lágrimas de Esaú y Jacob con la reunión del padre y su hijo en Lucas 15:20-24. ¿Qué detalles coinciden? ¿Cómo esta historia del AT pudo proveer el trasfondo de la parábola? ¿De qué manera este encuentro modifica tu visión de Esaú?

4. Hablen del lenguaje y la conducta de Jacob en su encuentro con Esaú. ¿Cómo reacciona antes, durante y después del encuentro? ¿Por qué se dirige al norte después de haber acordado encontrarse con su hermano en el sur? Comenten en qué nos parecemos a Jacob. Mencionen ejemplos concretos.

5. Hablen de las ramificaciones de esta afirmación para nuestro discipulado y la gracia de Cristo: «Si tú, como discípulo de Jesús, después de seguirlo cinco, diez o incluso cincuenta años, sigues sintiéndote débil en las mismas áreas de la vida, y aún luchas con la lujuria o la ira o la avaricia o el odio, entonces bienvenido al Club del Discipulado, conocido comúnmente como La Iglesia».

CAPÍTULO 22

Al diablo con las consecuencias

«¿Había de tratar él a nuestra hermana como a una ramera?»

Génesis 34:31

La última vez que vimos a Jacob, se dirigía hacia el norte mientras Esaú caminaba hacia el sur. Hasta donde sabemos, los hermanos no volvieron a cruzarse, excepto para el entierro de su anciano padre, Isaac, años más tarde (Gn 35:29). Tras su reencuentro y rápida separación, Jacob se estableció cerca de la ciudad de Siquem, donde erigió un altar (33:20). Con ello seguía los pasos de su abuelo Abraham, cuya primera parada en Canaán también fue Siquem, donde también construyó un altar (12:6-7).

Obviamente, Jacob planeaba echar raíces profundas allí, porque compró una propiedad «a los hijos de Hamor, padre de Siquem, por 100 monedas» (lit. «*quesitá*» [33:19])[1]. En ese momento, José era muy joven; probablemente, aún no era un adolescente. Moriría en Egipto a los ciento diez años, sería embalsamado y, finalmente, sus huesos serían sacados de Egipto y sepultados en este mismo terreno, donde había jugado de niño (Jos 24:32). Por cierto, también fue cerca de aquí donde Jesús tendría su famosa conversación con la mujer samaritana, quien le diría: «¿Acaso eres Tú mayor que nuestro padre Jacob, que nos dio el pozo del cual bebió él mismo, y sus hijos, y sus ganados?» (Jn 4:12).

Probablemente podemos inferir que Jacob, al hacer un balance de su actual situación en la vida, supuso que podría vivir el resto de sus días con relativa tranquilidad. Después de todo, su exilio de veinte años había terminado. El miedo a la furia de su mellizo se había disipado. Sus

[1] La traducción «monedas» (NBLA) es una interpretación modernizadora más que una traducción. La moneda no se utilizaría en el antiguo Cercano Oriente hasta dentro de un milenio aproximadamente. La palabra hebrea *quesitá* podía referirse a ciertas medidas de plata u oro, o a ganado (p. ej., «cien corderos»).

hijos mayores podrían hacer el trabajo pesado de supervisar los rebaños y las manadas. Tal vez, y solo tal vez, todas las locas desventuras de su vida se hallaban ya en el espejo retrovisor. Por fin, todo iría bien en su mundo.

No obstante, si conoces a grandes rasgos la vida de Jacob, estarás sacudiendo la cabeza: no, no todo andaría bien. Como veremos en los próximos capítulos, todo estaba a punto de ser peor —peor que cualquier cosa que hubiera experimentado hasta entonces—. Y a medida que leemos lo que sucede, nos preguntamos si el propio Jacob ha empeorado, o si simplemente es un maestro en el empeoramiento de las malas situaciones, tomando repetidamente decisiones insensatas que implican a sus hijos.

Un ejemplo de ello: Dina.

Si has olvidado quién es Dina, tienes una buena excusa. Después de todo, solo la vimos una vez, en un solo versículo, hace varios capítulos: «Después [Lea] dio a luz una hija, y le puso por nombre Dina» (30:21). Eso es todo. Un breve anuncio de nacimiento. Como es característico de la Biblia, a menudo los personajes que aparecerán ampliamente en una narración futura son presentados antes, casi como un aparte. Una de las formas fascinantes en que el narrador cuenta la historia de Dina es a través de sus conexiones con otros miembros de la familia. Se la llama «hija de Lea» (34:1), «hija de Jacob» (34:3) y «hermana» de sus hermanos (34:13). Estos lazos familiares son importantes porque, como veremos, al final de Génesis 34 nos rascaremos la cabeza queriendo saber por qué Jacob, su padre, se mostró tan asombrosamente pasivo durante el horrible suplicio de ella. ¿Fue porque era hija de Lea, la esposa no amada? Y también veremos (¿aprobatoriamente? ¿condenatoriamente? ¿con ambigüedad?) de qué forma serán sus hermanos, y no su padre, quienes repararán el mal que se le hace.

Pero nos estamos adelantando. ¿Qué, exactamente, sucedió con esta chica?

Un día, Dina, la hija de Lea, «salió a ver [*raá*] a las hijas del país» (34:1 RVR1995). Una hija salió a ver a otras hijas. El verbo *raá* se traduce mejor como «ver» (y no «visitar» [NBLA, NVI]) porque este mismo verbo se repite, con fines retóricos, cuando Siquem «la ve» en el versículo siguiente (34:2).

¿Quién es Siquem? Ya lo hemos mencionado, porque su padre, Hamor, el «príncipe de la tierra», fue quien le vendió un terreno a Jacob (33:19; 34:2). Por lo tanto, estos dos padres ya habían tenido algunos negocios juntos. Siquem «vio» a Dina, pero hizo mucho más que mirar a la joven: le puso las manos encima. «Se la llevó y se acostó con ella y la violó» (34:2). En español ya es bastante horrible, pero en hebreo es aun más brutal: no «se acostó con» ella (como dicen muchas traducciones), sino que «la tumbó». El verbo *aná*, traducido a veces como «deshonrar», puede también traducirse como «afligir, maltratar o abusar». En resumen, Siquem violó a Dina. *Aná* es también el verbo utilizado para describir cómo Amnón «violó» sexualmente a su hermanastra, Tamar (2S 13:12, 14, 22), mientras su padre, David, era rey.

Estos dos agresores masculinos, Siquem y Amnón, reaccionaron de maneras opuestas tras la violación. Amnón, que estaba encaprichado con Tamar, después de violarla «la aborreció con un odio muy grande; porque el odio con que la aborreció fue mayor que el amor con que la había amado» (2S 13:15). En cambio, de Siquem leemos que «se enamoró de Dina, hija de Jacob, y amó a la joven y le habló tiernamente» (34:3). Si ese lenguaje te revuelve el estómago, no eres la excepción. Un violador que posteriormente «ama» y «habla tiernamente» a su víctima tiene todos los ingredientes de una película de terror. Finalmente, como si el ataque, la violación y la reacción emocional psicóticamente escalofriante no fueran ya lo suficientemente chocantes, Siquem le pide a su padre, Hamor, que lleve a cabo las negociaciones formales con la familia de la muchacha para poder casarse con ella.

En este punto del relato, prestemos especial atención a las dos reacciones diferentes de la familia de Dina: la de su padre y la de sus hermanos. Primero, el padre: «Y Jacob oyó que Siquem había deshonrado a su hija Dina, *pero como* sus hijos estaban con el ganado en el campo, Jacob guardó silencio hasta que ellos llegaran» (34:5; cursivas añadidas). He aquí un ejemplo obvio de cómo la traducción implica interpretación. Las palabras en cursiva, «pero como», son la simple conjunción hebrea *vav*, que a menudo se traduce como «y». Ahora, vuelve a leer el versículo, en la traducción (más literal) de Robert Alter: «Y Jacob había oído que había deshonrado a Dina su hija, *y* sus hijos estaban con su ganado en el campo, *y* Jacob calló hasta que vinieron» (cursivas añadidas). La NBLA (así como la mayoría de las traducciones) lo traduce de tal manera que da la impresión de que Jacob solo se estaba conteniendo, ansioso por actuar, simplemente reprimiéndose hasta que sus hijos llegaran para que juntos, padre e hijos, pudieran reparar esta profanación de Dina. Sin embargo, como veremos, Jacob siguió «callando» o «guardando silencio» hasta el final mismo de esta oscura historia, cuando reprende únicamente a sus hijos.

Pero, ¿y los hermanos? ¿Cómo reaccionaron? De una manera muy diferente: «Y los hijos de Jacob regresaron del campo al oírlo. Y aquellos hombres estaban muy tristes e irritados en gran manera porque Siquem había cometido una terrible ofensa en Israel acostándose con la hija de Jacob, pues tal cosa no debe hacerse» (34:7). Muy tristes. Irritados en gran manera. ¿No es esta la reacción natural y deseable de los miembros de una familia ante un crimen tan malicioso y violento? Sin embargo, Jacob no reacciona así; ni siquiera de manera insinuada. La palabra hebrea *nebalá* («terrible ofensa») suele utilizarse para describir un acto —a veces sexual— tan escandalosamente difamatorio que la nación debe responder a él (p. ej., Jue 20:10). No puede pasarse por alto, sino que debe encararse contundentemente.

Y ahora nos quedamos con dos preguntas: ¿cómo se encarará esta *nebalá*, esta «terrible ofensa»? Y ¿quién lo hará?

A medida que la narración avanza, escuchamos a escondidas dos conversaciones. En una de ellas, Hamor y Siquem tratan de ingeniar un tejemaneje con los hermanos de Dina (Jacob, una vez más, está presente pero en silencio, algo extraño para un hombre tan locuaz en capítulos anteriores). Ofrecen dar o hacer cualquier cosa para obtener a Dina como esposa de Siquem. No se dice ni una sílaba sobre su violación, y mucho menos vemos una admisión de culpabilidad. Todo sigue como siempre. Básicamente, proponen que los ciudadanos de Siquem y la familia de Jacob convivan amistosamente, comercien de forma justa y se casen libremente. Parece que los hijos de Jacob han aprendido algo de su padre a lo largo de los años, pues, cuando responden a la propuesta, actúan con *mirmá* («engaño»), la misma palabra utilizada por Isaac cuando le dice a Esaú que Jacob vino «con engaño» y le quitó su bendición (Gn 27:35). Los hermanos aceptan los términos con una condición: que todos los varones de la ciudad sean circuncidados. ¡No es una exigencia menor!

Luego pasamos a la segunda conversación: la del dúo padre-hijo —Hamor y Siquem— con los hombres de su ciudad. No obstante, esta conversación «interna» tiene un tono muy diferente. No se dice nada de Dina. El padre y el hijo repiten parte de la propuesta, pero hacen más atractivo el asunto con codicia, diciendo a sus conciudadanos: «¿No serán nuestros su ganado y sus propiedades y todos sus animales?» (34:23). Así pues, parece que los hijos de Jacob no eran los únicos que hablaban con engaño. Es evidente que los siquemitas planeaban aprovecharse de la familia de Jacob. Convencidos por el argumento, los varones de la ciudad se circuncidan en masa.

Tres días después, estaban todos muertos.

Simeón y Leví, los dos hijos mayores de Jacob y —esto es importante— hermanos de Dina por parte de ambos padres, se aprovecharon del estado de incapacidad de estos hombres recién circuncidados. Los hermanos «tomaron cada uno su espada y entraron en la ciudad, que estaba desprevenida, y mataron a todo varón. Mataron también a Hamor y a su hijo Siquem» (34:25-26). Poco después, los hermanos restantes «pasaron sobre los muertos y saquearon la ciudad, porque ellos habían deshonrado a su hermana. Y se llevaron sus ovejas, sus vacas y sus asnos, lo que había en la ciudad y lo que había en el campo. También se llevaron cautivos a todos sus pequeños y a sus mujeres, y saquearon todos sus bienes y todo lo que había en las casas» (34:27-29).

En medio de todo este caos, se lanza la bomba más grande de esta historia: luego de haber matado a todos estos hombres, Simeón y Leví «tomaron a Dina de la casa de Siquem [!], y salieron» (34:26). Sí, leíste bien. El autor bíblico, un narrador magistral, ocultó este detalle crucial hasta este momento. Mientras Hamor y Siquem regateaban por la mano de Dina, ¡la tenían como rehén![2] Violación. Secuestro. Mentiras. Codicia. Los males se acumulan. Esta revelación del paradero de Dina nos hace releer la historia para replantearnos lo que pensamos de todos los personajes y sus acciones.

¿Cómo reaccionó Jacob ante lo que hicieron sus hijos? ¿Estaba él, el mismísimo Dr. Engaño, orgulloso de las astucias de sus hijos? Difícilmente. Censuró a Simeón y Leví: «Ustedes me han traído dificultades, haciéndome odioso entre los habitantes del país, entre los cananeos y los ferezeos. Como mis hombres son pocos, ellos se juntarán contra mí y me atacarán, y seré destruido yo y mi casa» (34:30). En apenas dieciséis palabras hebreas, Jacob se las arregla para aludir a sí mismo ocho veces. En una chocante muestra de miopía egoísta, la visión del patriarca no va mucho más allá de sus propios intereses personales.

La declaración final del capítulo —y qué declaración— se pone en boca de los hermanos: «¿Había de tratar él a nuestra hermana como a una ramera?» (34:31). Nótese que dicen «nuestra hermana», no «tu hija». Una vez más, las asociaciones familiares son fundamentales en esta historia. ¿Y a quién se refieren con «él»? Hay dos posibilidades: Jacob o Siquem. Este último, obviamente, trató a Dina como un objeto que

---

[2] Estoy en deuda con Meir Sternberg por esta idea. Véase su excelente análisis literario de este capítulo en *The Poetics of Biblical Narrative: Ideological Literature and the Drama of Reading* (Bloomington: Indiana University Press, 1985), 445-481.

se podía comprar y vender. Sin embargo, gramatical y temáticamente, el antecedente de «él» podría ser Jacob. De ser así, los hermanos, disgustados por la silenciosa conformidad de su padre durante la violación y el secuestro de Dina, por no mencionar la reprimenda egoísta que recibieron de Jacob tras actuar para rescatarla, se dijeron: «¿Había de tratar [nuestro padre] a nuestra hermana como a una ramera?».

Como señala Sternberg, la respuesta que los hermanos dieron a Jacob equivale a: «Al diablo con las consecuencias»[3].

A veces, cuando leemos una historia bíblica, la enseñanza teológica que se desprende de ella es relativamente obvia. Otras veces, pensamos: «Ay, Señor. Es un episodio tan horrible que no sé qué pensar». Esa es mi reacción general ante Génesis 34. Una mujer es violada. Su padre permanece mudo y pasivo. Dos hermanos se vengan del violador y su padre, pero también asesinan a sangre fría a muchos otros hombres. Sus demás hermanos, como vikingos borrachos, saquean la aldea y esclavizan a sus habitantes. Es como si estuviéramos leyendo un capítulo de una novela distópica como *La naranja mecánica* o uno de los relatos apocalípticos de Cormac McCarthy que describen el feo reverso de la humanidad.

Y tal vez, solo tal vez, esa sea una de las conclusiones de este relato. A menudo, en nuestras vidas, nos vemos atrapados en alguna pesadilla que parece una versión moderna de Génesis 34. Miramos a nuestro alrededor y vemos mucha confusión, culpa, destrucción, caos familiar, víctimas maltratadas, justicia ejercida por la mano propia, derramamiento de sangre, y muy poco de Dios. En efecto, es como si el Señor hubiera hecho abandono del lugar. No se lo encuentra por ninguna parte. Observa que, de hecho, en Génesis 34, Dios jamás es mencionado.

¿Sacará el Señor algo de luz, a partir de esta historia de medianoche? Sí, lo hará. Sacará una luz brillante. Con el tiempo, Jacob maldecirá la ira y el furor de Simeón y Leví, y no pronunciará sobre ellos ninguna bendición de despedida (Gn 49:5-7). En cambio, otorgará a Judá una abundante bendición por la que su tribu será aquella de la cual procederá el Mesías (Gn 49:8-12). Si Génesis 34 no hubiera sucedido, el Antiguo Testamento habría sido una narración muy diferente; no se habría mencionado un león de la tribu de Judá, ni un rey David de Belén, ni se habría puesto el foco en «un hombre que se llamaba José, de los descendientes de David» (Lc 1:27). Siglos después de esta historia en la que todos, excepto Dina, estuvieron implicados en obrar lo malo, un Señor

[3] *The Poetics of Biblical Narrative*, 474.

obrador del bien levantaría a una joven que daría a luz al Salvador del mundo.

Sin embargo, en aquel momento, Dina no lo sabía. Tampoco lo sabían Jacob ni los hermanos. Y en nuestros propios Génesis 34, la mayoría de las veces tampoco sabemos cómo el Señor hará que «todas las cosas [cooperen] para bien» (Ro 8:28). En vez de eso, como personas que viven por fe —fe en un Padre bueno y misericordioso, en un Salvador amoroso y en un Espíritu consolador—, confiamos en que Dios es bueno. Y en lugar de buscar respuestas a todas nuestras preguntas, buscamos vivir a la luz de la cruz de Cristo, donde el bien reina eternamente en medio del caos oscuro y malvado del mundo que él vino a salvar.

Preguntas de discusión

1. Lean todo Génesis 34. Dediquen algunos minutos a hablar de los motivos y las acciones de los personajes principales: Dina, Jacob, los hermanos, Siquem, Hamor, y los habitantes del pueblo.

2. Hablen de lo que le ocurrió a Dina. Además del horror de la violación en sí, ¿qué otros crímenes se cometieron contra ella?

3. ¿Cuál es su impresión general de la manera en que Jacob manejó esta situación? ¿Estaba intentando mantener la paz, evitar la violencia, evitar ocuparse de la situación, o alguna otra cosa? ¿Qué detalles de la historia fundamentan esta percepción?

4. ¿Cuál es su impresión general de la forma en que los hermanos manejaron esta situación? ¿Fue legítima su forma de «hacer justicia»? ¿Por qué sí o por qué no? ¿Qué les pareció la reacción de su padre?

5. Cuando vivimos o vemos un «Génesis 34» en nuestra propia vida o cultura, ¿qué podemos, como discípulos, aprender de esta afirmación: «En lugar de buscar respuestas a todas nuestras preguntas, buscamos vivir a la luz de la cruz de Cristo, donde el bien reina eternamente en medio del caos oscuro y malvado del mundo que él vino a salvar»?

CAPÍTULO 23

Discipulado deuteronomizado

«Levantémonos, y subamos a Betel».

Génesis 35:3

Los nombres de algunos libros bíblicos tienen sentido; otros, no tanto. Por ejemplo, el nombre «Josué» encaja con el contenido general de ese libro, ya que relata principalmente las acciones de Israel bajo el liderazgo de ese hombre. Sin embargo, los libros 1-2 Samuel podrían haberse titulado más apropiadamente 1-2 David, ya que el protagonista es él, y no el profeta (que, de todos modos, muere en 1S 25:1).

Los nombres en español de algunos libros de la Torá tampoco tienen mucho sentido, al menos a primera vista. ¿Levítico? ¿Qué significa ese nombre, para empezar? ¿Números? ¿Es un libro de matemáticas bíblicas? Debe tenerse en cuenta que los títulos en español de los libros bíblicos no proceden del hebreo, sino de la traducción griega conocida como Septuaginta (comúnmente abreviada «LXX»)[1]. Los nombres hebreos proceden de alguna palabra situada al principio o cerca del principio de cada uno de los cinco libros. Por ejemplo, el libro que llamamos Génesis se conoce en hebreo como *Bereshít* («en el principio», de Gn 1:1), y el libro que llamamos Levítico se conoce en hebreo como *Vayicrá* («y llamó», de Lv 1:1). El quinto y último libro de la Torá se llama, en hebreo, *Debarím* («palabras»), por el comienzo: «Estas son las palabras...». En español, por supuesto, lo conocemos como Deuteronomio.

He titulado este capítulo «Discipulado deuteronomizado» porque, cuando este nombre se convierte en verbo, provee una útil imagen de unacaracterística clave del discipulado: la repetición.

[1] En números romanos, LXX es «setenta». Esto refleja una antigua tradición, recogida en la *Carta de Aristeas* (s. III-II a. C.), según la cual setenta(- y dos) eruditos judíos de Alejandría, Egipto, trabajaron por separado en una traducción de la Torá hebrea al griego. De acuerdo a la leyenda, cuando se reunieron y compararon las traducciones, milagrosamente todas coincidían. La ortografía griega de muchos nombres hebreos —que más tarde fueron aceptados o adaptados por la Vulgata latina— influyó enormemente en la ortografía de los mismos nombres en las biblias españolas.

El nombre «Deuteronomio» proviene de Dt 17:18: «Y cuando [el rey] se siente sobre el trono de su reino, escribirá para sí una copia [*mishné*] de esta ley en un libro». La frase hebrea que significa «*mishné* ["copia, doble, segunda"] de esta ley [*Torá*]» se tradujo al griego como *deuteronomion touto* («esta segunda ley»). Así, *deuteronomion* pasó al español como Deuteronomio. Y, en términos generales[2], este es un buen nombre para el libro en su conjunto, porque lo que Moisés emprende en esta serie de sermones es una «segundización» o repetición de la Torá que fue dada cuarenta años antes en el Sinaí. En la primera sección del libro, leemos: «Moisés comenzó a explicar [*baar*] esta ley [Torá]» (1:5). *Baar* es «explicar, dilucidar, dejar bien claro». Y qué mejor manera de hacerlo que «deuteronomizar» las enseñanzas de Yahvé, es decir, decirlas por segunda vez, repetirlas, repasarlas, hacerse eco de lo dicho anteriormente.

Por lo tanto, al decir discipulado deuteronomizado me refiero a que estamos aprendiendo la antiquísima sabiduría de escuchar por segunda vez (y luego por tercera, cuarta y quinta) palabras que realmente importan, palabras salidas de los propios labios del Señor. Como un ejemplo de esta deuteronomización, démosle un vistazo a lo sucedido en la vida de Jacob después de los calamitosos acontecimientos que tratamos en el capítulo anterior.

En comparación con Génesis 34, donde el Señor permanece en silencio, en Génesis 35 se para frente al micrófono con bastante frecuencia. Al comienzo del capítulo, le dice a Jacob que regrese a Betel, donde décadas antes le había hablado en el episodio de la «escalera al cielo»: «Levántate, sube a Betel y habita allí. Haz allí un altar a Dios, que se te apareció cuando huías de tu hermano Esaú» (35:1). Este puede ser el sutil método del Señor para recordarle la promesa (parcialmente incumplida) que Jacob había hecho hacía más de veinte años: «Si Dios está conmigo y me guarda en este camino en que voy, y me da alimento para comer y ropa para vestir, y vuelvo sano y salvo a casa de mi padre, entonces el Señor será mi Dios. Y esta piedra que he puesto por señal será casa de Dios; y de todo lo que me des, te daré el diezmo» (28:20-22)[3]. Ciertamente, el Señor había ido más

---

[2] Digo «en términos generales» porque, como se señala a menudo en los comentarios de Deuteronomio y en las introducciones al AT, el griego *deuteronomion touto* no es una traducción totalmente exacta del hebreo. No se trataba de una «segunda ley», sino de una «copia» de la Torá que el rey debía escribir.

[3] ¿Qué ocurrió con este diezmo? ¿Lo pagó Jacob alguna vez? Brian Neil Peterson ha argumentado que «el autor presenta a Jacob como si hubiera cumplido su voto de pagar el diezmo a Dios, prometido en Betel, al dar a Esaú un enorme regalo cuando regresa de Canaán. Aunque al lector no se le dice si se trataba de una décima parte, tomando en cuenta la cantidad de animales que Jacob dio a Esaú (580 en total), parece lógico que, a la luz de sus muchos años en Harán y la bendición de Dios sobre los rebaños de Jacob (Génesis 31), este haya podido tener fácilmente rebaños que se contaban por miles». Véase su ensayo «Jacob's Tithe: Did Jacob Keep His Vow to God?» en JETS 63.2 (2020): 255-65.

allá de lo que Jacob había pedido. El patriarca pidió un bocadillo de mortadela y Dios le trajo un filete miñón y una botella de vino añejo. No contento con estar junto a Jacob, cuidarlo y mantener su vientre lleno y su cuerpo vestido, lo enriqueció desmesuradamente, lo hizo relativamente poderoso y lo agració con un nombre adicional increíble.

Así que el Señor, aclarándose la garganta, dice: «Ahora, Jacob, con respecto a *tu parte* en esta promesa...».

A los ojos de Jacob, el momento elegido por Dios resultaba inmejorable. Sus hijos acababan de masacrar a toda la población masculina de Siquem, por lo que probablemente estaba más que contento de ausentarse prolongadamente de allí, no fuera que alguno de los aliados de Siquem estuviera ansioso por vengarse. Sin embargo, antes de ponerse en camino, debían llevar a cabo algunas tareas religiosas. Necesitaban hacer una limpieza a fondo en materia de ídolos. Es posible que sus esclavos, recién adquiridos de Siquem, estuvieran aferrados a deidades cananeas, o que miembros de su familia, como Raquel, siguieran albergando dioses domésticos de Mesopotamia (Gn 31:19). Es posible que fueran las dos cosas. En cualquier caso, estos ídolos, junto con zarcillos decorados con figuras de dioses y diosas, fueron reunidos y Jacob «los escondió debajo de la encina que estaba junto a Siquem» (35:4). Nahum Sarna sugiere que este extraño lugar de enterramiento pudo tener por objeto «neutralizar la veneración de la encina»[4]. Una vez hecho esto, además de las limpiezas ceremoniales y los lavados corporales, la comitiva inició la peregrinación a Betel. Mientras viajaban, un «terror divino» cayó sobre todas las ciudades por las que pasaron (35:5 NVI), demostrando así que los temores anteriores de Jacob eran infundados (34:30).

En Betel comienza toda una serie de «segundizaciones» o «repeticiones». Para empezar, Jacob estuvo aquí antes del exilio, y ahora se encuentra aquí después. A continuación, observa cómo los versículos 1 y 7 prácticamente se repiten entre sí:

Haz esto (35:1)	Es hecho (35:7)
Entonces Dios dijo a Jacob: «Levántate, sube a Betel y habita allí. Haz allí un altar a Dios, que se te apareció cuando huías de tu hermano Esaú».	[Jacob fue a Betel y] Edificó allí un altar, y llamó al lugar El Betel, porque allí Dios se le había manifestado cuando huía de su hermano.

Genesis, The JPS Torah Commentary, 240.

Después de esto, el Señor se aparece a Jacob «de nuevo» (35:9). Por supuesto, el «de nuevo» nos remite a la visión onírica de Jacob en Génesis 28, cuando vio la escalera y los ángeles. Las repeticiones —o la «deuteronomización»— van en aumento.

Finalmente, cuando Yahvé comienza a hablar —más concretamente, a «bendecir» a Jacob (35:9)—, escuchamos múltiples ecos de versículos anteriores, algunos de la vida pasada de Jacob y otros que se remontan a la época de Abraham:

Génesis 35:10-12	Versículos paralelos
Y Dios le dijo: «Tu nombre es Jacob; No te llamarás más Jacob, Sino que tu nombre será Israel». Y le puso el nombre de Israel.	Y el hombre dijo: «Tu nombre ya no será Jacob, sino Israel, porque has luchado con Dios y con los hombres, y has prevalecido» (32:28).
También le dijo Dios: «Yo soy el Dios Todopoderoso. Sé fecundo y multiplícate; una nación y multitud de naciones vendrán de ti, y reyes saldrán de tus entrañas.	[Isaac dijo a Jacob:] «El Dios Todopoderoso te bendiga, te haga fecundo y te multiplique, para que llegues a ser multitud de pueblos» (28:3).
	[Dios dijo a Abraham:] «Te haré fecundo en gran manera, y de ti haré naciones, y de ti saldrán reyes» (17:6).
	[Dios dijo a Abraham, refiriéndose a Sara:] «La bendeciré, y de cierto te daré un hijo por medio de ella. La bendeciré y será madre de naciones. Reyes de pueblos vendrán de ella» (17:16).
La tierra que les di a Abraham y a Isaac, Te la daré a ti y a tu descendencia después de ti».	[Isaac dijo a Jacob:] «Que también te dé la bendición de Abraham, a ti y a tu descendencia contigo, para que tomes posesión de la tierra de tus peregrinaciones, la que Dios dio a Abraham» (28:4). [Dios dijo a Abraham:] «Y te daré a ti, y a tu descendencia después de ti, la tierra de tus peregrinaciones, toda la tierra de Canaán como posesión perpetua. Y Yo seré su Dios» (17:8).

Betel se ha convertido en un disco rayado —en el buen sentido—. Una y otra vez, se repiten las mismas líneas, la misma canción: «Yo soy tu Dios... Te llamarás Israel... Te haré fecundo... Te daré esta tierra... De ti saldrán reyes». En Betel, el Señor «deuteronomiza» a Jacob. Lo sienta, lo mira a los ojos y le dice: «Ahora voy a repetir lo mismo, para que tus oídos beban plenamente estas palabras».

A veces, la repetición es la madre de la fe.

Cuando Dios terminó de hablar y «se alejó de [Jacob]» (35:13), el patriarca le puso un signo de exclamación al encuentro repetido haciendo otra duplicación: tal como, en la Teofanía #1, había erigido un pilar de piedra, lo había ungido y había rebautizado el lugar con el nombre de Betel (28:18-22), hace lo mismo en la Teofanía #2: «Jacob erigió un pilar en el lugar donde Dios había hablado con él, un pilar de piedra, y derramó sobre él una libación; también derramó sobre él aceite. Y Jacob le puso el nombre de Betel al lugar donde Dios había hablado con él» (35:14-15). Así pues, toda esta sección está repleta de situaciones ya vistas.

Hace poco más de treinta años, cuando yo era un joven estudiante universitario en Austin, Texas, mi compañero de habitación y buen amigo, Rick Cody, me compró una Biblia. Tras tres décadas de uso y una reencuadernación, sigue siendo la Biblia que leo y estudio hoy. Me ha acompañado por todo Estados Unidos, dos veces en Siberia, y en aulas, púlpitos y cabinas de camión. Sus páginas contienen subrayados, notas, garrapatos y algunas manchas de café. Poco después de que Rick me la diera, anoté en su interior una larga cita del Catecismo Mayor de Martín Lutero, que dice:

> Aunque conozcas perfectamente la Palabra y ya domines todo, sigues cada día bajo el dominio del diablo, que ni de día ni de noche ceja en su empeño de tomarte desprevenido y encender en tu corazón incredulidad y pensamientos perversos contra todos estos mandamientos. Por tanto, debes guardar continuamente la palabra de Dios en tu corazón, en tus labios y en tus oídos. Cuando el corazón permanece ocioso y la palabra no es oída, el diablo irrumpe y hace daño antes de que nos demos cuenta. Por el contrario, cuando meditamos seriamente en la Palabra, la escuchamos y la ponemos en práctica, su poder es tal que jamás se va sin fruto[5].

---

[5] *The Book of Concord: The Confessions of the Evangelical Lutheran Church*, traducido y editado por Theodore G. Tappert (Philadelphia: Fortress Press, 1959), 378-379.

Su palabra entra en nuestros oídos, resuena en nuestros corazones y sale de nuestra boca en forma de meditación, oración, instrucción y alabanza. Y nunca tenemos suficiente de ella porque, como Lutero dirá después, «despierta siempre una nueva comprensión, un nuevo placer y un nuevo espíritu de devoción, y limpia constantemente el corazón y sus meditaciones». ¿Por qué? «Porque estas palabras no son ociosas ni muertas, sino eficaces y vivas»[6].

Desde luego, Martín Lutero no estaba diciendo nada nuevo. Mucho antes, el Señor, por medio de Moisés, había dicho a su pueblo: «Estas palabras que yo te mando hoy, estarán sobre tu corazón. Las enseñarás diligentemente a tus hijos, y hablarás de ellas cuando te sientes en tu casa y cuando andes por el camino, cuando te acuestes y cuando te levantes. Las atarás como una señal a tu mano, y serán por insignias entre tus ojos. Las escribirás en los postes de tu casa y en tus puertas» (Deuteronomio 6:6-9). ¡No basta con oírlas una sola vez! Al estar sentados y al caminar. Al desayunar y al cenar. Al entrar o al salir de casa. En todo momento y en todo lugar, no hay nada mejor que oír hablar al Señor.

¿Por qué? La razón es sencilla: a nuestro Padre le gusta hablar con nosotros, sus hijos. En sus Escrituras, nos dice quién es, lo que ha hecho por nosotros y el tipo de vida que nos llevará al verdadero florecimiento humano. Y sus palabras no son mera información o datos históricos; son palabras llenas de vida, porque son palabras del Espíritu, que es el «Señor y dador de vida» (credo niceno).

Tal como lo hizo con Jacob, el Señor lo hace con nosotros: se repite. Nos discipula deuteronomizando, diciendo sus palabras una segunda vez, repitiéndolas, repasándolas, haciéndose eco de lo dicho anteriormente. Nos llama a nuestra propia Betel, a la Casa de Dios, a la asamblea de los creyentes, donde oímos su palabra leída, predicada, orada y cantada. No se cansa de decir: «Soy tu Padre... Soy tu Salvador... Te perdono... Te amo... Nunca te dejaré... Te bendeciré una y otra vez».

Para nosotros, como individuos, familias e Iglesias, es fácil y tentador saciar nuestras almas con la verborrea de aquella comida rápida y procesada de un mundo siempre deseoso de darnos la bienvenida a su mesa de mentiras. Por eso, el Señor nunca cesa de llamarnos a su propia mesa, llena de promesas vivificantes, donde se halla la carne de la esperanza, el pan de la fe, y el vino de la sabiduría.

Oh, prueba y ve que el Señor y su palabra son buenos —una, y otra, y otra vez—.

---

[6] *The Book of Concord*, 379.

Preguntas de discusión

1. ¿Qué ejemplos cotidianos podrían confirmar la veracidad de la máxima «La repetición es la madre del aprendizaje»? ¿Qué cosas han debido memorizar? ¿Recuerdan aún cosas aprendidas en la infancia?

2. Lean Génesis 35:1-15. Repasen los paralelos con textos bíblicos anteriores, vistos en este capítulo. ¿Cuál es el mensaje general que Dios comunica? ¿Por qué el Señor lo repite una y otra vez?

3. Lean Deuteronomio 6:6-9, Salmo 1:2, y porciones del Salmo 119, como los vv. 105-112. ¿Cómo resumirían el mensaje general de estos versículos, en relación con la Palabra de Dios?

4. ¿Cómo podemos incorporar a nuestras vidas más meditación, estudio y reflexión sobre la Palabra de Dios? ¿Cuál es el mensaje permanente que nos comunica la Palabra?

CAPÍTULO 24

Cunas y tumbas

Murió Raquel, y fue sepultada en el camino de Efrata.

Génesis 35:19

Sigo una cuenta de Instagram llamada «They Didn't Die» [«No murieron»]. Cada publicación muestra un obituario real en el que, en lugar de decir que un individuo «murió», se utiliza un eufemismo. Por ejemplo, René no murió, sino que «se fue a un gran viaje de pesca en las aguas eternas». O Tony, un mecánico, «Salió en dirección al taller por última vez». Otros contienen descripciones extrañas del final de la vida, como «se le escapó todo el aliento». Algunas son jocosas —por no mencionar teológicamente discutibles—, como cuando Marcelle «gritó BINGO por última vez» y «se ganó un viaje al cielo». Por muy creativos, extraños u oscuramente cómicos que sean los textos, lo que tienen en común es que evitan la «palabra con M». No murieron.

Sin embargo, por supuesto, murieron. Todos y cada uno de ellos. Podemos susurrar mil circunloquios —la propia Biblia puede decir eufemísticamente que alguien «está durmiendo con sus padres» (Gn 47:30)—, pero al final, el solo hecho de la M.U.E.R.T.E., mencionada o no, es la voz que se oye más fuerte. No hay micrófono tan ensordecedor como la tumba.

En Génesis 35 escuchamos tres fuertes declaraciones procedentes del micrófono de la mortalidad: las muertes de Débora, Raquel e Isaac. Y entremezclado con estos anuncios de la omega de la vida se halla el aviso de un niño pequeño que está teniendo su momento alfa en este mundo: ha nacido Benjamín. Tres soles se ponen y uno sale. ¿Cómo complementan estos relatos la historia de Jacob? ¿Y cómo hablan de nuestras propias vidas, vidas que también están salpicadas de cunas y tumbas?

La primera muerte mencionada en Génesis 35 es desconcertante. Aparentemente de la nada, entre la construcción del altar de Jacob en

Betel y el momento en que Dios se le aparece, se deja caer en el texto el siguiente obituario: «Débora, nodriza de Rebeca, murió y fue sepultada al pie de Betel, debajo de la encina. Esta fue llamada Alón Bacut [que en hebreo significa "encina del llanto"]» (Gn 35:8). ¿Por qué insertar aquí esta necrología? Y, teniendo en cuenta que ni siquiera se registran las muertes de las matriarcas Rebeca y Lea, ¿por qué merecía mención la muerte de una sierva?

A decir verdad, nadie lo sabe con certeza. Nahum Sarna sugiere que Débora, que había llegado de Mesopotamia con Rebeca hacía décadas, había sido «un símbolo viviente de esa conexión [mesopotámica]»[1]. Tal como Jacob «escondió» a los dioses extranjeros «debajo de la encina que estaba junto a Siquem» (35:4), ahora «sepulta» a la sierva extranjera «al pie de Betel, debajo de la encina» (35:8). Estos dos acontecimientos señalan, como explica Sarna, que los vínculos de Jacob con la tierra del exilio han quedado «final y decisivamente cortados»[2]. Victor Hamilton sugiere una razón algo más positiva: que así como el ciclo de relatos de Jacob comenzó con el nacimiento de dos personas (Esaú y Jacob), ahora esta unidad que cierra el ciclo de Jacob terminará con la muerte de dos personas, a saber, Débora y Raquel[3]. Nacimientos y muertes cierran así esta parte principal de la historia de Jacob.

Cualquiera sea el motivo de la mención de Débora, ¿no es este otro ejemplo de la tendencia de la Biblia a arrojar luz sobre quienes, de otro modo, permanecerían en la oscuridad del anonimato virtual? Cuando se nos habla por primera vez de la existencia de Débora, ni siquiera se nos dice su nombre; es simplemente una «nodriza» (Gn 24:59). Ahora, en esta segunda y última mención, descubrimos su nombre, se nos informa su muerte y oímos hablar del dolor que acompañó su partida de esta vida, un dolor tal que su tumba fue llamada «encina del llanto» (35:8). He aquí un ejemplo conmovedor de cómo las Escrituras nos ayudan a recordar a quienes fácilmente olvidamos.

La segunda muerte es la de Raquel, la amada de Jacob. Hace varios capítulos, comentamos que las primeras palabras registradas de Raquel hicieron referencia a hijos y muerte. Le dijo a Jacob: «Dame hijos, o si no, me muero» (30:1). Cuando finalmente el Señor abrió su vientre, y ella dio a luz un hijo, lo llamó Yosef («José»), jugando con el verbo hebreo *yasáf*, que significa «añadir» o «aumentar». Pues dijo: «Que el Señor me añada [*yosef*] otro hijo» (30:24). Ahora bien, cuando el Señor «añade» ese segundo hijo, las primeras palabras registradas rebotan con

---

[1] *Genesis*, The JPS Torah Commentary, 241.
[2] *Genesis*, The JPS Torah Commentary, 241.
[3] *The Book of Genesis: Chapters 18-50*, 379.

una oscura ironía, pues mientras lo da a luz, ella muere. «Cuando ella estaba en lo más duro del parto, la partera le dijo: "No temas, porque ahora tienes este otro hijo". Y cuando su alma partía (pues murió), lo llamó Benoni; pero su padre lo llamó Benjamín» (35:18). El nombre «Benoni» podría significar «hijo de mi vigor» o, más probablemente, «hijo de mi dolor». En cualquier caso, a Jacob obviamente no le gustó el nombre porque, pese a las últimas palabras de su esposa, cambió el nombre por Benjamín, que significa «hijo de la mano derecha» o «hijo del sur»[4]. Puesto que tanto José como Benjamín eran hijos de su esposa predilecta, ellos son también sus hijos predilectos. Y, como veremos pronto, tener hijos preferidos acarreará consecuencias largas y desastrosas para toda la familia.

La muerte de Raquel añade otro «marcador» a la vida de Jacob. La primera vez que él la vio fue cuando salió de Betel y llegó a Harán (Gn 29:9-10). Ahora, habiendo salido de Harán y llegado nuevamente a Betel, Jacob no verá más a Raquel. Su tumba quedará asociada para siempre al exilio. Generaciones más tarde, Jeremías representará a Raquel llorando por sus hijos, mientras las tribus del norte (que incluían a muchos descendientes directos de José) son llevadas al exilio por los asirios en el 722 a. C. (Jer 31:15). Mateo se hará eco de este lamento cuando, citando a Jeremías, aplique el llanto y el dolor de Raquel a la muerte de los «Santos Inocentes» de Belén, asesinados a instancias del desquiciado Herodes (Mt 1:16-18). Raquel se convierte así en un icono eterno del exilio y del lamento de los que sufren.

El tercer y último obituario se refiere al anciano Isaac (Gn 35:28-29). En algún momento después de su regreso, Jacob visitó a su padre en Hebrón (su madre, es de suponer, había muerto mientras Jacob estaba en el exilio). Es probable que este reencuentro entre padre e hijo se haya producido mucho antes del momento en que el relato lo registra. En la Biblia, los acontecimientos no siempre se presentan cronológicamente, una tendencia señalada por los rabinos con la frase *Ein mucdam umeukjar baTorá* (lit. «en la Torá no hay temprano ni tarde»). Es decir, no necesariamente hay una secuencia cronológica. El patriarca, que décadas antes había creído estar cerca de la muerte (*cf.* 27:2), vivió mucho más de lo que esperaba, llegando a los 180 años. «Expiró Isaac. Murió y fue reunido a su pueblo, anciano y lleno de días» (35:29). En un

[4] En el AT, la orientación siempre se enfoca en el este, de modo que la palabra hebrea para «derecha» [*yamín*] es también la palabra para «sur», y la palabra para «izquierda» [*semól*] significa también «norte».

conmovedor «Amén» fraternal a la vida de su padre, los dos hermanos, Esaú y Jacob, una vez rivales acérrimos pero ahora formalmente reconciliados, enterraron juntos a su padre en paz.

Este nacimiento y estas tres muertes son, para Jacob, símbolos de realidades más grandes que los individuos en sí. Habiendo muerto Isaac, Jacob es ahora *el* patriarca de Génesis. De manos de Isaac, ha recibido el testigo de la bendición que acabará poniendo en manos de su cuarto hijo, Judá. La promesa de la Simiente de Génesis 3:15, llevada una vez por Abraham y luego por Isaac, es ahora llevada al futuro por Jacob. Habiendo muerto [su] amada esposa Raquel, Jacob parece transferir su afecto a los hijos de ella, José y Benjamín. Y tal como su preferencia por Raquel en vez de Lea dio lugar a rivalidades conyugales, ahora su preferencia por los dos hijos de Raquel dará lugar a rivalidades entre hermanos. La muerte de Débora, aunque probablemente no tan importante para Jacob, marca el final de las conexiones mesopotámicas de la familia. En consonancia con ello, Benjamín, el único de los doce hijos que nació en Canaán, encarna *lo nuevo*. Una nueva tierra. Nuevos comienzos. Benjamín es el emblema posexílico de la Biblia. En ese sentido, este hijo tardío es semejante a su contraparte del Nuevo Testamento, Saulo, de la tribu de Benjamín, que también fue «uno nacido fuera de tiempo» (1Co 15:8; Ro 11:1).

Desde la perspectiva del mundo, los cristianos entienden las cosas completamente al revés en lo concerniente al nacimiento y la muerte. El mundo, por supuesto, vive de lo que ve con sus ojos y no de lo que sus oídos oyen en la palabra de Dios. Por lo tanto, ¿qué ve el mundo en el recién nacido? Un ejemplar casi perfecto de humanidad, pureza, y el comienzo de la vida. Y los cristianos, ¿qué vemos? Un hermoso don de Dios, sin duda, así como el comienzo de la vida terrena, pero vemos también lo invisible: un bebé que necesita salvación tanto como un niño pequeño, un adolescente o un octogenario. Nuestros ojos nunca podrían decírnoslo, pero las Escrituras afirman que este bebé, concebido por dos pecadores, ha heredado la misma naturaleza pecaminosa que sus padres, transmitida desde Adán. Por eso David dice de sí mismo —y de todos nosotros—: «Yo nací en iniquidad, y en pecado me concibió mi madre» (Sal 51:5). Los niños no pasan, en un momento indeterminado de su vida, de ser espiritualmente neutrales a ser positivamente pecadores. Por eso, el comienzo de la vida terrena de un niño es también el comienzo de su necesidad de la vida celestial de Cristo: su pureza, su perfección, su apellido. Por eso se los bautiza en ese nombre familiar, el «nombre del Padre y del Hijo y del Espíritu Santo» (Mt 28:19).

Debido a nuestro bautismo en el cuerpo vivo y vivificante de Jesús, la visión cristiana de la muerte es también radicalmente distinta de la del mundo. *Los discípulos de Jesús mueren mucho antes de morir*. Pablo lo expresa de esta manera: «¿O no saben ustedes que todos los que hemos sido bautizados en Cristo Jesús, hemos sido bautizados en Su muerte? Por tanto, hemos sido sepultados con Él por medio del bautismo para muerte, a fin de que como Cristo resucitó de entre los muertos por la gloria del Padre, así también nosotros andemos en novedad de vida» (Ro 6:3-4). En griego, la frase «sepultados con Él» es una sola palabra, *sundsápto*, que podríamos traducir como «cosepultados». Pablo la usa solamente dos veces: aquí y en Colosenses 2:12: «... habiendo sido sepultados con Él en el bautismo». Ambas veces, por tanto, el apóstol dice específicamente que el bautismo es la forma en que somos *sundsápto* o cosepultados con Jesús. En esta misma sección de Romanos, Pablo dirá también que somos *sustauróo* («cocrucificados») con Jesús y *suzáo* («covivimos») con él (6:6, 8). Así, por medio del bautismo entramos plenamente en Jesús; somos cocrucificados, cosepultados y corresucitados. El resultado final es que estamos «muertos para el pecado, pero vivos para Dios en Cristo Jesús» (6:11).

El bautismo es, por tanto, nuestra muerte mayor, nuestro entierro mayor y nuestro funeral mayor en la vida. Es «mayor» en dos sentidos. En primer lugar, por medio del bautismo el Padre se ocupa de todos nuestros problemas mayores: el pecado, la muerte, la vergüenza, la culpa, la separación y la condenación. En segundo lugar, el bautismo no nos hace ningún regalo menor, sino los regalos mayores de una nueva vida, una nueva paz, y una nueva esperanza, todo en Jesús nuestro Señor. Estamos «muertos para el pecado» porque hemos sido crucificados con Cristo en el bautismo, de modo que ya no somos nosotros los que vivimos, sino que es Cristo quien vive en nosotros (Gá 2:20; Ro 6:11).

Por lo tanto, nuestra muerte física, que parece ser el fin del mundo, es simplemente un portal menor a través del cual dejamos este mundo visible para estar con Cristo en el Paraíso, donde esperaremos «la resurrección de los muertos y la vida del mundo venidero» (credo niceno). Sí, morimos corporalmente, pero es solo una muerte menor. La muerte mayor ya la experimentamos, mucho antes, en la tumba del bautismo, empapados de Cristo. En esta muerte menor cerramos los ojos, y los abrimos para ver a Jesús, que nos sonríe llamándonos a su presencia.

Por esta razón, el NT se refiere frecuentemente a la muerte física de los discípulos como «dormir» (p. ej., Mt 27:52; Jn 11:11; 1Co 15:20).

Nuestros cuerpos están, por así decirlo, durmiendo en la tumba, esperando el toque de trompeta del Día Final, cuando Jesús despierte, resucite y glorifique nuestros cuerpos para que vivan en los cielos nuevos y la tierra nueva. Como una afirmación de esta esperanza, los cristianos, por mucho tiempo, se han referido al lugar donde entierran a sus muertos como «cementerio», que en griego es *koimētērion*, formado a partir del verbo *koimaō* («dormir»). Los cementerios son «lugares donde se duerme». El nombre mismo es una confesión de que Jesús no ha terminado con los cuerpos enterrados en este suelo sagrado. Habrá resurrección.

Como discípulos de un Rabí cuyos primeros seguidores, se dijo, «[trastornaron] al mundo» (Hch 17:6), nuestra confesión será casi siempre diametralmente opuesta a la del mundo. Para nosotros, la cuna contiene a un bebé que necesita la vida de Jesús, y la tumba contiene a un hijo de Dios que se halla plenamente en la vida de Jesús. Estamos más vivos después de la muerte que antes. Y entre la cuna y la tumba, ¡nuestra «meta en la vida» (por usar ese lenguaje) es perder la vida! «El que ha hallado su vida, la perderá; y el que ha perdido su vida por [...] causa [de Cristo], la hallará» (Mt 10:39). Perdemos la vida al sumergirnos en las aguas del bautismo, donde nos unimos a la vida de Jesús. Y seguimos perdiendo nuestras vidas a medida que, cada día, mediante la contrición y el arrepentimiento, ahogamos nuestras naturalezas pecaminosas para que nuestra nueva naturaleza en Cristo resucite y viva en la presencia de nuestro Padre como santa, justa y perdonada .

Quizás aquella cuenta de Instagram tenga algo de razón, al menos en lo que respecta a los cristianos. Con un guiño de esperanza en la resurrección, podemos decir, hablando de todos los hijos de Dios que han pasado de esta vida a la presencia de Jesús: no murieron.

Preguntas de discusión

1. ¿Cuáles son algunos de los eufemismos que utilizamos para referirnos a la muerte? ¿Por qué los utilizamos? Hablen de la fascinación que la humanidad siente por la muerte, así como de su miedo a la muerte.

2. Lean Génesis 35:16-29. ¿Quiénes son las tres personas que mueren en este capítulo y cuál es el bebé que nace? Hablen de la importancia de los cuatro en relación con la vida de Jacob.

3. Lean Salmo 51:5, Juan 3:6, Romanos 5:12 y Efesios 2:3. Hablando del nacimiento, ¿en qué se diferencia la visión cristiana de la visión del mundo? ¿Qué necesitan nuestros hijos de Cristo?

4. Lean Romanos 6:1-11. ¿Qué palabras con «co-» se utilizan en estos versículos? En relación con este pasaje, hablen de la siguiente declaración: «El bautismo es, por tanto, nuestra muerte mayor, nuestro entierro mayor y nuestro funeral mayor en la vida».

5. ¿De qué manera, entonces, debemos pensar —como discípulos— en el nacimiento y la muerte? ¿De qué forma el bautismo moldea nuestras vidas como seguidores de Jesús?

Parte 4

La vejez: Túnicas de colores y despedidas

CAPÍTULO 25

La túnica de muchas envidias

Israel amaba a José más que a todos sus hijos.

Génesis 37:3

Tim Keller lleva varias décadas predicando el evangelio en Nueva York. La congregación que él y su familia fundaron en 1989, Redeemer Presbyterian Church, se ha expandido a múltiples sedes a través de la ciudad. La influencia internacional de Keller llevó a *Christianity Today* a calificarlo de «pionero de los nuevos cristianos urbanos»[1].

Sin embargo, de no haber sido por una fascinante serie de acontecimientos imprevisibles, Tim Keller podría no haber acabado nunca en Nueva York.

Según cuenta el propio Keller, un profesor de seminario en particular lo animó a entrar en el ministerio presbiteriano. Este educador, un profesor visitante de Gran Bretaña, estuvo a punto de no llegar a la escuela de Keller ese semestre porque no pudo obtener su visado para viajar a Estados Unidos. Sin embargo, alguien del Departamento de Estado engrasó las ruedas para que el proceso de solicitud avanzara. Eso ocurrió solamente porque, en ese momento, en el seminario había un estudiante que tenía conexiones familiares con la Casa Blanca. Esas conexiones solo fueron posibles porque el presidente anterior se había visto obligado a dimitir en medio del escándalo Watergate. Y ese escándalo estalló solo porque un guardia de seguridad observó una puerta sin pestillo e investigó. Como escribe Keller: «Si esa puerta hubiera estado cerrada, y no se hubiera producido el escándalo, y no hubiera habido cambios en el gobierno, yo nunca habría estudiado con ese profesor»[2].

---

https://www.christianitytoday.com/ct/2006/may/1.36.html
Encounters with Jesus: Unexpected Answers to Life's Biggest Questions (Penguin Books: New York City, 2013), 184-185.

Una puerta sin pestillo inició una serie de acontecimientos al final de los cuales miles de personas de Nueva York escucharon el mensaje salvador de Jesucristo gracias a la predicación de Tim Keller. Tras contar esta historia, Keller pregunta a sus oyentes: «¿Se alegran de que la Iglesia Redeemer esté aquí?». Cuando ellos responden: «Sí», él añade: «Entonces Watergate ocurrió por ustedes»[3].

Esta historia moderna de la bondadosa providencia de nuestro Señor es una introducción adecuada a una antigua historia de la providencia divina: José en Egipto. Haciéndonos eco del ejemplo de Keller, podríamos haber preguntado a generaciones de israelitas: «¿Se alegran de que ocurriera el éxodo?». Y cuando ellos respondieran: «Sí», podríamos haberles dicho: «Entonces la traición de José ocurrió por ustedes». Si Jacob no le hubiera regalado a su hijo predilecto aquella famosa túnica; si este errado favoritismo paterno no hubiera alimentado la envidiosa ira de sus hermanos; si uno de ellos, Judá, no hubiera sugerido que vendieran a este soñador egomaníaco a comerciantes con destino a Egipto; si José no hubiera sido encadenado, tentado, incriminado, encarcelado, olvidado y, finalmente, exaltado a la posición de vicefaraón; y si Jacob y su familia, gracias a la capacidad que Dios le dio a José de interpretar sueños misteriosos, no hubieran acabado en Egipto para evitar morir de inanición, entonces el éxodo, el cruce del mar Rojo y todos los dones divinos de la redención no habrían tenido lugar.

En los próximos capítulos tendremos mucho tiempo para reflexionar sobre varios detalles de la providencia divina que se entretejen a lo largo de Génesis 37-50. Sin embargo, como en este libro todo gira en torno a la vida de Jacob, será en ella que nos mantendremos centrados en esta última sección, aunque sea tentador sumergirnos de cabeza en la profunda y rica piscina de la «historia de José». Dicha historia, sin embargo, merece ser tratada en un libro aparte[4].

De momento, estacionemos la narración por un instante y orientémonos. En nuestros dos últimos capítulos, analizamos diversos detalles relacionados con Génesis 35: la eliminación de los ídolos, la peregrinación a Betel, las palabras del Señor a Jacob, las muertes de Débora, Raquel e Isaac, y el nacimiento de Benjamín. Ese capítulo, en su conjunto, es una especie de «cajón para guardar de todo», lleno de un

[3] *Encounters with Jesus*, 185.

[4] Para profundizar en la historia de José desde una perspectiva académica, véase el reciente libro d Jeffrey Pulse *Figuring Resurrection: Joseph as a Death & Resurrection Figure in the Old Testamen & Second Temple Judaism*, Studies in Scripture & Biblical Theology (Bellingham, WA: Lexham Press 2021).

montón de cosas, muchas de las cuales le ponen un broche final a partes anteriores de la vida de Jacob. El capítulo siguiente, Génesis 36, no se trata de Jacob, sino que describe la descendencia de su hermano mellizo Esaú. Al situarse entre Génesis 35 (el final de la «Historia de Jacob») y Génesis 37 (el comienzo de la «Historia de José»), Génesis 36 actúa como una especie de interludio genealógico.

Cuando pisamos el umbral de esta última gran sección del Génesis, los capítulos 37-50, Jacob tiene unos 108 años. Morirá a los 147 (Gn 47:28). Utilizando como medida la esperanza de vida actual, Jacob es el equivalente de un hombre moderno de unos 50 años. Tiene doce hijos y una hija; una esposa viva (Lea) y otra muerta (Raquel); y, por lo que sabemos, sus coesposas, Bilha y Zilpa, aún están también con él.

¿Cuál es la situación de todos los hijos, en relación con su padre? Tras los sangrientos sucesos de Génesis 34, cuando Simeón y Leví mataron a los hombres de Siquem, esos dos hijos —nacidos en segundo y tercer lugar— quedaron en la lista negra de Jacob. Y su primogénito, Rubén, aseguró la *pérdida* de su herencia cuando «fue y se acostó con Bilha, concubina de su padre; e Israel lo supo» (35:22)[5]. Esto significa que, en la línea de sucesión para recibir la bendición paterna, el siguiente es Judá, el cuarto hijo de Jacob. Judá, sin embargo, tiene un gran punto en contra: su ascendencia materna. Es hijo de Lea, la esposa no amada, así que, pese al lugar que ocupa en la sucesión de posibles herederos, no es el favorito de papá. Ese lugar de honor pertenece a un adolescente apuesto y soñador llamado José, a quien «Israel amaba [...] más que a todos sus hijos, porque era para él el hijo de su vejez» (37:3)[6].

Habiendo Jacob crecido en un hogar en el que mamá y papá tenían favoritos (Rebeca amaba a Jacob e Isaac amaba a Esaú [Gn 25:28]), y habiendo sido testigo del caos que causaba ese trato preferencial, Jacob debería haber actuado mejor. Obviamente, sabía lo que debería haber hecho. Pero saber que X es malo y evitar hacer X no es uno de los mayores logros morales de un pecador. Nuestro problema, en general, no es que ignoramos los «debes y los deberías», sino nuestra negativa

---

[5] Probablemente sea mejor entender las acciones sexuales de Rubén como (1) un intento de asegurar su lugar como líder legítimo de la familia o (2) para desbancar a su padre de su liderazgo. En el mundo antiguo, tener relaciones sexuales con la concubina de un rey o líder era decir: «Ahora mando yo». Por eso el hijo de David, Absalón, al dar su golpe, se acostó públicamente con las concubinas de su padre (2S 16:20-23), y probablemente por eso el otro hijo de David, eda, pidió tímidamente que la antigua calentadora de camas de su padre, Abisag (1R 1:1-3), se convirtiera en su esposa (1R 2:13-25). Estas acciones, aunque de naturaleza sexual, tienen más que ver con la política y el poder que con la lujuria.

[6] La razón declarada del favoritismo de Jacob es extraña: «porque era [...] el hijo de su vejez». Si ese hubiera sido el único factor determinante, entonces su verdadero favorito no habría sido José, sino Benjamín, ya que no solo provenía de la misma esposa elegida (Raquel) sino que era también el último hijo nacido. Tal vez a José se le concedió un trato preferente por ser el primogénito de Raquel.

voluntaria a hacer lo que realmente sería mejor tanto para nosotros mismos como para todos los demás afectados. Asimismo, es un hecho común que los hijos crecen imitando los defectos y los fracasos de sus padres. Esto no siempre ocurre (¡gracias a Dios!), pero no hace falta ser un doctor en psicología para darse cuenta del inevitable impacto que, para bien o para mal, nuestros padres ejercen sobre nosotros cuando empezamos a intentar descifrar la vocación de criar a nuestros hijos.

Jacob, que parece no hacer nunca las cosas a medias, parece superar tanto a Isaac como a Rebeca en su forma concreta de mostrar favoritismo. No se limitó a pasar un poco más de tiempo jugando a la pelota con José en el parque, o llevándolo a pescar más fines de semana que a los otros chicos. No, básicamente, Jacob le colgó a José un letrero luminoso de neón que gritaba: «MI HIJO FAVORITO», para que todos lo vieran. Se trataba de la conocida «túnica de diversos colores» o, en hebreo, *ketónet passím*, traducida también como «túnica decorada» (R. Alter) o «túnica de mangas largas» (NBV)[7]. Jacob, que anteriormente se había vestido con la ropa de su hermano para ocultar la verdad, ahora vestía a su hijo con ropas que revelaban *demasiado claramente* la verdad. Y los hermanos de José, que ya estaban irritados con su hermano de diecisiete años por ser el pequeño soplón del padre (37:2), ahora estaban positivamente indignados: «Y sus hermanos vieron que su padre amaba más a José que a todos ellos; por eso lo odiaban y no podían hablarle amistosamente» (37:4). Es una nueva repetición del ciclo de Caín y Abel, Jacob y Esaú.

Si pensamos en Génesis 37-50 como una breve novela, tenemos una escena inicial fascinante. Un padre insensato, un hijo malcriado y el olor acre de un odio latente que podría estallar en llamas fratricidas en cualquier momento. Todos los ingredientes de una historia gótica están en juego. Que salga la espada. Que corra sangre. Que llegue el macabro final.

Pero no tan rápido. Sí, los actores de este relato son seres humanos estropeados, pero el autor de la narración es un Dios misericordioso. Los pecadores están haciendo lo que mejor saben hacer —arruinarlo todo— y Dios está haciendo lo que él hace mejor. Está tejiendo los acontecimientos —repletos de odio, horror y un vestigio de esperanza— para que el producto terminado sea una redención que jamás habríamos previsto.

---

[5] Como explico en otro lugar, «Una *ketónet* es una túnica larga. *Passím* es menos claro. Puede estar relacionado con pas ("la palma de la mano o la planta del pie"). Si es así, se trata de una túnica de manga larga que llega hasta los pies». *Misericordia sin velo: 365 devocionales diarios basados en ideas del hebreo del Antiguo Testamento* (Irvine, CA: 1517 Publishing, 2023), 49.

Cuántas veces, en mi propia vida, he actuado con egoísmo, he sido un padre estúpido, o simplemente he tomado una serie de decisiones colosalmente malas, y luego, al examinar las secuelas, he pensado: «Es imposible que de aquí salga algo bueno». Y cuántas veces he pronunciado ese mismo juicio al toparme con familias que lucen feroces y violentas; matrimonios que apestan a amor descompuesto; o Iglesias desgarradas por la existencia de bandos, demostraciones de poder o legalismo farisaico. El «hombre de poca fe» en mí evalúa estas situaciones y las declara insalvables. Ya no queda vida ni esperanza. Todo lo que tenemos aquí es una crisis existencial de proporciones infernales.

Sin embargo, ahí está Dios, que, con una sonrisa traviesa, me mira y me dice: «¿Ah, sí, Chad? Ocúltate y observa». Y algunas veces —algunas benditas veces— tengo el privilegio de ver cómo, en las grietas de la acera de la existencia humana, crecen flores radiantes. De la muerte fría y gris surgen cosas buenas y aun bellas. Esos «momentos de resurrección», si podemos llamarlos así, nos recuerdan continuamente que servimos al Dios que produjo todo un universo de la nada, un nuevo comienzo después de un diluvio cósmico, unos nuevos Adán y Eva —Abraham y Sara— a partir de la masa de la humanidad incrédula, y la redención de Jacob y su familia mediante una serie de acontecimientos desafortunados que culminaron con José sentado al lado del Faraón como salvador de Egipto.

¿Nos atrevemos, como discípulos de Cristo, a imaginar que por nosotros hará menos? Hará mucho más de lo que pensamos o podemos imaginar. Aunque la «túnica de diversos colores» de José fue un regalo torpe que provocó una hostilidad manifiesta, fue también una hebra del enmarañado relato que, al final, condujo a que José saliera de la cárcel para afeitarse y cambiarse de ropa antes de entrar a interpretar los sueños del rey de Egipto (Gn 41:14). Del mismo modo, más de un milenio después, un joven llamado Saulo, que cuidó las vestiduras de quienes apedrearon a Esteban (Hch 7:58), se convirtió en el apóstol que escribió: «Vístanse del Señor Jesucristo» (Ro 13:14).

Nunca subestimes la disposición y la capacidad de nuestro Señor para tomar cosas como traiciones, desastres y todo tipo de quebrantos, y sacar algo bueno de allí. Tal como en la Biblia, en nuestro andar como seguidores de Jesús, el verdadero autor del relato de nuestras vidas es un Dios misericordioso.

El que colgó desnudo de la cruz sabe un par de cosas sobre cómo tejer la brillante esperanza de la resurrección a partir de las sombrías hebras de una tarde de Viernes Santo.

Preguntas de discusión

1. Al pensar en su propia vida, ¿tienen alguna historia como la de Tim Keller en la que, en retrospectiva, hayan podido ver al Señor obrando providencialmente? ¿Qué cosas buenas pudieron ver surgir de las malas?

2. Lean Génesis 37:1-11. ¿Cómo repite Jacob los errores de sus padres? ¿Cómo hizo lo mismo su padre, Isaac, en relación con el error de su propio padre (Gn 12:10-20 y 26:1-11)? ¿Cuáles son algunos de los errores, pecados y fracasos que se repiten comúnmente y que aparecen en las familias generación tras generación? ¿Cómo se pueden romper estos patrones de pecado?

3. Lean Génesis 49:19-21 y Hechos 2:22-23. ¿Qué dicen estos versículos sobre el pecado humano y la planificación divina? ¿Qué nos enseñan sobre el cuidado providencial que Dios tiene de nosotros?

4. Hablen de la siguiente afirmación y aplíquenla a la vida del discipulado: «Nunca subestimes la disposición y la capacidad de nuestro Señor para tomar cosas como traiciones, desastres y todo tipo de quebrantos, y sacar algo bueno de allí. Tal como en la Biblia, en nuestro andar como seguidores de Jesús, el verdadero autor del relato de nuestras vidas es un Dios misericordioso». ¿Cómo «escribe» el Señor nuestras vidas?

CAPÍTULO 26

Niños prodigio y guardadores de la Palabra

Su padre reflexionaba sobre lo que se había dicho.

Génesis 37:11

Una de las mayores alegrías del estudio de las Escrituras es que, por muy hondo que cavemos, siempre se pueden encontrar más joyas, enterradas aquí o allá, a la espera de nuestra excavación interpretativa. En parte, esto se debe a que, como narradores magistrales, los autores bíblicos se ciñeron a la regla elemental de los escritores: «Mostrar, no contar». Dejan que los lectores hagamos nuestra parte completando todos los elementos que ellos solo trazaron tenuemente, o detectando sutiles juegos de palabras, dobles sentidos, prefiguraciones y cosas por el estilo. Los autores del Nuevo Testamento imitan a sus homólogos hebreos más antiguos en este aspecto. Lo vemos sobre todo en los Evangelios, donde, en los relatos sobre Jesús, se susurran temas e imágenes del AT a fin de que escuchemos con atención y sigamos el susurro del NT hasta el grito del AT.

Un ejemplo de lo anterior: el hábil retrato en que san Lucas representa a María como Jacob y a Jesús como José.

¿Recuerdas la ocasión en que María y José no podían encontrar a Jesús? Fue un acontecimiento digno de un titular: «Pareja de Nazaret pierde el rastro del Hijo de Dios durante tres días». El extravío concluyó cuando los angustiados padres finalmente lo localizaron en los atrios del templo. Allí, en la casa de su Padre, se estaba desenvolviendo como un niño prodigio rabínico, «sentado en medio de los maestros, escuchándolos y haciéndoles preguntas» (Lc 2:46).

Ahora presta mucha atención a lo que ocurre luego:

1. María reprende a Jesús: «Y Su madre le dijo: “Hijo, ¿por qué

nos has tratado de esta manera? Mira, Tu padre y yo te hemos estado buscando llenos de angustia"» (Lc 2:48).

2. Tras la respuesta de Jesús, se nos dice que «Su madre atesoraba todas estas cosas en su corazón» (2:51).

El verbo griego para «atesoraba» es *diateréo* y el sustantivo para «cosas» es *jréma*. Ahora, guarda esas dos palabras en tu bolsillo trasero y volvamos a Génesis 37:6, punto en el cual quedamos en nuestro último capítulo.

¿Qué está ocurriendo? José está a punto de relatar un sueño, y luego otro, a su padre y a sus hermanos. Esta dupla de sueños encaja con un patrón reconocible en la historia de José, donde las cosas ocurren rutinariamente de a dos: los dos sirvientes de Faraón sueñan; el propio rey tiene dos sueños; los hermanos viajan dos veces a Egipto; etc. En el sueño #1, hay un enfoque terrenal: gavillas en el campo (=hermanos) se inclinan ante otra gavilla (=José). En el sueño #2, hay un enfoque celestial: las estrellas (=hermanos), junto con el sol y la luna (=padres), se inclinan ante José. Tal como a veces, en las Escrituras, «el cielo y la tierra» son llamados para ser testigos de algo (p. ej., Is 1:2; Sal 50:4), aquí, lo celestial y lo terrenal afirman la verdad profética de lo que sucederá.

Los sueños del hermano menor no fueron bien recibidos por sus ya envidiosos hermanos —no es de extrañar—. Acabaron odiándolo «aun más» (37:8). Fíjate en el lenguaje preciso: lo odiaron «por causa de sus sueños y de sus palabras». Sus sueños, por sí solos, no fueron la causa de este odio acelerado, sino también «sus palabras». La razón es doble. José insistió en hablar de sus sueños en lugar de guardarlos para sí mismo.

Ahora, recordando lo que vimos en Lucas 2 con María y Jesús, observa lo que ocurre a continuación en Génesis:

1. «Su padre lo reprendió, y le dijo: "¿Qué es este sueño que has tenido? ¿Acaso yo, tu madre y tus hermanos vendremos a inclinarnos hasta el suelo ante ti?"» (37:10)[1].

2. «Sus hermanos le tenían envidia, pero su padre guardaba en mente el asunto» (37:11 RVA-2015).

---

[1] Los comentaristas han señalado desde hace tiempo que Raquel, la madre de José, llevaba mucho tiempo muerta (35:19), por lo que aquí hay una aparente incongruencia temporal. La explicación más probable es que la «madre» a la que se refirió Jacob era Lea, que se habría convertido en madrastra de José tras la muerte de Raquel.

Estas palabras se escribieron originalmente en hebreo, por supuesto, pero más tarde se tradujeron al griego en la Septuaginta, con la que Lucas habría estado familiarizado. El verbo griego que la Septuaginta utiliza para «guardaba en mente» es *diateréo* y el sustantivo para «el asunto» es *jréma*. Son las mismas palabras que vimos en Lucas 2. Dicho de otro modo, tanto Jacob como María *diateréo* («atesoraron» o «guardaron en mente») el *jréma* (las «cosas» o el «asunto») concerniente a sus respectivos hijos menores.

Esta alusión a Génesis en el Evangelio de Lucas es la forma en que el evangelista nos enseña a pegar nuestro oído al pergamino de la Biblia, y a escuchar los ecos y susurros que nos remiten a las Escrituras anteriores. Las dos escenas no son iguales, por supuesto, pero hay muchas similitudes que despiertan nuestro interés. Primero, tanto Jacob como María, disgustados por lo que sus hijos han dicho o hecho, los reprenden verbalmente. Segundo, los hijos están rodeados de quienes, aunque sean familiares o compatriotas, un día serán sus adversarios (en el caso de José, sus hermanos, y en el caso de Jesús, los maestros de la ley). Tercero, así como los sueños presagian la futura realeza de José, la precoz comprensión de Cristo presagia su sabiduría adulta. Cuarto, ambos hijos son vendidos o traicionados por unas pocas piezas de plata (Gn 37:28; Mt 26:15). Y quinto, tanto José como Jesús, luego de sufrir, ser traicionados y pasar tiempo en la fosa/tumba, se levantarán para ser los salvadores de su pueblo. Podríamos seguir trazando paralelos, pero estos pocos bastarán por ahora[2]. Estos temas compartidos, así como los vínculos lingüísticos de *diateréo* y *jréma*, nos animan a *leer la vida de José como semejante a la de Jesús, y la vida de Jesús como semejante a la de José*. Por esta razón, Martín Lutero, en sus clases sobre Génesis, llama a José «la imagen del Hijo de Dios»[3].

Resulta totalmente razonable pensar que, mientras Lucas investigaba para «[escribirle] ordenadamente» las cosas a Teófilo (Lc 1:3), se sentó con María y la entrevistó[4]. Al fin y al cabo, la madre de Jesús participaba activamente en la Iglesia primitiva (Hch 1:14). Y ¿quién mejor para contar la historia de los primeros años de la vida de Jesús? Me la imagino diciéndole a Lucas algo así: «Toda esa escena en el templo, cuando Jesús era un niño… no podía sacármela de la cabeza ni del corazón. Meditaba

---

Para más información sobre este tema, véase Jeffrey Pulse, *Figuring Resurrection.*

AE 6:385

Arthur A. Just Jr., comentando el hecho de que María «atesoraba» todas estas cosas, tanto en Lucas :51 como antes en 2:19, escribe: «Esto sugiere fuertemente que ella es una fuente de información istórica para el relato de la infancia en Lucas».

en ella. La atesoré como oro o como una piedra preciosa. Mientras veía a Jesús crecer, me quedaba despierta en la cama, por las noches, escuchando y repitiendo cada palabra, reviviendo cada momento, preguntándome cuál sería el significado de todo aquello. Solo después de que todo ocurrió, por supuesto, cuando murió y resucitó, empecé a entenderlo de verdad». Del mismo modo, muchos años después de que Jacob escuchara al joven José relatar sus sueños, cuando por fin el patriarca se reunió con su hijo adulto —al que había creído muerto todos esos años—, puedo imaginar al anciano Jacob recordando: «Ah, cuántas veces, en aquellos largos y oscuros años en los que estuve sin mi amado hijo, mi mente y mi corazón volvieron a esos dos sueños que tuvo siendo adolescente. Aun en mi dolor guardé y atesoré aquellos sueños extraños e inolvidables. Estaban clavados, en la pared de mi memoria, como retratos del pasado».

Lo que María y Jacob compartían era su reticencia a desprenderse de algo aunque no lo entendieran del todo. Sabían que era importante, y que valía la pena atesorarlo y meditar en ello. Con el tiempo, la niebla se disipó y vieron el mensaje con claridad. Pero eso llevó tiempo, un tiempo similar para ambos: veintiún años para María, y veintidós para Jacob[5]. Sin embargo, por más de dos décadas estos discípulos se aferraron al misterio. Atesoraron una palabra que no comprendían del todo.

Al hacerlo, María y Jacob nos recuerdan que, como seguidores de Jesús, nos aferramos a una palabra que no siempre entendemos o podemos entender. Y eso está 100 % bien. No me malinterpreten. No estoy hablando de pereza mental (Dios nos libre de más de eso). No me refiero a que, al entrar a la iglesia, debamos dejar el cerebro en el automóvil (como a veces los cristianos somos acusados de hacer). Lo que quiero decir es que, aun después de haber escuchado, leído, estudiado y luchado con algunas partes de las Escrituras y la teología; estudiado minuciosamente comentarios y tomos académicos; discutido el tema con amigos y eruditos; orado al respecto; y utilizado cada gramo de la razón y la educación que Dios nos ha dado para comprender su importancia, a veces terminamos diciendo: «Dios lo dijo. Dios lo hizo. Dios lo dio. Así que es importante. Y pienso que, quizás, solo un poco, capto su significado, pero siento que apenas lo he explorado superficialmente. No obstante, atesoro —y siempre atesoraré— esta palabra y acción divinas»

[5] Jesús tenía doce años en la escena del templo y unos treinta y tres cuando fue crucificado y resucitó. José tenía diecisiete años en la época de sus sueños (Gn 37:2). Se reunió con su padre cuando tenía treinta y nueve, pues Gn 41:46 le atribuye treinta cuando se convirtió en «vicefaraón», tras lo cual vinieron siete años de abundancia y dos de hambruna (*cf.* 45:6).

[6] *Letters to Malcolm, Chiefly on Prayer* (San Francisco: HarperOne, 2017), 141.

Hablando de la cena del Señor, C. S. Lewis escribió que la orden de Jesús «fue Tomen, coman; no Tomen, entiendan»[6]. El Señor nos dice: «Esto es mi cuerpo» (Mt 26:26). Empecé a luchar con el significado de esas cuatro palabras cuando tenía dieciocho años. Actualmente tengo cincuenta y uno y, hasta el día de hoy, siguen siendo un hermoso misterio para mí. El pan que como, en la mesa del Señor, no tiene aspecto de cuerpo humano en absoluto. Parece pan, y sabe a pan. Sin embargo, Jesús dijo claramente: «Esto es mi cuerpo». Así que me aferro a esas palabras. Las he leído en griego. He estudiado muchos libros sobre la cena del Señor. La he predicado, enseñado y recibido miles de veces. Pero ¿la entiendo? No. ¿La creo? Sí. Cuando comemos el pan, lo que comemos es el cuerpo de Jesús. No me pidan dar una explicación filosófica —y mucho menos científica— de cómo eso es posible. Simplemente lo es porque Jesús dijo que lo era. Es un misterio divino y bendito que yo recibo, pero no llego a comprender. Tomo y como; no tomo y entiendo.

Y este no es más que un ejemplo, entre muchos otros que podríamos poner. ¿De qué manera Jesús es divino y humano a la vez? ¿De qué manera Dios es tres personas que comparten una misma esencia? ¿Qué significa que el Señor ha predestinado a las personas para creer? ¿Qué significan todos los símbolos numéricos, animales, humanoides y astrales de Daniel y Apocalipsis? Oh, desde luego, puedo responder parcialmente a algunas de esas preguntas, como estoy seguro de que tú también puedes. Podemos entrar en detalles dogmáticos sobre la Trinidad, cristología y escatología. Pero aunque tú y yo podamos caminar discutiendo y debatiendo estos temas, enseñanzas y versículos, al final dejaremos la brillante luz del entendimiento, caminaremos por oscuros corredores de incertidumbre y finalmente entraremos en amplias habitaciones cubiertas de misterio, demasiado oscuras para ser vistas por la inteligencia humana. Allí nos detendremos y diremos simplemente: Amén.

Ser discípulos de Jesús significa atesorar sus palabras, aferrarse a su verdad, y vivir por fe en sus promesas, aun cuando, como María y Jacob, estemos confundidos. O carezcamos de certeza. Y luchemos con lo que todo esto significa. Quizás, dentro de veinte o treinta años, entenderemos algunas cosas, como lo hicieron María y Jacob. O quizás nunca lo hagamos.

Como sea, nuestra fe está puesta en un amoroso y bondadoso Señor del misterio que dijo: «Sígueme», no «Analízame».

Preguntas de discusión

1. Lean Génesis 37:11 y Lucas 2:41-52. ¿Qué relación hay entre estos dos relatos? ¿De qué manera estas conexiones nos instan a escuchar las Escrituras con más atención?

2. Ni Jacob ni María entendían totalmente lo que ocurría con sus hijos. Solo años más tarde se aclararon las palabras del Señor. Hablen de algo de la Palabra de Dios que antes no les quedaba claro, pero que se aclaró con el tiempo.

3. Comenten algunos ejemplos de relatos bíblicos, profecías o asuntos teológicos que todavía les resulten desconcertantes o misteriosos.

4. Lean 2 Pedro 3:14-16. ¿Qué dice Pedro sobre los escritos de Pablo? Cuando leemos, estudiamos y reflexionamos sobre la Biblia, ¿cómo abordamos los escritos que son «difíciles de entender»?

CAPÍTULO 27

Querido Señor, vete y déjame en paz

> [Jacob] rehusó ser consolado.
>
> Génesis 37:35

El poeta y empresario de pompas fúnebres Thomas Lynch abrió una morgue en Milford, Michigan, a principios de la década de 1970. En su colección de ensayos, *The Undertaking*, contrasta el entierro de personas ancianas con el de menores:

> Cuando enterramos a los viejos, enterramos un pasado conocido, un pasado que a veces imaginamos mejor de lo que fue, pero pasado, al fin y al cabo, del cual parcialmente alcanzamos a formar parte. El tema abrumador es el recuerdo, que finalmente provee consuelo. Pero cuando enterramos niños pequeños, enterramos el futuro, difícil de manejar y desconocido, lleno de promesas y posibilidades, y de resultados salpicados por nuestras esperanzas color de rosa. El dolor no tiene fronteras, límites, ni finales conocidos, y las pequeñas tumbas infantiles que bordean las esquinas y los cercados de todos los cementerios nunca son lo suficientemente grandes como para contener ese dolor. Algunas tristezas son permanentes. Los bebés muertos no nos dejan recuerdos. Nos dejan sueños[1].

Leí este libro cuando se publicó por primera vez, hace más de un cuarto de siglo. Yo era entonces un pastor novato. Sin formación en el sufrimiento. La frase «enterramos el futuro» se grabó en mi memoria porque, solo en un nivel intelectual, me pareció brillante y concisamente acertada.

Por desgracia, en aquel entonces realmente no tenía ni idea. No tenía ni idea de lo dolorosamente cierto que era. Un año después, cuando mi

---

[1] *The Undertaking: Life Studies from the Dismal Trade* (New York City: W. W. Norton and Company, 2009), 51.

mujer y yo perdimos a nuestro primer hijo nonato, y dos años más tarde, cuando perdimos a nuestro segundo hijo nonato, empecé a entender, en un nivel emocional más profundo, lo que Thomas Lynch quería decir. A medida que pasaban los años, y me sentaba con madres y padres en la penumbra de habitaciones amuebladas con cunas vacías, o escuchaba el silencio en torno a la mesa de la cocina de un feligrés la mañana en que la policía llamaba a la puerta trayendo noticias que lo cambiaban todo, «enterrar el futuro» parecía casi una máxima bíblica. He aquí un dolor sin «fronteras, límites, ni finales conocidos».

Tal fue la insondable pena en la que se hundió Jacob. Sus hijos mayores, que habían visto llegar a José, enviado por Jacob, hicieron un doble *carpe diem*, aprovechando no solo el día, sino también la ocasión de apoderarse del odiado «soñador» cuando este se presentó en el campamento (Gn 37:19). Le arrancaron la túnica, lo arrojaron como basura en un pozo sin agua, y luego, insensiblemente, se alimentaron mientras su hermano menor imploraba clemencia desde las entrañas de la tierra (42:21). Más tarde, al ver pasar a unos comerciantes madianitas, se convirtieron en geniales hombres de negocios. Vendieron su propia carne y sangre por «veinte monedas de plata», el precio de un esclavo (Lv 27:5). Y como proverbial guinda de este pastel de venganza satánicamente inspirado, los hermanos usaron las venas chorreantes de un macho cabrío sacrificado para teñir el manto de José. Transformaron la «túnica de diversos colores» de José en la «túnica del color de la violencia». Y, con fría malicia, dejaron caer la prenda manchada en el regazo de su padre, diciendo: «Encontramos esto. Te rogamos que lo examines para ver si es la túnica de tu hijo o no» (37:32).

Los hermanos no podrían haber llevado a cabo sus planes con mayor precisión. Cuando vieron venir a José desde lejos, dijeron: «Vengan, matémoslo y arrojémoslo a uno de los pozos; y *diremos: "Una fiera lo devoró"*. Entonces veremos en qué quedan sus sueños» (37:20; cursivas añadidas). Pero no tuvieron necesidad de decirlo; Jacob mismo pronunció las palabras. Cuando vio la túnica y reconoció que era la de José, dijo: «*Una fiera lo ha devorado*. Sin duda José ha sido despedazado» (37:33; cursivas añadidas).

En cierto modo, el padre tenía razón: José había sido despedazado. El verbo hebreo para despedazar, *taráf*, se utiliza en otros lugares para describir la manera en que la tribu de Benjamín, semejante a un lobo (Gn 49:27), y la tribu de Gad, semejante a un león (Dt 33:20), *taráf* su presa. Los patriarcas de estas tribus, junto con los demás hermanos, actuaron como bestias en lugar de actuar como hermanos. «*Taráf*-earon» a José, le destrozaron la vida y lo dejaron harapiento y desamparado. Y, como si eso no hubiera sido lo suficientemente bárbaro, también despedazaron el alma de su padre. Luego, rebosantes de hipocresía, «vinieron para consolar» —¡consolar!— a su afligido padre mientras este se vistió de cilicio y «estuvo de duelo [...] muchos días» (37:34-35). Me pregunto si aún tenían sangre de cabra bajo las uñas mientras acariciaban suavemente la espalda de su lloroso padre. Pero Jacob no aceptó el consuelo que le ofrecían. Estaba enterrando el futuro. Así que «rehusó ser consolado, y dijo: "Ciertamente enlutado bajaré al Seol[2] por causa de mi hijo"» (37:35).

Si estuviéramos leyendo Génesis por primera vez, podríamos preguntarnos si, en efecto, eso fue exactamente lo que Jacob hizo: bajar al Seol. Morir de pena. Porque, a medida que seguimos leyendo el libro, pasa mucho tiempo —cuatro capítulos, para ser exactos— sin que veamos a este padre afligido en la narración (37:35-42:1). Desde luego, por bastante tiempo él fue el actor principal en este escenario de la Torá. Leímos sobre su concepción y nacimiento, enfrentamientos y decepciones, exilios y regresos. Y ahora, cuando el dolor eclipsa su vida, sus lágrimas se convierten en torrentes y sus esperanzas se secan como las arenas del desierto, el narrador baja suavemente el telón por delante de este hombre destrozado.

Jacob lo necesitaba. ¿Has visto alguna vez una entrevista en la que el entrevistado comienza a sollozar desconsoladamente mientras relata algún recuerdo doloroso? Si la cámara permanece demasiado tiempo sobre la persona, me enfado. ¿Tú no? Me dan ganas de gritarle al televisor: «¡Santo cielo! ¡Muestren un poco de compasión! Quítenle esa cámara de encima y déjenla llorar en paz». En cierto modo, eso es lo que ocurre aquí. El director de la película de Génesis aleja la cámara de Jacob, enfocándola primero en Judá (en una escena bastante retorcida, solo para mayores, que implica «prostitución» entre suegro y nuera [Génesis 38]), y luego en José, en Egipto (39:1ss). Pero a Jacob lo deja solo, fuera de cámara. Lo deja llorar. Lo deja dolerse. Y, por un período indefinido, lo deja «rehusarse a ser consolado».

Esta obstinada negación a ser consolado me recuerda algo del audaz lenguaje de los salmos, especialmente los salmos de lamento, cuando los que oran le dicen al Señor (implícitamente, si no de manera explícita)

---

[2] «Seol» es una forma hebrea general de designar la tumba, ya sea en sentido literal o metafórico. Con frecuencia se refiere a un lugar de sufrimiento, tristeza, pérdida o desesperación.

que no están preparados para oír una palabra de consuelo. No todavía. Primero necesitan sacar algunos gritos de sus almas maltrechas. Necesitan bramar, cuestionar y berrear hasta que los mocos les corran por la cara y se desplomen como un montón de escombros emocionales exhaustos. Ese tipo de oraciones. De esas en que jadeas y lloriqueas a las 2 de la mañana, en el suelo del baño, tras haber vomitado porque las pérdidas de la vida te han dejado físicamente enfermo. A veces, lo mejor que logras hacer es adoptar una postura como la de Job, y decir: «Aparta de mí Tu mirada, para poder alegrarme antes de que me vaya de aquí y ya no exista» (Sal 39:13; *cf.* Job 10:20-21). Déjame en paz, Dios. Aparta tu mirada de mí. Mi futuro está sepultado y no estoy en absoluto preparado para que me hagas sentarme, me des palmaditas en la rodilla y, como un abuelo, me digas que todo irá bien. Porque nada va bien. Todo apesta. Es doloroso. Aléjate. Me niego a ser consolado.

Como recordarás, los amigos de Job solo actuaron bien mientras permanecieron allí sentados con los labios cosidos. «Entonces se sentaron en el suelo con él por siete días y siete noches sin que nadie le dijera una palabra, porque veían que su dolor era muy grande» (Job 2:13). Hay «Tiempo de callar, y tiempo de hablar» (Ec 3:7). Y a menudo el silencio constituye su propio lenguaje particular. La gramática del dolor puede ser elocuente cuando enmudece. ¡Ah, palabras, palabras, palabras! Irónicamente, el exceso de palabras puede hacernos sordos al discurso sanador del silencio. Del dejar ser. Del darnos tiempo. Del negarnos, por hoy, por mañana, o quizás por más tiempo, a ser consolados.

Vivimos en un mundo «Amazon Prime» en el que, con solo pulsar un botón de nuestro teléfono, llegan a nuestra puerta zapatillas de correr, filtros de café o un libro nuevo en 24 horas o menos. En muchos sentidos, eso está bien y es genial. Pero tiene un efecto secundario trágico: nos aclimatamos a la aceleración. Se nos enseña a pensar que toda la vida podría, o al menos debería, funcionar así. No es lo que sucede con nuestras almas. El duelo no se puede poner en el microondas. La curación del alma —del dolor, la vergüenza, la pérdida, la desesperación, los fragmentos arrasados de los sueños rotos— puede llevar meses, años o aun décadas. ¿Quién sabe cuánto tardará? Y casi siempre, esas heridas dejarán cicatrices como recordatorios icónicos de días oscuros que no se pueden deshacer.

Así que, ¿qué debemos hacer? Primero, aprendamos a sentirnos cómodos estando enfadados con Dios o decepcionados de él. Todos lo hemos estado, lo estamos o seguramente lo estaremos. Si piensas que eso está mal, cierra inmediatamente este libro y lee Job. Entero. Y fíjate en el decreto de Dios, al final, donde dice que, a diferencia de los amigos de Job, el sufriente —que gritó al cielo capítulo tras capítulo— había «hablado de [Dios] lo que es recto» (42:7). Luego, lee los Salmos. Todos. Y entonces hablaremos. Los discípulos no nos sentamos todo el tiempo alrededor de una fogata, tocando guitarra y alabando al dulce Jesús. A veces, gritamos: «¿Por qué? ¿Dónde estás? ¿Hasta cuándo? ¡Déjame en paz!» desde las cenizas de la desesperación.

Segundo —y esto va a sonar raro, pero escúchenme—, esperen en el pasado. Ya ha ocurrido algo que, en nuestros días más oscuros, no tenemos en cuenta. Jesús nos ha rastreado hasta nuestros oscuros y húmedos callejones de desesperanza, donde estamos acurrucados en posición fetal, y nos ha recogido para sostenernos allí. Por ahora, solo sentimos el hedor de la basura. Solo sentimos el hormigón implacable. Sin embargo, con el tiempo, de manera muy sutil, las cosas empezarán a cambiar. El pasado —la acción pasada de Jesús, su abrazo suave y sanador antes de que fuéramos conscientes de ello— se hará más palpable. Un día abriremos los ojos, y lo primero que vendrá a nuestra mente no será la muerte de nuestro hijo ocurrida hace cinco años, cuatro meses, dos semanas, seis días y una hora. En mitad del café de la mañana, sí, entonces nos acordaremos. Pero progreso es progreso. Curación es curación. Y, tomando cada vez más conciencia de ello, sentiremos que nuestra negación a ser consolados ha ido cediendo ligeramente.

Cristo está haciendo lo que Cristo hace: curar y ayudar. Y en realidad está haciendo más que eso. Está trabajando dentro de nosotros, con todo nuestro quebranto, miedo y dolor, para mostrarnos que siempre ha estado ahí. Tan cerca como nuestras heridas. Tan cerca como nuestras cicatrices. Y su presencia pasada, que hemos estado esperando, llegará desde el ayer al hoy de nuestras vidas para mostrarnos que, en él, la esperanza de mañana siempre amanece.

Preguntas de discusión

1. Lean Génesis 37:12-36. Repasen la historia de José con sus hermanos, fijándose en los detalles. ¿Odiaban todos los hermanos a José? ¿Qué le hicieron? ¿Qué le hicieron a su padre? ¿Cómo se podrían calificar las acciones de los hermanos? ¿Qué palabras vienen a la mente?

2. Repasen Génesis 37:35. Hablen de lo que significa «rehusarse a ser consolado». Analicen también por qué nuestra cultura parece tan empeñada en acelerar el proceso de duelo. ¿Por qué esto resulta tan contraproducente?

3. Lean algunos de los salmos de lamento, como el Salmo 13 o el 88. ¿Cómo caracterizarían el lenguaje de estas oraciones? ¿Qué clase de extraño consuelo se encuentra en ser tan crudo y honesto al orar?

4. Mientras sufrimos como discípulos, ¿qué significa para nosotros «esperar en el pasado»? ¿De qué manera nuestro Señor «Está trabajando dentro de nosotros, con todo nuestro quebranto, miedo y dolor, para mostrarnos que ha estado siempre ahí»?

CAPÍTULO 28

Jacob y Clint Eastwood

[Jacob] dijo a sus hijos: «¿Por qué se están mirando?».

Génesis 42:1

Casi encabezando mi lista de películas favoritas está *Gran Torino*. Al comenzar la película, conocemos a Walt Kowalski (interpretado por Clint Eastwood), un veterano de la guerra de Corea, jubilado de la industria automovilística y viejo cascarrabias. Ya conoces individuos así. Es la clase de sujeto que grita: «¡Fuera de mi jardín!». Con su expresión desdeñosa característica, Eastwood interpreta magistralmente el papel. Kowalski encarna al hombre que ha sido vencido por el calendario y declarado innecesario. Xenófobo. Amargado. Un hombre que se horroriza ante la audacia del cambio. Si has visto la película, ya conoces las alteraciones que, tanto interna como externamente, se apoderan de Kowalski a medida que avanza su historia. Sin embargo, al principio, cuando nos familiarizamos con el hombre, reconocemos rápidamente el rostro de alguien cuyos días felices han estado empolvándose desde hace tiempo.

Walt Kowalski, te presento a Jacob.

Jacob, te presento a Walt Kowalski.

Ustedes dos deberían llevarse bien.

Han pasado unos veinte años desde la última vez que oímos hablar de Jacob. En ese momento estaba llorando, cubierto de cilicio, y negándose a ser consolado porque suponía que José, su amado hijo, había sido atacado y despedazado por una bestia salvaje (Gn 37:33). La última palabra hebrea que salió de la boca de Jacob fue, muy adecuadamente, «Seol» (37:35).

¿Qué ha ocurrido en las últimas dos décadas de la vida de José? Mucho. Respira hondo y repasa esta lista de altibajos: fue llevado a

Egipto como esclavo, fue vendido a Potifar, resistió a las insinuaciones amorosas de la mujer de su jefe, esta mujer lo acusó falsamente de intento de violación, fue encarcelado, interpretó sueños, fue olvidado y luego recordado, fue presentado al Faraón como un excelente intérprete de sueños, ascendió hasta la poderosa mano derecha del rey, e implementó planes nacionales masivos en preparación para los siete futuros años de hambruna (Génesis 38-41). Vaya currículum, ¿verdad? Todos esos años en los que Jacob lo creyó muerto y desaparecido, José estaba, en realidad, siendo utilizado por Dios en preparación para salvar la vida de todos los demás. A menudo, nuestro Señor hace su mejor trabajo cuando suponemos que toda esperanza está perdida.

Y ¿qué ha ocurrido en las últimas dos décadas de la vida de Jacob? Ojalá lo supiéramos. Básicamente no se nos dice nada. Sin embargo, como señalamos en el capítulo anterior, quizás sea para mejor. Jacob necesitaba tiempo «fuera de cámara» para sufrir, llorar, quejarse, cuestionar, sentarse en silencio y, con suerte, ir progresivamente sanando. Sin embargo, dado lo que estamos a punto de ver, no sé si ha progresado mucho.

«¿Por qué se están mirando?» (42:1)[1]. Estas son las primeras palabras registradas de Jacob tras pasar veinte años sin hablar en Génesis. En mi imaginación, las oigo pronunciadas con la sorna de un Walt Kowalski. Se las dijo a sus hijos (excepto a Benjamín, a quien jamás habría hablado con tal brusquedad). La familia estaba viviendo tiempos difíciles porque la hambruna no se limitaba a Egipto, sino que «era severa en toda la tierra» (41:57). Sin embargo, el patriarca había «oído que [había] alimento en Egipto» (42:1). Es de suponer que no era el único miembro de la familia al tanto de esta información, por lo que sus palabras tienen un tono de «¿Qué les pasa, estúpidos? ¿Qué hacen aquí dando vueltas? ¡Vamos! ¡Largo! Empaquen ropa interior limpia, ensillen sus asnos y vayan a Egipto con las bolsas de la compra antes de que nuestras alacenas se vacíen por completo». Me pregunto si los hermanos vacilaban porque la mera mención del temido nombre «Egipto» hacía traquetear los huesos de José en el armario de sus recuerdos culpables (*cf.* Gn 42:21).

Sin embargo, venciendo las vacilaciones, respondieron al patriarca: «¡A la orden!». Se dirigieron al sur, tal como —también en busca de comida— generaciones antes el bisabuelo Abraham había viajado al país de las pirámides (Gn 12:10). Además, del mismo modo que Abraham se

---

[1] La forma verbal hebrea particular de «mirarse» (Hitpael de *raá*) es recíproca o reflexiva: no consiste solo en mirar, sino en mirarse mutuamente. Imagínate a los hermanos, mirando a izquierda y derecha, y escrutando los rostros de los demás, sin que nadie quiera actuar primero.

había acarreado un montón de problemas con los señores egipcios, también lo hicieron sus bisnietos. Solo que no terminaron mal con el rey, sino con su intérprete de sueños. Este llevaba el nombre egipcio de Zafnat Panea (Gn 41:45), pero nosotros lo conocemos mejor por su nombre hebreo: José.

Miremos telescópicamente los acontecimientos. Los hermanos, ignorando la verdadera identidad de José, se postran ante él, cumpliendo así su sueño de dos décadas antes. El hecho de que se postren ante él necesitados de grano para comer concuerda también a la perfección con el primer sueño, en el que se los representa como «gavillas» (Gn 37:7). José los señala como espías. Ellos alegan inocencia. José los interroga. Le cuentan todo sobre su familia —e incluso, en una ironía a lo «camino de Emaús», ¡le hablan *de* su hermano muerto *al* mismo hermano, que estaba vivo delante de ellos (Gn 42:13; Lc 24:19-21)!—. Finalmente, José los obliga a dejar como garantía a Simeón hasta que regresen trayendo a su «hermano menor» (es decir, Benjamín), al cual habían mencionado en la descripción de la familia (Gn 42:13-20). Luego se dirigen a casa, descubriendo en el camino que el dinero con el que habían comprado el grano había sido depositado de nuevo dentro de sus sacos de grano. El versículo 28 lo dice todo: «Se les sobresaltó el corazón». O, literalmente en hebreo, «se les salió el corazón». Podríamos decir que fue un momento infartante. Estaban muertos de miedo. Volviéndose unos a otros, exclamaron: «¿Qué es esto que Dios nos ha hecho?» (42:28).

Una vez en casa, después de que los hijos informan a Jacob lo sucedido, el anciano patriarca vuelve a hablar. Si antes había sonado rudo, ahora parece «la prima donna del dolor paterno», como lo describe Robert Alter[2]. Peor aun, básicamente acusa a sus hijos de matar a su(s) hermano(s). Dice: «A mí me han despojado. José ya no existe, y Simeón tampoco, ¡y a Benjamín se lo quieren llevar! Soy yo quien sobrelleva todo» (42:36; R. Alter). En hebreo, el «mí» está incrustado al principio de la frase de una manera inusual. «¡A *mí*!» Casi podemos ver a Jacob dándose un puñetazo en el pecho mientras escupe las palabras: «A *mí* me han herido. A *mí* me han despojado. *Yo* soy el que tiene que cargar con todo el dolor». La forma verbal hebrea de «despojar» tiene la connotación de matar[3]. Como dice Victor Hamilton: «[Al usar este verbo,] Jacob está tácitamente acusando a sus hijos del asesinato de José»[4]. Cuando Rubén intenta —totalmente en vano— hacer cambiar de

---

The Hebrew Bible, 1:166.
Piel de *shakál*.
The Book of Genesis: Chapters 18-50, 531, nota al pie 16.

opinión a su padre, este responde: «Mi hijo [Benjamín] no descenderá con ustedes. Pues su hermano ha muerto, y solo él me queda. Si algo malo le acontece en el viaje en que van, harán descender mis canas con dolor al Seol» (42:38). Esta afirmación es una completa bofetada en el rostro de sus otros hijos: «solo él [Benjamín] me queda». Los demás deben de estar pensando: «Vaya. Y nosotros, ¿qué somos, papá? ¿Hígado picado? ¿No somos nada para ti? ¿Solo porque tuvimos la mala suerte de no nacer de tu preciosa Raquel, sino de tus *otras tres esposas*, no podemos considerarnos hijos?».

Finalmente, cuando la familia ya no puede más, Jacob intenta que sus hijos hagan una segunda compra internacional. Esta vez suena mucho menos áspero: «Vuelvan allá y cómprennos un poco de alimento» (Gn 43:2). Sospecho que ya sabía lo que le responderían: «Lo lamentamos, pero no lo haremos a menos que el pequeño Benja nos acompañe». Judá se convierte en el portavoz de los hermanos, como lo será en el resto de la historia. Este también es el momento de redención de Judá, por así decirlo. Recuerda: ¿de quién fue la idea de vender a José como esclavo (37:26-27)? De Judá. Ahora, veinte años después, al hablar con su padre, se ofrece voluntariamente para proteger la vida del hermano de José, Benjamín: «Envía al muchacho conmigo. Nos levantaremos e iremos, para que vivamos y no perezcamos, tanto nosotros como tú y nuestros pequeños. Yo me haré responsable de él. De mi mano lo demandarás. Si yo no te lo vuelvo a traer y lo pongo delante de ti, que lleve yo la culpa para siempre delante de ti» (Gn 43:8-9).

No teniendo opción, la mano de Jacob se ve forzada. Tiene que ceder. Pero no se resigna a los acontecimientos posibles de manera estoica o aceptando lo que traiga el destino. No, primero actúa de manera práctica: envía a sus hijos de regreso a Egipto cargados de regalos para «aquel hombre» y devuelve la plata que habían encontrado en sus sacos de grano (43:11). En segundo lugar, actúa de manera implorante, diciendo: «Que el Dios Todopoderoso les conceda misericordia ante aquel hombre para que ponga en libertad a su otro hermano y a Benjamín. En cuanto a mí, si he de ser privado de mis hijos, que así sea» (43:14).

Sin que Jacob lo sepa, Dios lo tiene justo donde lo quiere: sin opciones. Es decir, sin más opción que (1) confiar no en sí mismo, sino en la *misericordia*, y (2) confiar no en sí mismo, sino en los *demás*. Estar en una situación así resulta muy inquietante no solo para Jacob, sino también para todos nosotros.

Uno de los muchos seudodioses de mi panteón personal es el Control. Es el hijo natural del Ego y del Miedo. Yo (Ego) temo (Miedo) lo que pueda ocurrir en mi vida, así que sujeto firmemente las riendas de mi existencia (Control). Los demás me defraudarán —me *han* defraudado—, así que yo mismo me ocuparé de las cosas. ¿Y confiar en la misericordia? Por favor. La misericordia puede ser un regalo del cielo, pero es aterradora. La misericordia implica que debo perder mi dios falso, Control, y confiar en el Dios verdadero, Jesucristo. La misericordia implica que *no soy suficiente.* Implica que soy inadecuado, mortal, y que carezco enormemente de preparación para todo lo que la vida me depare. La misericordia implica que necesito a otro. Que necesito a Cristo.

Sin embargo, el problema es el siguiente: ninguno de nosotros se coloca voluntariamente en situaciones en las que no tenemos opciones, y en las que debemos confiar en la misericordia divina y en lo que nuestro prójimo haga por nosotros. Estamos demasiado ocupados jugando a ser dioses en nuestras juveniles galaxias de autodeterminación. Así que, de maneras a veces pequeñas y a veces grandes, el Amo de la providencia nos coge por el pescuezo y nos deja caer allí. No podemos ir a Egipto, así que enviamos a nuestros hijos, incluyendo a nuestro amado Benjamín. No podemos manipular los acontecimientos en Egipto, así que oramos por misericordia y compasión. Estamos vacíos. No sabemos qué más hacer. Y de este modo nos encontramos precisamente en una situación propicia para la acción divina en nuestras vidas.

Allí esperamos, como Jacob. Cuando nuestros hijos se marchan, con Benjamín detrás, nos quedamos allí parados, solos. Nos llevamos la mano a los ojos, para protegerlos del sol, y forzamos la vista hasta que el horizonte se traga el último atisbo de sus figuras. No podemos enviar mensajes de texto ni hacer llamadas para saber cómo van las cosas. Estamos a oscuras. Todo lo que podemos hacer es esperar, tener esperanza y orar.

Es un lugar terrible para un discípulo. Y es un lugar bendito para un discípulo. Terrible, obviamente, porque no podemos guiar los acontecimientos o mover los hilos para conseguir lo que queremos. Ni siquiera podemos recibir información actualizada. Es un desgarrador recordatorio de que no estamos a cargo de este mundo, ni somos dueños de nuestro propio destino. Lejos de eso. Somos siervos de un Rey.

Pero también es un lugar bendito, por todas esas razones, y más. Dentro de nosotros se crea un vacío que el Espíritu de Dios comienza a llenar. Menos de mí, más de Dios. Menos control, más de Cristo. Nunca oro con más fervor que cuando me doy cuenta de que la persona más importante con la que necesito hablar es Jesús.

Y Jesús es todo oídos. Es todo misericordia. Jesús no es un gato que quiere tenernos como ratones a su merced. Es el amigo que ve lo que nosotros no podemos ver: que la misericordia es todo lo que tenemos. A cada momento. En todas las circunstancias de la vida. Cristo nos está revelando a nosotros, sus discípulos, que la misericordia es nuestro pan y bebida de cada día, y que nos la da generosamente, nos demos cuenta o no.

Por lo tanto, nos sentamos en la tierra con Jacob y fijamos la mirada en el horizonte. Nos ponemos bajo la mano poderosa y misericordiosa de un Dios compasivo. Esperamos. Con esperanza. Y confiamos en que, pase lo que pase, en realidad no estamos sentados solos. Jesús está a nuestro lado. Porque, si hay una verdad sobre Cristo que sabemos con toda certeza, es que el infierno y todos sus demonios no pueden apartarlo ni un milímetro de aquellos a quienes llama sus amigos.

Preguntas de discusión

1. Repasen todo lo que Dios hace con José en Génesis 38-41. Analicen esta afirmación: «Todos esos años en los que Jacob lo creyó muerto y desaparecido, José estaba, en realidad, siendo utilizado por Dios en preparación para salvar la vida de todos los demás. A menudo, nuestro Señor hace su mejor trabajo cuando suponemos que toda esperanza está perdida». ¿Cómo han comprobado que esto es cierto en sus propias vidas?

2. Lean los diálogos entre Jacob y sus hijos en Génesis 42:1-4 y 29-38. ¿Parece haber mejorado la relación entre Jacob y sus hijos durante la ausencia de José? ¿Por qué sí o por qué no? ¿Por qué las heridas entre los miembros de una familia suelen ser tan difíciles de curar?

3. Lean Génesis 43:1-14. ¿Cómo comienza Judá a «redimirse»? ¿Cómo ejemplifica este episodio la forma en que el Señor usa nuestros pecados pasados para guiarnos por sendas de justicia?

4. Comenten las reacciones de Jacob en Génesis 43:11-14. ¿Cómo actúa de manera práctica e implorante? ¿De qué manera nosotros, como discípulos, hacemos lo mismo? Den ejemplos.

5. Analicen de qué manera no tener el control, quedando a merced de Dios, es un lugar simultáneamente terrible y bendito. ¿Por qué el Señor nos pone en estas situaciones?

CAPÍTULO 29

La eucatástrofe de Jacob

> Entonces Israel dijo: «Basta. Mi hijo José vive todavía. Iré y lo veré antes que yo muera».
>
> Génesis 45:28

Me pregunto si, al escribir Hechos 12, Lucas lo hizo con un guiño cómico. La escena siempre me hace reír. La oscuridad cubre Jerusalén. Un hombre solitario pasea por las calles como si fuera un sonámbulo. Y, en cierto sentido, lo es. Es Pedro. El día anterior había sido arrestado, encarcelado y encadenado entre dos soldados para echarse un sueñito nada confortable. Sin embargo, esa noche aparece un ángel, las cadenas de Pedro caen y es escoltado hasta el exterior de la cárcel, sin saber si esto es real o si está experimentando una visión (Hch 12:9). Pero es indudablemente real. Pedro está en libertad.

Deambulando por las calles de Jerusalén, el apóstol llega a casa de María, madre de Marcos. Al interior se ha reunido la Iglesia, que intercede fervientemente ante Dios por él (12:5). Sus nudillos golpean la puerta. Una joven sirvienta llamada Rode sale en puntas de pie a investigar. Al oír la conocida voz de Pedro, queda extasiada, al punto de que, en lugar de descorrer el cerrojo y dejar entrar a Pedro, regresa al interior corriendo con la sorprendente noticia. «¡Es Pedro! ¡Es Pedro! ¡Es Pedro!». Pero todo el mundo piensa que ha perdido la cabeza. Pedro está en la cárcel, chiquilla loca. Adentro, Rode y los escépticos se enzarzan en «una pelea a gritos»[1] sobre si realmente es Pedro, o su ángel (lo que sea que eso signifique)[2], o si la criada está más loca que una cabra. Afuera, el

---

[1] *The NET Bible First Edition Notes*. Biblical Studies Press (Dallas, TX: Biblical Studies Press 2006), Hechos 12:15.

[2] «Su ángel» se refiere probablemente al ángel que velaba por él; su «ángel de la guarda», como a veces se los llama. Una expresión similar, «sus ángeles», se utiliza en Mateo 18:10, donde Jesús advierte: «Miren que no desprecien a uno de estos pequeñitos, porque les digo que sus ángeles en los cielos contemplan siempre el rostro de Mi Padre que está en los cielos».

pobre Pedro llama y llama, sin duda preguntándose a qué demonios se debe la tardanza.

Finalmente, cuando el grupo abre la puerta para asomarse y ver si realmente es Pedro, allí está, en toda su gloria liberada. Con la característica mesura bíblica, el texto dice que «lo vieron y se asombraron» (12:16). ¡De eso no hay la menor duda! Ahora, observa esto: la palabra griega para «se asombraron [*exístemi*]» es la misma que usaron los discípulos de Emaús cuando contaron que «algunas mujeres de entre nosotros nos asombraron [*exístemi*]» al informar de la resurrección de Jesús (Lc 24:22). Y asimismo, cuando el hebreo de Génesis se tradujo al griego en la Septuaginta, los eruditos, deliberando sobre la mejor palabra griega para describir la reacción de Jacob ante la noticia de que José seguía vivo, también eligieron *exístemi*: «Y [los hijos de Jacob] lo informaron diciendo: "Tu hijo José vive, y gobierna toda la tierra de Egipto". Y la mente de Jacob estaba desconcertada [*exístemi*], pues no les creía» (Gn 45:26)[3].

Nada hace arder la luz del asombro en el alma humana como encontrarte muy vivo a alguien que creías muerto (Jesús y José) o fuera de alcance (Pedro). De hecho, como vemos también en estos ejemplos, el primer informe de esta buena noticia sorprende a los oyentes como algo tan impresionante, tan contrario a todas sus expectativas, que no pueden creerlo. Podríamos decir que son alegremente incrédulos. En el caso de Jacob, «su corazón se detuvo, porque no les creía» (Gn 45:26; R. Alter). Irónicamente, ¡la buena noticia de que José seguía vivo casi mata al anciano! Lucas registra una reacción similar cuando Jesús se aparece repentinamente a sus discípulos el día de su resurrección: «… no lo creían a causa de la alegría y porque estaban asombrados» (24:41).

Jacob «no les creía» a sus hijos. Los discípulos «no lo creían a causa de la alegría». Todo era «demasiado bueno para ser verdad», pero en el mejor de los sentidos posibles.

Lo que todas estas personas estaban experimentando se capta mejor usando una deliciosa palabra acuñada por J. R. R. Tolkien: eucatástrofe. Esta se forma tomando la palabra «catástrofe» y anteponiéndole la palabra griega «*eu*», que significa «bueno/a» (como en eugenesia [buen origen] o euforia [buen sentimiento]). El propio Tolkien define una eucatástrofe en una historia como «el repentino giro feliz […] que te traspasa con un gozo que te hace llorar»[4]. Samuel P. Schuldheisz escribe

[3] Brannan, R., Penner, K. M., Loken, I., Aubrey, M., & Hoogendyk, I. (Eds.). *The Lexham English Septuagint* (Bellingham, WA: Lexham Press, 2012).
[4] J. R. R. Tolkien, *The Letters of J. R. R. Tolkien*, ed. Humphrey Carpenter (New York: Houghton Mifflin, 2000), 100.

que «la eucatástrofe, en una historia, es una buena catástrofe; es el giro sorpresivo que nunca ves venir o que menos esperas», como «cuando las águilas rescatan de los árboles a Bilbo y la compañía de enanos, en *El Hobbit*, o cuando las águilas libran a Frodo y Samsagaz de las llamas del Monte del Destino en *El señor de los anillos*»[5]. Cuando están a punto de caer los últimos granos del reloj de arena de la esperanza, cuando el trágico final se acerca, y repentinamente el reloj de arena se invierte, el agujero se tapa y no pueden caer más granos: eso es una eucatástrofe. Deja a la persona incrédula de alegría, llorando y riendo al mismo tiempo.

En Génesis 45, Jacob experimentó una especie de doble eucatástrofe, de la que hablaremos momentáneamente. En primer lugar, hagamos un balance de lo sucedido antes de esto. En nuestra última escena con Jacob, él está solo, viendo a los hijos que le quedan, especialmente Benjamín, desvanecerse en el horizonte mientras viajan a Egipto por segunda vez. En la mente de este padre, José había muerto hacía tiempo. Simeón podría haber muerto. Y ahora, forzado por circunstancias extremas, se ve obligado a enviar también a su hijo menor y favorito a un peligro mortal. Sus últimas palabras registradas, pronunciadas con una especie de resignación implorante, son: «Si he de ser privado de mis hijos, que así sea» (Gn 43:14).

Entre estas palabras y la siguiente vez que vemos a Jacob se desarrolla uno de los dramas más apasionantes de la Biblia. Escena tras escena, José hace que sus hermanos vacilen entre la confusión y la felicidad; la consternación y el terror absoluto. En un momento, este extraño egipcio les ofrece un festín en su casa y, al siguiente, los acusa de robo ritual por sustraerle su copa de adivinación de plata. Finalmente, tras una humilde y elocuente declaración de Judá, en la que se ofrece voluntariamente para renunciar a su propia vida y libertad a cambio de la de Benjamín, el egipcio Zafnat Panea se revela nada menos que como José el Hebreo (45:3).

Al principio, los hermanos están tan sorprendidos que se quedan con la boca abierta. Sin duda, mil preguntas diferentes pasan por sus mentes en un instante: ¿Es realmente José? ¿Cómo podemos saberlo? Y, si lo es, ¿somos hombres muertos caminando? ¿Tendrá piedad o se vengará? Y ¿cómo diablos logró nuestro hermano menor —si realmente es él— ascender por la escalera egipcia, de esclavo a virrey? Prudentemente, sin embargo, se quedaron allí, mudos como estatuas de piedra. José les hizo

[5] https://www.1517.org/articles/the-great-eucatastrophe

señas para que se acercaran. Avanzaron arrastrando los pies. Y luego, con palabras que probablemente había ensayado muchas veces en la soledad de su corazón, José les dijo toda la verdad. *¿Soy su hermano? Sí, soy José, el que ustedes vendieron como esclavo. ¿Estoy enojado con ustedes? No, y tampoco ustedes deberían estarlo con ustedes mismos. ¿Por qué estoy aquí, realmente? Porque Dios me envió aquí, para salvarlos a ustedes, a toda nuestra familia y a muchos otros. Así que es hora de que me traigan a nuestro padre, aquí, para que yo pueda cuidar de todos* (*cf.* Gn 45:4-13). Los versículos posteriores brillan con lágrimas alegres. Los hermanos se abrazan. Se besan. Lloran. «Bien está lo que bien acaba».

Ahora, volvamos a Jacob. Por supuesto, no tiene ni idea de todos estos alegres acontecimientos. Mientras sus hijos están en el séptimo cielo, él se halla en el fango del abatimiento. *Pero ¡espera! ¿Qué es eso, en el horizonte? ¿Carros? Sí. ¿Docenas de asnos? Eso parece. Y los hombres que los acompañan... me resultan familiares. ¿Es Judá... Leví... Dan? Sí, sí. Y ¡oh buen Dios del cielo, es Simeón! Está bien. ¡Es Benjamín! Está vivo. ¡Mis muchachos, mis muchachos están en casa, sanos y salvos!*

Bienvenidos a la Eucatástrofe #1. Jacob no solo recupera a sus hijos —incluido el que temía muerto—, sino que, maravilla de maravillas, vuelven a casa como si hubieran ganado la lotería egipcia. Como una especie de eco de lo sucedido cuando Abraham salió de Egipto (Gn 12:16-20), y un presagio de lo que sucederá cuando todo Israel salga del mismo lugar (Éx 12:35-36), José envía a sus hermanos a casa cargados de bienes, alimentos, carros, ropa, plata y ganado egipcios. ¡Qué conmoción debió de suponer todo esto para el viejo patriarca!

Sin embargo, no tenía ni idea —¿cómo podría tenerla?— de la conmoción mayor que estaba a punto de producirse.

Con solo nueve palabras hebreas, los hijos de Jacob echan por tierra lo que su padre había creído todos estos tristes y quebrantados años: «José vive todavía y es gobernante en toda la tierra de Egipto» (45:26). En mi mente, veo a los hermanos reunidos ante su padre. Este, con el ceño fruncido, observa los carros, los asnos y la riqueza. Mirando cada una de las caras, extiende las manos, con las palmas hacia arriba, haciendo el gesto internacional de «¿Qué demonios está pasando?». Y nótese que «le *informaron*» esas nueve sorprendentes palabras a su padre. No dice que «Judá le informó». Tampoco «Simeón le informó». Ni siquiera «Benjamín le informó». No, lo hicieron *ellos*. La unidad fraternal habló. Y si el corazón de Jacob no se detuvo temporalmente cuando escuchó: «José vive todavía», ciertamente lo hizo cuando escuchó: «y es gobernante en toda la tierra de Egipto».

Bienvenidos a la Eucatástrofe #2. Cuando los hijos empiezan a contar su historia de conmoción y sorpresa en Egipto, ampliando esas nueve palabras a novecientas frases coloridas y detalladas, «el espíritu de su padre Jacob revivió» (45:27). Su corazón empezó a latir otra vez. Una sonrisa brotó en aquel rostro arrugado. Y respirando hondo, dejando a un lado su alegre incredulidad, dijo: «Basta. Mi hijo José vive todavía. Iré y lo veré antes que yo muera» (45:28).

Cada año, a la llegada de la primavera, los niños y las niñas buscan huevos de Pascua y los santuarios se llenan de los colores y el aroma de los lirios blancos. Entonces recuerdo que, como seguidores de Jesús, vivimos bajo la luz inmarcesible de la mayor eucatástrofe que el mundo ha vivido y vivirá jamás. Hubo un hombre que fue más que un hombre. Y lo matamos. Fue el hombre más grande que jamás haya existido. Y lo matamos. Fue el hombre más amable, gentil, veraz, recto y compasivo que jamás haya existido. Y lo matamos. Las manos que curaban, las herimos. El rostro que brillaba, lo escupimos. El corazón que latía de amor, lo traspasamos. Hubo un hombre que era más que un hombre: era Dios. Y nosotros —tú y yo y toda la humanidad perdida y sin esperanza— lo matamos.

Envuelta en telas y depositada en una tumba prestada se hallaba la única oportunidad que nuestro mundo tenía de ser redimido y vivir. Y fuimos, todos juntos, y lo arruinamos todo.

O eso creíamos. Repentinamente, en la oscuridad más absoluta de un mundo que había fallado, comenzó a brillar un pequeño destello de luz. Un destello que se convirtió en llama. Una llama que se convirtió en un sol eterno. La roca que había sido hecha rodar contra la tumba comenzó a zumbar de emoción. La hierba empezó a danzar con la música del viento. Los ríos aplaudieron y las colinas se llenaron de júbilo. Porque fuera de aquella tumba se hallaba de pie un hombre que era más que un hombre. El hombre más grande que jamás haya existido. El hombre más amable, gentil, veraz, recto y compasivo que jamás haya existido. Sus manos volvieron a apretar. Su rostro sonrió. Su corazón latió. Este hombre que era más que un hombre —que era Dios en carne—, estaba vivo otra vez.

Y una de las primeras palabras que salió de su boca fue: «Paz» (Jn 20:19). No «Ustedes me mataron». No «Sucios y podridos pecadores». Sino «Paz». Jesús está vivo, y gobierna toda la tierra de este mundo anteriormente sombrío y desamparado. Y eso, amigos míos, cambia todo.

A medida que intentamos seguir a Jesús en nuestras vidas y vocaciones, su resurrección se convierte en el «pero» universal a cada hecho desgarrador de nuestra existencia.

—Cuando vemos cómo bajan a la tumba a nuestro querido padre, hijo o amigo, decimos: «*Pero* Cristo ha resucitado».

—Cuando vemos a nuestras familias o comunidades desgarradas y nos preguntamos si hay esperanza para el futuro, decimos: «*Pero* Cristo ha resucitado».

—Cuando nuestras Iglesias se hallan plagadas de escándalos, paralizadas por la desesperación, o reducidas a unos pocos fieles dispersos y canosos, decimos: «*Pero* Cristo ha resucitado».

—Cuando tropezamos y caemos, y nos levantamos solo para volver a tropezar, cojeando como discípulos mortales, débiles y cansados, decimos: «Pero Cristo ha resucitado».

Y debido a ese «pero», a esa refutación divina y gozosa, Juliana de Norwich tiene razón: «Todo irá bien, y todo irá bien, y todas las cosas, del tipo que sean, irán bien». Jesús está perfectamente vivo y reinando sobre nosotros como Rey de reyes y Señor de señores.

No es exagerado decir que eso marca toda la diferencia del mundo.

Preguntas de discusión

1. Analicen los acontecimientos de Génesis 43:15-45:24. ¿Qué habrán pensado los hermanos de José cuando este finalmente se reveló ante ellos? ¿De qué manera José interpreta teológicamente sus sufrimientos en 45:5-8?

2. ¿Qué es una eucatástrofe? ¿Cuáles son algunos ejemplos bíblicos o literarios de ello? ¿Han experimentado alguna vez un tipo de eucatástrofe en su propia vida?

3. Lean Génesis 45:25-28. ¿Cuáles son las dos eucatástrofes que Jacob experimenta en estos versículos? ¿Cómo se imaginan toda esta escena? Hablen de las reacciones y la respuesta de Jacob.

4. ¿Por qué la resurrección de Cristo es la mayor eucatástrofe que el mundo ha vivido y vivirá? Analicen de qué manera su resurrección se convierte en el «pero» universal a cada hecho desgarrador de nuestra existencia. Apliquen ese «pero» a ejemplos de nuestra vida como seguidores de Cristo.

CAPÍTULO 30

Voltear la página y mirar al miedo a la cara

«No temas descender a Egipto».

Génesis 46:3

A lo largo de estas páginas, hemos recorrido ciento treinta años de la vida de Jacob. Alguna vez fue relativamente joven y muy ambicioso. Un tipo audaz y determinado. Tomó algunas decisiones precipitadas y temerarias, como hacemos todos, y en más de una ocasión se metió en un buen lío. Sin embargo, desde hace muchos años, esa versión más joven de Jacob ha sufrido el tipo de alteraciones que todas las personas sufren cuando el tiempo las alcanza. El cabello se encanece. La piel se arruga. Las articulaciones hacen ruidos extraños cuando nos levantamos de la cama.

Además de todos esos golpecitos que nuestra naturaleza física nos da en el hombro recordándonos que no nos estamos volviendo más jóvenes, en nuestras vidas hay una mayor presencia del miedo, en todas sus variedades. Algunos de estos miedos son saludables, o al menos útiles. Envejecer aporta perspectiva, la perspectiva sabiduría, y la sabiduría miedo. Cuando ya has vivido unas cuantas décadas, por ejemplo, te das cuenta de que conducir por la autopista a 150 km/h, entrando y saliendo del tráfico solamente para llegar dos minutos antes, es una actividad que debería inspirarnos temor. Por un lado, es peligroso, y por otro, es una tontería. No eres Vin Diesel en *Fast & Furious*. Así que algunos miedos son buenos.

Sin embargo, otros miedos, en lugar de permitir una vida más segura y saludable, son debilitantes; no enriquecen nuestras vidas, sino que las empequeñecen. Miedo a cualquier tipo de cambio. Miedo a probar cosas nuevas. Miedo a viajar. Miedo incluso a salir de casa. Además, si eres padre (como yo lo soy) o abuelo (como yo también lo soy), sabrás que, independientemente de la edad que tengan tus hijos o nietos, también temes por su seguridad, bienestar y felicidad. Podríamos comparar todos estos miedos con el agua: cierta agua es saludable y sustenta nuestras vidas; otra es sucia y nos hace enfermar; y otra es salada y, si la consumimos, nos mata. No todos los miedos son iguales.

«No temas descender a Egipto» (Gn 46:3). Así dice el Señor al anciano Jacob. ¿Tenía realmente miedo? Aunque los eruditos están divididos en esto, yo intuyo que sí. Algunos escritos judíos antiguos ciertamente coinciden. Jubileos, por ejemplo, un texto del siglo II a. C. que vuelve a contar el Antiguo Testamento, dice que Jacob tenía tanto miedo de bajar a Egipto que estuvo a punto de rogarle a José que viniera a visitarlo a la tierra prometida (44:2-3). El historiador judío del siglo I d. C., Josefo, se hace eco de este sentimiento y lo amplía. Al escribir sobre este relato en *Antigüedades judías*, dice que Jacob temía que su familia se enamorara de Egipto y quisiera quedarse allí permanentemente, y temía que ir a Egipto pudiera ser contrario a la voluntad de Dios[1]. Después de todo, el Señor le había dicho expresamente a Isaac, padre de Jacob: «No desciendas a Egipto. Quédate en la tierra que Yo te diré» (Gn 26:2). Aunque Jacob deseaba desesperadamente ver a su hijo José, e incluso había cargado el camión de mudanzas e iniciado el viaje a Egipto (46:1), parece que, al llegar a Beerseba, en el borde sur de la tierra prometida, seguía teniendo dudas sobre si debía continuar.

Si Jacob hubiera podido coger un ejemplar de la Biblia en la librería local de Beerseba y leer los próximos capítulos de su vida, así como ver lo que se avecinaba para su pueblo, habría tenido motivos razonables para experimentar un aumento de la tensión arterial. Aunque en ese momento no lo sabe, se encuentra en una encrucijada importante de la historia bíblica. Como dice Nahum Sarna, «Con este relato [en Génesis 46], el período patriarcal de la historia de Israel llega a su fin»[2]. Soplan vientos de cambio. El último patriarca se desvanece rápidamente. Israel se hallará exiliado de la tierra santa por siglos. Su otrora «hogar lejos de casa» acabará por oprimirlos y esclavizarlos. Y durante todo ese tiempo, Dios permanecerá en silencio. No habrá teofanías. No habrá profetas. Nada excepto la palabra que una vez juró a Abraham: «Ten por cierto que tus descendientes serán extranjeros en una tierra que no es suya, donde serán esclavizados y oprimidos durante 400 años. Pero Yo también juzgaré a la nación a la cual servirán, y después saldrán de allí con grandes riquezas» (Gn 15:13-14). Aunque todavía estamos en Génesis, podríamos leer estos últimos capítulos como el prefacio del libro del Éxodo.

---

[1] Libro 2:170-171.
[2] *Genesis*, The JPS Torah Commentary, 312.

Cuando el Señor le dice a Jacob: «No temas descender a Egipto» (Gn 46:3), podríamos pensar: «¡Para ti es fácil decirlo, Dios!». El Señor no tiene nada ni a nadie que temer. Pero la lista de Israel es larga: exilio, vejez, muerte, sufrimiento, capataces, infanticidio, cadenas. Los horrores de Egipto son material de pesadillas, no de películas de Disney. Sin embargo, por supuesto, el Señor también es muy consciente de ello. Sabe que la existencia en un mundo plagado de peligros y penurias no es una utopía. Así que, como una especie de promesa preventiva, se aparece a Jacob, le dice palabras reconfortantes y establece los cimientos inamovibles de la esperanza para el patriarca —y para nosotros—.

> Y Dios habló a Israel en una visión nocturna, y dijo: «Jacob, Jacob». Y él respondió: «Aquí estoy». Y Él dijo: «Yo soy Dios, el Dios de tu padre; no temas descender a Egipto, porque allí te haré una gran nación. Yo descenderé contigo a Egipto, y ciertamente, Yo también te haré volver; y José cerrará tus ojos». (Génesis 46:2-4)

Detengámonos unos instantes y asimilemos estas palabras.

Una de las verdades que esta visita divina subraya es la constancia de la misericordia del Señor. Observamos aquí «una enfática recapitulación» de lo sucedido con los patriarcas anteriores[3]. Jacob ofreció sacrificios en Beerseba (46:1), probablemente en el mismo altar que su padre, Isaac, había construido y utilizado una generación antes (26:25). En aquella ocasión, el Señor le dijo a Isaac: «Yo soy el Dios de tu padre Abraham» (26:24), tal como ahora le dice a Jacob: «Yo soy Dios, el Dios de tu padre [Isaac]» (46:3). A Isaac, Dios le dijo: «No temas, porque Yo estoy contigo» (26:24), tal como ahora le dice a Jacob: «No temas descender a Egipto [...]. Yo descenderé contigo a Egipto» (46:3-4). Y, al igual que en otros momentos trascendentales de la Escritura, el Señor pronuncia dos veces el nombre del patriarca: «Jacob, Jacob» (46:2), tal como antes dijo: «Abraham, Abraham» (Gn 22:11), y en el futuro dirá: «Moisés, Moisés» (Éx 3:4); «Samuel, Samuel» (1S 3:10); y «Saulo, Saulo» (Hch 9:4). Al asegurarse de que este episodio «rime» con los otros, Dios está también afirmando su inquebrantable compromiso con Jacob y su descendencia.

Observa, asimismo, cómo el lenguaje de Dios emplea la primera persona. Al leer las Escrituras, siempre es una buena idea prestar mucha atención a quién realiza los verbos. Aquí, el triple sujeto es Dios: (1) «Te *haré* una gran nación»; (2) «Yo *descenderé* contigo a Egipto»; y (3) «*Yo*

---

[3] R. Alter, 181, nota al pie 3.

también te *haré* volver» (46:3-4; énfasis añadido). Yo, yo, yo. El orden cronológico está alterado, ya que primero el Señor debe descender con Jacob antes de convertirlo en una gran nación. Tal vez la promesa de «hacer grande» sea puesta al principio para resaltarla. En Egipto, no en Canaán, «los israelitas tuvieron muchos hijos y aumentaron mucho, y se multiplicaron y llegaron a ser poderosos en gran manera, y el país se llenó de ellos» (Éx 1:7). Además, «cuanto más [los egipcios] los oprimían, más se multiplicaban y más se extendían» (1:12). Contrariamente a lo que cabría esperar, en circunstancias difíciles, a Israel le fue bien. ¿Por qué? ¿Fue porque todos eran la versión antigua de David Goggins, que prosperaban y podían reírse en medio del dolor y la adversidad? No. Fue por el don de Dios. Él los convirtió en una gran nación. Cuanto más vacíos fueron quedando de sí mismos, más pudo hacer el Señor con ellos.

El propio Jacob, por supuesto, no viviría para ver cumplidas todas estas promesas. La mano de José cerraría los ojos de su padre cuando estos se oscurecieran en la muerte. Sin embargo, Jacob conoció el final de la historia estando aún en medio de ella. Dios le permitió escudriñar el último capítulo, por así decirlo, contándole lo que estaba por venir. Y lo que estaba por venir era el valle de sombra de sufrimiento y muerte que un día, por la gracia de Dios, desembocaría en un nuevo y brillante horizonte de libertad y luz. El exilio sería una tremenda cruz que su pueblo tendría que soportar, pero esa cruz terminaría cuando Israel saliera de su tumba egipcia para caminar hacia la tierra prometida.

Así es como deben abordarse los miedos de la gente. No minimizando la realidad del sufrimiento futuro. No haciendo promesas insípidas y genéricas como «Estoy seguro de que un día las cosas mejorarán» o «Aguanta, amigo». Más bien, Jesús nos pide que enfrentemos nuestros miedos basando nuestra esperanza futura en la realidad presente de sus promesas divinas. Cuando, como Jacob, vemos que pasaremos un tiempo en Egipto, o cuando el camino que nos espera luce ciertamente plagado de escollos, o la vida que conocemos está a punto de deslizarse hacia la dimensión desconocida de la incertidumbre, el Señor *no* nos dice que demos un salto de fe. Más bien nos pide que nos apoyemos en la roca sólida de sus promesas. Cristo no dice: «Simplemente confía en mí». Por el contrario, dice: «Confía en mí, *porque* yo soy tu Dios estaré contigo dondequiera que vayas; te bendeciré, y un día te sacaré de Egipto».

Como discípulos de Jesús, no nos enfrentamos a un futuro incierto. Es cierto que no sabemos lo que nos ocurrirá mañana, o la semana que viene o los próximos años. Tampoco sabemos cuándo ni cómo terminará nuestra vida terrenal. No somos profetas ni adivinos. Pero nuestro futuro dista mucho de ser incierto. Podemos abrir la Biblia en cualquier momento, y leer el último capítulo de la historia del mundo. Está justo allí, en Apocalipsis, escrito claramente. ¿Cuál es el mensaje? ¡El Cordero de Dios es victorioso! ¡Jesús gana! Y en Jesús, nosotros ganamos. Ya viene la resurrección. Todas las lágrimas serán enjugadas. Todo cáncer morirá. Todo abuso cesará. Todo el odio se acabará. No se trata de un deseo, ni de una buena suposición, ni de una predicción escatológica posible. Es un hecho divino, basado en que nuestro Señor Jesús resucitó de la tumba. Su victoria definitiva al final de los tiempos —victoria que es también *nuestra*— es tan sólida y cierta como la gloria de su carne resucitada.

Cuando los miedos empiezan a silbarme, a burlarse de mí, y a atraer mi voluble corazón para alejarlo de Cristo, a menudo respondo muy sencillamente con una oración de tres palabras: «Señor, ten piedad». Cuando yo o un ser querido estamos enfermos, «Señor, ten piedad». Cuando oigo que el pueblo de Dios es perseguido, «Señor, ten piedad». Cuando me veo empujado a situaciones incómodas, «Señor, ten piedad». Cuando pienso en el día de mi propia muerte, «Señor, ten piedad». No es una oración elocuente. No es florida. Pero me fundamenta en Jesús, el Rey resucitado, y me recuerda por qué todos los discípulos de Jesús pueden confiar en él: porque aquel en cuyas manos están el pasado, el presente y el futuro, es la misericordia encarnada.

Preguntas de discusión

1. ¿Hay miedos que sean más frecuentes en los jóvenes, y otros que lo sean en los mayores? ¿Son malos todos los miedos? Distingan entre miedos buenos, dañinos y mortales.

2. Lean Génesis 46:1-4. ¿Por qué el Señor aseguró a Jacob que no había nada que temer? Comparen la reiteración del nombre de Jacob (v. 2) con otras repeticiones de nombres en las Escrituras. ¿Qué le prometió exactamente el Señor a Jacob? ¿Por qué Jacob necesitaba este consuelo?

3. ¿Cómo y por qué tendemos a ignorar o a restar importancia a los miedos de la gente? Hablen de cómo Jesús nos manda enfrentar nuestros miedos apoyando nuestra esperanza futura en la realidad

presente de sus promesas divinas. ¿Qué tipo de promesas hizo el Señor a otros —como también a nosotros— al enfrentar miedos (Dt 31:6-8; Sal 23:1-6; Sal 91:1-16; Is 43:1-2)?

4. Como discípulos de Jesús, no estamos frente a un futuro incierto. Podemos abrir la Biblia en cualquier momento y leer el último capítulo de la historia del mundo. ¿De qué manera conocer el futuro nos ayuda en el presente mientras seguimos al Cordero de Dios?

CAPÍTULO 31

Los cristianos son discípulos israelitas

> Todas las personas de la casa de Jacob que vinieron a Egipto, eran setenta.
>
> Génesis 46:27

De los diversos trabajos que he tenido de adulto —desde techar casas hasta enseñar hebreo—, solo en uno he necesitado recurrir regularmente a mis estudios de matemática: cuando fui camionero en los yacimientos de petróleo y gas de Texas. Con bastante frecuencia, mi despachador en Turner Energy me enviaba a hacer un trasvase de petróleo. Este petróleo, que descansaba sobre aguas residuales, debía ser trasladado de un depósito a otro. Subía por la escalera hasta la parte superior del depósito, quitaba la tapa y hacía descender mi dispositivo de medición (básicamente, una cinta métrica elegante). Estaba recubierto de una pasta especial que adoptaba colores diferentes en el petróleo y en el agua, respectivamente. En función del tamaño del depósito y las profundidades respectivas de los dos líquidos, trabajaba utilizando la simple aritmética de sumar, restar, multiplicar y dividir. Distaba mucho de ser álgebra o trigonometría. Y si me equivocaba por unos pocos litros, no era un gran problema. En lo que a mí concernía, eso ya era muy bueno. Pidiendo disculpas al Sr. Bryant, mi profesor de álgebra en la secundaria, la precisión con los números nunca fue mi fuerte.

Esa es una de las razones por las que me gustan los números *bíblicos*: la precisión no importa tanto como la tipología. En Génesis 46, encontramos un ejemplo de esta tipología o simbolismo numérico en el tamaño de la extensa familia de Jacob. Al final de una larga genealogía, leemos: «Todas las personas de la casa de Jacob que vinieron a Egipto, eran setenta» (46:27). ¿Por qué setenta? ¿Qué simboliza o tipifica? Y cómo nos ayuda este número, de manera sorprendente, a comprender mejor nuestra identidad como discípulos de Jesús? Para llegar a esa respuesta, hagamos primero un repaso de las utilizaciones representativas del setenta en la Biblia.

En el mundo posterior al diluvio, en Génesis 10, los descendientes de los tres hijos de Noé son agrupados en setenta pueblos o familias (la llamada «Tabla de naciones»). Como señala James Jordan, «Aunque el número de naciones del mundo pronto superó las setenta, en la Biblia el número simbólico de las naciones sigue siendo setenta»[1]. Si siete es el número de la plenitud en la «pequeña escala», toma el siete, multiplícalo por diez (otro número de plenitud) y obtendrás setenta. Este número es «"tipológico"; es decir, se utiliza para un efecto retórico a fin de evocar la idea de totalidad, de exhaustividad a gran escala»[2]. Dado que el mundo se concibe como compuesto por setenta pueblos, este número representa a toda la raza humana.

Veamos ahora un par de ejemplos centrados en Israel. Mientras el pueblo de Dios acampaba en Sinaí, Dios le dijo a Moisés: «Sube hacia el Señor, tú y Aarón, Nadab y Abiú, y setenta de los ancianos de Israel, y adorarán desde lejos» (Éx 24:1). Así lo hicieron. «Y subió Moisés con Aarón, Nadab y Abiú, y setenta de los ancianos de Israel; y vieron al Dios de Israel» (24:9-10). Estos setenta ancianos eran el cuerpo representativo de los líderes de Israel (*cf.* Ez 8:1). Así, una vez más, el número setenta es tipológico de «totalidad» —en este caso, la totalidad de Israel—. Como tales, estos setenta ancianos encarnaban a cada individuo israelita que se presentaba ante el Señor.

En Números, el Señor le dice a Moisés: «Reúneme a setenta hombres de los ancianos de Israel, a quienes tú conozcas como los ancianos del pueblo y a sus oficiales, y tráelos a la tienda de reunión y que permanezcan allí contigo. Entonces descenderé y hablaré contigo allí, y tomaré del Espíritu que está sobre ti y lo pondré sobre ellos, y llevarán contigo la carga del pueblo para que no la lleves tú solo» (11:16-17). Cuando Moisés los reunió, «el Señor descendió en la nube y le habló; y tomó del Espíritu que estaba sobre él y lo colocó sobre los setenta ancianos. Y sucedió que cuando el Espíritu reposó sobre ellos, profetizaron» (11:25). También aquí el número setenta es tipológico; estos hombres llenos del Espíritu serán, por así decirlo, los pies y las piernas que sostendrán todo el cuerpo de Israel.

En el AT hay muchos otros usos del setenta (p. ej., setenta hijos [Jue 8:30; 2R 10:1] y setenta años [Jer 25:11; Dn 9:2, 24]), pero sigamos adelante

---

[1] *Through New Eyes: Developing a Biblical View of the World* (Eugene, OR: Wipf and Stock, 1999), 175.

[2] Nahum Sarna, *Genesis*, The JPS Torah Commentary, 69.

para investigar cómo este trasfondo hebreo influyó en el uso del setenta en el NT y en la tradición rabínica posterior. Luego volveremos a Génesis y la familia de setenta de Jacob.

El uso explícito del simbolismo del setenta en el NT se encuentra en el número de discípulos que Jesús envió en Lucas 10 para curar a los enfermos y proclamar el reino de Dios[3]. La elección que nuestro Señor hizo de doce apóstoles y estos setenta discípulos difícilmente podría ser casual. Los doce apóstoles corresponden a los doce patriarcas y a las doce tribus, ya que estos hombres, elegidos por Jesús, son el fundamento de Israel, que continúa y se amplía en la Iglesia. Del mismo modo, los setenta discípulos, que corresponden tanto a los setenta ancianos de Israel como a los setenta miembros de la familia de Israel que emigraron a Egipto, representan a Israel, bajo el Mesías, extendiendo el reino de Dios mediante la curación y la proclamación.

En Hechos 2, en el día de Pentecostés, encontramos una referencia implícita del NT a los setenta. Lucas escribe: «Había judíos que moraban en Jerusalén, hombres piadosos, procedentes de todas las naciones bajo el cielo» (2:5). La frase «todas las naciones bajo el cielo» es un eco casi exacto del lenguaje de Deuteronomio 2:25 y 4:19, ambos referidos a los pueblos del mundo. Como vimos en Génesis 10, «todas las naciones bajo el cielo» serían, en la imaginación tipológica de Israel, setenta naciones. En Hechos 2, puesto que los hombres piadosos de esas «setenta» naciones eran judíos residentes en Jerusalén, representaban al mundo entero, presente en Pentecostés. Tal como Dios dio su Espíritu a los setenta ancianos de Israel en Números 11, en Hechos 2 estos setenta «representantes del mundo», por así decirlo, fueron testigos de cómo Dios derramó el Espíritu sobre su Iglesia en Pentecostés.

Es probable que en el trasfondo de Lucas 10 y Hechos 2 se oculten también tradiciones judías que serían expresadas en escritos rabínicos posteriores al NT. En las paráfrasis arameas de la Biblia, conocidas como tárgumes, así como en los comentarios bíblicos judíos y en los escritos jurídicos, se solían utilizar frases como «las setenta naciones» y «las setenta lenguas». Era un tipo de taquigrafía bíblica y literaria que se refería a «la humanidad en su totalidad»[4].

Por lo tanto, unamos todo esto: en el AT, el NT y la literatura judía posterior, el número setenta representa tipológicamente a toda la humanidad y/o a todo Israel. Sin embargo, estos dos grupos no eran entidades completamente

---

[3] Puesto que algunos manuscritos griegos antiguos del NT tienen «setenta» y otros tienen «setenta y dos», las traducciones españolas diferirán en este punto.

[4] Nahum Sarna, *Genesis*, The JPS Torah Commentary, 69. Véase su nota 2 para una lista completa de referencias rabínicas.

separadas. Más bien, el pueblo elegido de Dios, como heredero de las promesas hechas a Adán sobre la Simiente venidera, era el «Adán colectivo» en un mundo caído[5]. En ellos serían bendecidas «todas las familias de la tierra» (Gn 12:3). *Podríamos decir que la «setentez» de Israel se convertiría en el epicentro de las bendiciones divinas que se extenderían a la «setentez» de todas las naciones, a todos aquellos que, por la fe, «son descendencia de Abraham, herederos según la promesa» (Gá 3:29).*

Con todos estos antecedentes bíblicos en mente, volvamos a Jacob y su familia mientras emprenden el viaje a Egipto. Judá, que se ha convertido en el líder no oficial de los hermanos, encabeza el grupo (Gn 46:28). Tras él van los hijos e hijas, nietos y nietas de Jacob[6], su ganado y todas sus propiedades. Como hemos visto, son setenta[7]. He aquí una imagen de la totalidad del pueblo de Dios, en marcha por este mundo, guiados por Judá, hacia un exilio del cual el Señor finalmente los redimirá.

Este grupo relativamente pequeño, cuyo origen se remonta a un hombre, que en su «setentez» es una especie de representante sacerdotal de la «setentez» de todo el pueblo, es un icono de la Iglesia. A la cabeza de ellos iba Judá; a la cabeza nuestra va el descendiente de Judá, Jesús el Mesías. A ellos se los llama Israel porque todos provenían del hombre Israel; a nosotros se nos llama cristianos porque todos nacimos de nuevo —desde arriba— en Cristo el Señor. Y nosotros, en la Iglesia, habiendo sido llenos del Espíritu de Dios en aquel Pentecostés «setentoso», somos ahora llevados por el Espíritu a todo el mundo para difundir la buena nueva de Jesús a las «setenta naciones».

Esto significa que nosotros mismos, los seguidores de Jesús el israelita, somos discípulos israelitas. Cuando el Mesías vino, no sustituyó a Israel por la Iglesia. Tampoco construyó la «casa de la Iglesia» al lado de la «casa de Israel». El pueblo de Dios no tiene una dirección postal judía en la calle de la Ley y otra dirección gentil en la calle del Evangelio. No, cualesquiera que hayan sido las barreras previamente existentes entre judíos

---

[5] Para un análisis más extenso del tema de Israel como el «Adán colectivo», véase el capítulo de G. K. Beale «The Redemptive-Historical Storyline of the Old Testament», en *A New Testament Biblical Theology: The Unfolding of the Old Testament in the New* (Grand Rapids: Baker Academic, 2011), especialmente pp. 83-88. También hablo de esto en *Cristo, la llave*, pp. 127-149.

[6] Dina es la única hija de Jacob que se nombra, pero la existencia de otras hijas es evidente en Génesis 34:9, 16 y 24.

[7] Los comentaristas señalan que no es fácil determinar exactamente cómo se llega al número setenta. Sí, el número total de descendientes de las matriarcas es setenta, pero José ya estaba en Egipto, y los hijos de Judá, Er y Onán, murieron antes de que la nación entrara a Egipto (38:6-10). Y ¿hay que contar o no al propio Jacob? Robert Alter señala con razón que las «acrobacias interpretativas» utilizadas para obtener exactamente setenta son erróneas: los números bíblicos son «aproximaciones simbólicas» y no «medidas aritméticamente precisas». *The Hebrew Bible*, Volume 1, Note 27, p. 183.

y gentiles, Jesús las ha «[derribado] en Su carne» para «crear en Él mismo de los dos [judío y gentil] un nuevo hombre, estableciendo así la paz, y para reconciliar con Dios a los dos en un cuerpo por medio de la cruz» (Ef 2:14-16). Cristo entró en la «casa de Israel» con un martillo, una sierra y una camioneta cargada de madera. Añadió habitaciones, niveles y alas. Hizo la «casa de Israel» más grande, cósmicamente más grande, para incluir a todos los judíos y gentiles que lo confesaran como Mesías. Como tales, los que somos gentiles nos convertimos en israelitas en el vientre del bautismo, miembros individuales del setenta israelita.

Esto también significa que nosotros, discípulos israelitas, podemos confesar cosas como: «Nuestro padre, Jacob, descendió a Egipto», o «nuestros padres fueron sacados a través del mar Rojo», o «nuestro padre, David, gobernó sobre Israel». En otras palabras, el AT es *nuestra* historia, no la historia de otra persona u otra religión.

Esta historia pertenece al Dios que usó a nuestra familia de setenta para preservar la promesa de la Simiente en Egipto. Utilizó a nuestra santa nación de setenta para interceder por las no santas setenta naciones del mundo. Y sigue utilizando a nuestra Iglesia —la Iglesia que es una, santa, cristiana, apostólica y «setentosa»— para testificar valientemente a todo el mundo.

Preguntas de discusión

1. ¿Cuáles son algunos de los números bíblicos que suelen tener un valor simbólico? Por ejemplo, ¿cómo se utiliza el número doce en el AT y el NT?

2. Lean Génesis 46:27; Éxodo 24:9-10; Números 11:16-25; y Lucas 10:1. ¿A qué grupos designa el número «setenta»? ¿Cuál es el simbolismo de este número?

3. Lean Génesis 12:3 y Gálatas 3:29. Hablen del significado de lo siguiente: Podríamos decir que la «setentez» de Israel se convertiría en el epicentro de las bendiciones divinas que se extenderían a la «setentez» de todas las naciones, a todos aquellos que, por la fe, «son descendencia de Abraham, herederos según la promesa».

4. A veces se introduce una cuña entre Israel y la Iglesia, como si fueran dos cuerpos diferentes de creyentes. ¿Cómo se describe su unión en este capítulo? ¿Cómo se describe esta unión en Efesios 2:11-22? ¿Qué significa que seamos discípulos israelitas? ¿Cómo nos ayuda esto a leer el AT como nuestro libro, como nuestra historia?

CAPÍTULO 32

Vivir en tiendas de fe

«Pocos y malos han sido los años de mi vida».

Génesis 47:9

A sus veintitrés años, mi hija ya tiene experiencia en viajar por el mundo. Entre 2017 y 2020, visitó o estudió en ocho países extranjeros: España, Francia, Suiza, Alemania, Argentina, Perú, Singapur y Tailandia. ¿Yo? A mis cincuenta y un años, voy muy por detrás de ella, aunque he viajado dos veces a Siberia y una a Canadá. Son diez países, entre padre e hija. Ambos hemos visto mucho más de lo que el 99,9 % de la gente habría soñado ver hace un siglo. Hoy hacemos algo que, antes del siglo XX, era impensable: nos levantamos de la cama en Texas o Utah, abordamos un enorme objeto volador y, en menos de 24 horas, apoyamos la cabeza en una almohada en Novosibirsk (Siberia) o Bangkok (Tailandia). Oímos a la gente hablar en lenguas que en generaciones anteriores solo eran objeto de leyendas lejanas. Si lo quisiera, podría flotar en el mar Muerto, sumergir mis pies en las azules aguas de las Maldivas o nadar en el Amazonas. Puedo levantar la vista hacia las pirámides egipcias o bajarla para contemplar los geoglifos de Nazca en el sur de Perú. Si tengo tiempo para viajar y algo de dinero extra para hacerlo, puedo beber profundamente de la belleza, el misterio y las maravillas de este mundo.

Para mí, eso es un regalo. Es una forma de experimentar la obra de nuestro Creador. Sin embargo, de un modo extraño, está también lleno de esperanza y peligro.

Está lleno de esperanza porque este mundo es la obra de un Padre sabio, benévolo y cuidadoso. Él es un amante de lo bello. Cuando creó los cielos y la tierra, no gruñó: «Bueno, supongo que con esto bastará». En lugar de eso, sonrió y cantó que aquellas cosas eran «buenas» y «muy buenas». Y esa es una noticia *buena* también para nosotros, porque esta creación, vieja como es, mostrando el desgaste de incontables generaciones, es también un presagio de la nueva creación venidera. «Vi un cielo nuevo y una tierra nueva, porque el primer cielo y la primera tierra pasaron», dice Juan (Ap 21:1). También Pedro se hace eco de ello cuando escribe que «según [la] promesa [de Dios], nosotros esperamos nuevos cielos y nueva tierra, en los cuales mora la justicia» (2P 3:13).

Tres veces he estado en el borde del Gran Cañón; cada vez me ha parecido tan surrealista que he quedado sin aliento. Sin embargo, pienso que, en la nueva creación, habrá cañones que harán que este gran cañón parezca apenas un pequeño hoyo en la tierra. Las montañas serán más altas, las aguas serán más claras, y la nieve será más blanca. Estoy usando mi imaginación, por supuesto, pero ¿cómo podría la nueva creación no ser infinitamente mejor que la vieja? Así pues, este mundo es un icono escatológico, es decir, una ventana al mundo mejor que vendrá. Como tal, nuestra vieja tierra está llena de la esperanza de la nueva tierra venidera. Por eso, cuando contemplamos la belleza, el misterio y las maravillas de este mundo, exclamamos: «¡Agradecido sea Dios!», y a la vez, con conocimiento, susurramos para nosotros mismos: «Pero aún no hemos visto nada».

Sin embargo, también está la otra cara de la moneda: este mundo está simultáneamente lleno de peligro. No me refiero a los peligros de la violencia humana, por muy reales que sean, ni a los peligros de incendios, inundaciones o huracanes. Me refiero al peligro de olvidar que, por muy maravilloso que sea este mundo, no es nuestro hogar. Realmente no lo es. Somos, en el lenguaje de Jacob, peregrinos. Extranjeros residentes. Forasteros. Como discípulos de Jesús, este es nuestro estatus permanente en este mundo.

Guardemos esa idea por un momento; regresaremos a ella y la ampliaremos. Antes, veamos qué ocurre con Jacob.

En el último capítulo vimos cómo Jacob y su familia de setenta personas iniciaron su viaje a la tierra del Faraón. Siglos más tarde, cuando el pueblo de Dios salga de Egipto, un Faraón de corazón duro preparará su carro para ir al encuentro de Israel y caer sobre él (Éx 14:6). Ahora, cuando el pueblo de Dios entra en Egipto, sucede lo contrario: la mano derecha del Faraón, José, «preparó su carro y subió a Gosén para ir al encuentro de su padre Israel. Apenas lo vio, se echó sobre su cuello y lloró largamente sobre su cuello» (Gn 46:29). La última vez que este padre vio a su hijo, el muchacho tenía unos diecisiete años (37:2). Han pasado más de dos décadas. El muchacho es ahora un hombre; es, de hecho, un poderoso gobernante y salvador de Egipto. Jacob tiene 130 años y morirá a los 147 (47:9, 28). Por lo tanto, es notablemente apropiado que José, habiendo estado diecisiete años con su padre antes de desaparecer, esté con su padre otros diecisiete años después de su reencuentro. La alegría de Jacob no coincidirá plenamente con «los días en que Dios lo afligió» (Sal 90:15), pero estará cerca. Esa larga y oscura noche de más de veinte años de aflicción retrocederá ante el sol naciente de otros diecisiete años, mucho más felices, con José.

Cuando los padres de Jesús lo llevaron siendo bebé al templo, un hombre llamado Simeón tomó al niño en sus brazos y cantó: «Ahora, Señor, permite que Tu siervo se vaya en paz, conforme a Tu palabra; porque mis ojos han visto Tu salvación la cual has preparado en presencia de todos los pueblos; luz de revelación a los gentiles, y gloria de Tu pueblo Israel» (Lc 2:29-32). A menudo conocido por su nombre en latín, *Nunc Dimittis* («Ahora dejas partir»), este cántico suena casi como la versión del NT de lo que Jacob dice cuando sostiene a José en sus brazos: «Ahora ya puedo morir, después que he visto tu rostro y sé que todavía vives» (Gn 46:30). Simeón pudo ir alegremente a la tumba sabiendo que el Mesías del Señor había llegado. Del mismo modo, Jacob, tras haber pensado por muchos años que su hijo había muerto, y que no volvería a ver su rostro, pudo sonreír ante la tumba, pues había vuelto a estar en presencia de José.

Ahora que José se había reunido con su familia —¡y qué sorpresa debió de ser ver cuánto había crecido esa familia en las últimas dos décadas!—, necesitaba ocuparse de algunos asuntos prácticos. Tierra y trabajo, para ser precisos. Así que eligió a cinco de sus hermanos, les dijo lo que debían decir al Faraón, y se los presentó al rey. El soberano de Egipto, con munificencia real, permitió que la familia de José viviera en la rica tierra de Gosén e incluso los puso a cargo de su ganado (47:6).

Luego le tocó al patriarca Jacob comparecer ante el rey:

> José trajo a su padre Jacob y lo presentó a Faraón. Jacob bendijo a Faraón. Y Faraón preguntó a Jacob: «¿Cuántos años tienes?». Entonces Jacob respondió a Faraón: «Los años de mi peregrinación son 130 años; pocos y malos han sido los años de mi vida, y no han alcanzado a los años que mis padres vivieron en los días de su peregrinación»[1]. Y Jacob bendijo a Faraón, y salió de su presencia. (47:7-10)

Jacob caracteriza sus 130 años como «pocos». Esto podría parecernos extraño, si no jocoso. Hoy, ni siquiera al hablar de alguien de sesenta o

---

[1] Jacob vivirá hasta los 147 años, lo que, por supuesto, son muchos años para nosotros. Sin embargo, su abuelo Abraham vivió 175 años (Gn 25:7), y su padre, Isaac, 180 años (35:28).

setenta años diríamos que ha vivido «pocos años». Sin embargo, en la cultura egipcia, la esperanza de vida ideal era de 110 —no por nada fue lo que vivió José (Gn 50:22)[2]—, de modo que, al desvalorizar su edad diciendo «solo» 130 años, Jacob pudo haber estado sutilmente demostrando su superioridad hebrea. Ciertamente no habría sido contrario a su naturaleza que, aun a su avanzada edad, siguiera compitiendo.

No obstante, dejando a un lado la palabra «pocos», observa de qué otra manera Jacob describe su vida: sus años han sido «malos [*rah*]» y como una «peregrinación [*magór*]». La palabra *rah* tiene un significado muy amplio, que incluye «malos, pobres, perjudiciales, duros, dolorosos, malvados», etc. Dado lo que sabemos de la vida de Jacob, su elección de *rah* probablemente significa que «lo ha pasado mal»[3]. Por supuesto, sabemos que gran parte de la responsabilidad de esta «vida dura» recaía directamente sobre los hombros del propio Jacob. En aquellas memorables palabras frecuentemente atribuidas (por error) a John Wayne: «La vida es dura; y más dura si eres estúpido». Y, siendo sinceros, aunque Jacob no era estúpido, tomó su porción de decisiones estúpidas. Aun si has estado leyendo este libro prestando atención a medias, puedes contar varias de esas decisiones. Y también hemos visto cómo, al estilo de Jacob, todos nosotros hemos tomado decisiones similares.

La descripción que Jacob hace de su vida como una «peregrinación [*magór*]» nos envía de regreso al comienzo de este capítulo. El patriarca ya había dado varias vueltas a la manzana. Sus pasos lo habían llevado desde el sur de Canaán hacia el norte, y hacia el este, hasta Mesopotamia, y luego de vuelta. Y ahora, incluso teniendo la cabeza llena de canas y el rostro lleno de arrugas, se veía obligado a desarraigar su vida una vez más e ir al sur y al oeste para trasplantar a toda su familia en Egipto. Cuando mi esposa Stacy y yo nos jubilemos, nuestro plan es comprar cinco hectáreas o más en el este de Texas, construir una cabaña de troncos y —si el Señor lo permite— permanecer allí mientras el buen Dios nos conceda vida y salud. Jacob no disponía de ese tiempo. Su correo siempre era enviado a la próxima ciudad. Tal como su padre Isaac y su abuelo Abraham, Jacob sabía todo sobre la *magor*, aquella vida de peregrinación sin raíces.

Escribiendo sobre estos antiguos creyentes, el predicador de Hebreos dice: «Por la fe [Abraham] habitó como extranjero en la tierra de la promesa como en tierra extraña, viviendo en tiendas como Isaac y Jacob

[2] Véase K. A. Kitchen, *On the Reliability of the Old Testament* (Grand Rapids: Eerdmans, 2006), 41
[3] Otras traducciones dicen «difíciles» (NVI), «desgraciados» (BLPH) y «arduos» (NTV).

coherederos de la misma promesa, porque esperaba la ciudad que tiene cimientos, cuyo arquitecto y constructor es Dios» (11:9-10). Esa ciudad construida por Dios es el «monte Sión y [...] la ciudad del Dios vivo, la Jerusalén celestial» (12:22). Es la ciudad del fin de los tiempos de la que ya somos ciudadanos, para la cual se nos concedió un pasaporte líquido en el bautismo. La visitamos cada día del Señor al reunirnos para el culto como cuerpo de Cristo, y luego nos dispersamos hacia nuestras diversas vocaciones como extranjeros residentes en este mundo hermoso, pero condenado y moribundo. Como nuestros antepasados, también nosotros vivimos en tiendas de fe en este mundo que es nuestro Egipto, nuestra Babilonia, nuestra Roma.

Así que aférrate poco a este mundo, estimado discípulo. Está plagado de peligros. Los cantos de sirena de religiones atractivas y poderosas resuenan desde todas las direcciones, pero especialmente en las cámaras de eco de nuestros propios corazones. Por supuesto, siempre ha sido así. Mucho antes de OnlyFans e Instagram existieron los espectáculos de estriptis en circos de mala muerte y la prostitución ritual en los santuarios cananeos. La religión del sexo siempre ha vendido. Las religiones del dinero, el nacionalismo y el poder, así como las aparentemente «buenas religiones» de la familia y el trabajo, nunca han pasado ni pasarán de moda, atrayendo a los corazones a una fe del tipo «Cristo + (inserta-aquí-tu-dios-preferido)». Como escribió una vez el teólogo ortodoxo Thomas Hopko: «No tengas expectativas, excepto la de ser ferozmente tentado hasta tu último aliento»[4].

Pedro, al describir gráficamente la manera en que este mundo actual se disolverá, los cielos arderán y los cuerpos celestes se derretirán para dar paso a los cielos nuevos y la tierra nueva, dice: «¡Qué clase de personas no deben ser ustedes en santa conducta y en piedad...!» (2P 3:11). Y utilizando este mismo lenguaje de «piedad [*eusébeia*]», dice antes en su carta: «Su divino poder nos ha concedido todo cuanto concierne a la vida y a la piedad [*eusébeia*], mediante el verdadero conocimiento de Aquel que nos llamó por Su gloria y excelencia. Por ellas Él nos ha concedido Sus preciosas y maravillosas promesas, a fin de que ustedes lleguen a ser partícipes de la naturaleza divina, habiendo escapado de la corrupción que hay en el mundo por causa de los malos deseos» (1:3-4).

Nuestro bondadoso Padre nos ha hecho «partícipes de la naturaleza divina», uniéndonos a sí mismo, mediante el cuerpo de su Hijo, en la

---

[4] Esta es una de sus famosas «55 máximas», que, hasta donde sé, no se encuentran en ninguno de sus escritos impresos. La lista completa puede consultarse en https://christthesavioroca.org/files/Hopko-55Maxims.pdf.

comunión del Espíritu Santo. Somos, de hecho y para siempre, hijos e hijas de Dios. No es una metáfora, es una realidad. Como dice Pedro, nos ha llamado a su propia gloria y excelencia. Nos ha concedido preciosas y maravillosas promesas. Somos una nueva creación en Cristo Jesús. Estamos en este mundo, sin duda, pero esperamos uno mejor.

Entretanto, oramos. Trabajamos. Damos testimonio. Amamos. Por supuesto, fallaremos —a veces gravemente—. Llevamos vidas de constante arrepentimiento y renovación por el Espíritu Santo, porque la santidad y la piedad, aunque son perfectas en Cristo, serán siempre imperfectas en nosotros.

Un día, al igual que Jacob, nosotros también estaremos delante de un rey. Pero no será el rey de Egipto, sino el del cielo y de la tierra; el Rey que está por encima de todos los reyes y que lleva el nombre más grande de todos. Aquel día, no será el momento de decir como Jacob: «Pocos y malos han sido los años de mi vida», ni aun «Muchos y grandes han sido los años de mi vida». Más bien, será el momento de que, como ciudadanos bautizados del reino de los cielos, levantemos la cabeza y oigamos a nuestro Rey decir: «Bien, siervo bueno y fiel» (Mt 25:21).

Bienvenido a casa. Tu peregrinación ha terminado.

Preguntas de discusión

1. ¿En qué sentido nuestro mundo está lleno tanto de esperanza como de peligro? ¿En qué sentido este mundo es un anticipo del que vendrá? ¿De qué maneras podemos apegarnos demasiado a este mundo viejo y moribundo?

2. Lean Génesis 46:28-47:10. ¿Qué semejanza hay entre la reunión de Jacob con José y el cántico de Simeón (Lc 2:29-32)? Comenten lo que Jacob le dijo a Faraón en Génesis 47:7-10. ¿Por qué calificó sus años de «pocos» y habló de su vida como «mala»?

3. Lean Hebreos 11:8-16; Romanos 12:2; Juan 15:18-21; 1 Pedro 2:9. ¿Cuál es el mensaje general de estos versículos sobre la relación de los cristianos con el mundo incrédulo? ¿Qué significa ser un extranjero residente?

4. Analicen cómo este pasaje define nuestras vidas como seguidores de Jesús: «Estamos en este mundo, sin duda, pero esperamos uno mejor. Entretanto, oramos. Trabajamos. Damos testimonio. Amamos.

Por supuesto, fallaremos —a veces gravemente—. Llevamos vidas de constante arrepentimiento y renovación por el Espíritu Santo, porque la santidad y la piedad, aunque son perfectas en Cristo, serán siempre imperfectas en nosotros».

CAPÍTULO 33

Jacob, el predicador del evangelio

> Entonces Jacob llamó a sus hijos, y dijo: «Reúnanse para que les haga saber lo que les ha de acontecer en los días venideros».
>
> Génesis 49:1

En el capítulo anterior estuvimos considerando Hebreos 11. El predicador recorre la historia del Antiguo Testamento, destacando a diversos individuos para describir cómo hicieron esto o aquello «por la fe». Por ejemplo, «Por la fe Abel ofreció a Dios un mejor sacrificio que Caín...» (11:4). Y «Por la fe Abraham, al ser llamado, obedeció, saliendo para un lugar que había de recibir como herencia...» (11:8). Además de estos dos individuos, en la lista del autor figuran Enoc, Sara, Isaac, José, Rahab y muchos otros. También Jacob hace su aparición.

Imaginemos por un momento. Supón que eres un buen amigo del autor de Hebreos (quienquiera que haya sido). Pasas por su barrio y te detienes para hacerle una breve visita. Delante de él tiene un pergamino desenrollado y está trabajando en este sermón[1]. Cuando le preguntas cómo va, te responde: «Va bien. Muy bien, gracias. Pero estoy en medio de una sección en la que hablo de nuestros antepasados. La forma en que vivieron por fe. Ya he cubierto Abel, Enoc, Noé, Abraham, Sara e Isaac. Ahora estoy deliberando sobre qué decir acerca de Jacob. Seré breve. Un versículo como máximo. ¿Qué opinas? ¿Qué episodio de su vida debería abordar y relacionarlo con la fe?».

Es una pregunta interesante, ¿verdad? Pues bien, ¿qué responderías? Tal vez: «Por la fe Jacob salió rumbo a Harán llevando solo un cayado en la mano». Eso funcionaría. O: «Por la fe Jacob luchó con Dios a orillas

---

[1] Como ha señalado Albert Vanhoye, la «Epístola a los Hebreos» no es una carta o epístola, sino un sermón. «Sería mejor llamarla una "Predicación sobre el sacerdocio de Cristo" o, más brevemente, "El sermón sacerdotal"». *Structure and Message of the Epistle to the Hebrews*, Subsidia Biblica 12 (Rome: Editrice Pontificio Instituto Biblico, 1989), 5.

del río Jaboc». Sin duda podrías decir eso también. O podrías describir cómo, por la fe, Jacob lloró por José, viajó a Egipto y habló con el Faraón. Quizás le sugeriste todas estas posibilidades a tu amigo escritor y predicador. Él escuchó cortésmente y luego respondió: «Gracias por las ideas». Y, sí, supongo que cualquiera de ellas o todas funcionarían. Pero ¿sabes qué? En realidad estoy pensando en centrarme en otra cosa».

Esa «otra cosa» es un detalle de la vida de Jacob que me atrevería a decir que ni tú ni yo habríamos adivinado jamás. No carece de importancia, pero difícilmente es *la cosa* de la vida de Jacob que nos llame la atención. ¿Qué es? En Hebreos 11:21 leemos lo siguiente: «Por la fe Jacob, al morir, bendijo a cada uno de los hijos de José, y adoró, apoyándose sobre el extremo de su bastón».

Es una elección curiosa, ¿verdad? ¿A qué se refiere exactamente el predicador? ¿Y qué tiene de significativo ese incidente? Echemos un vistazo a los últimos años de la vida de Jacob, especialmente en Génesis 47-49, para averiguarlo.

En los dos últimos capítulos hemos visto cómo Jacob y su familia llegaron a Egipto, cómo se reunieron padre e hijo, separados por tanto tiempo, y cómo el anciano patriarca se presentó ante el Faraón y lo bendijo. Se nos dan pocos detalles de lo ocurrido durante los siguientes diecisiete años. Sí sabemos que la familia de Israel vivió y prosperó en la buena tierra de Gosén, donde «adquirieron propiedades y fueron fecundos y se multiplicaron en gran manera» (Gn 47:27). Es de suponer que, durante esos años, José renovó su conexión con su familia, interrumpida desde hacía mucho, y presentó tanto a su esposa egipcia, Asenat, como a sus dos hijos, Manasés y Efraín, a sus parientes (41:45, 51-52).

Sin embargo, tenemos muchos detalles más sobre lo sucedido al final de esos diecisiete años. Fue el año de la muerte de Jacob. Dios le había concedido casi un siglo y medio de vida; 147 años, para ser exactos (47:28). Llamando a José, lo hizo jurar que no enterraría su cuerpo en Egipto. En lugar de ello, el patriarca le dijo: «Cuando duerma con mis padres, me llevarás de Egipto y me sepultarás en el sepulcro de ellos» (47:30). Una vez que José lo juró, «Israel se inclinó en adoración en la cabecera de la cama» (47:31).

Este último detalle es uno de los acontecimientos a los que se refiere Hebreos 11:21. En Génesis 47:31, el texto griego de la Septuaginta (seguido en Hebreos 11) dice que Jacob adoró «sobre el extremo de su bastón»[2] mientras que el texto hebreo dice que adoró «en la cabecera de

---

[2] *The Lexham English Septuagint.*

la cama». Dejando a un lado estas leves diferencias, entendemos lo que está diciendo[3]. Jacob está muriendo. Él lo sabe. Así que hace esta última petición. No quiere ser enterrado en tierra extranjera.

Pero en el contexto más amplio de Génesis, hay algo más que el simple deseo de un anciano moribundo que quiere que lo dejen descansar «en casa». En Génesis 48-49, tenemos dos relatos en los cuales Jacob pronuncia bendiciones. El patriarca asume el papel de profeta y predicador. Primero bendice a sus nietos, Manasés y Efraín (48:1-22), y luego a sus hijos (49:1-27). La bendición de sus nietos es el acontecimiento explícitamente aludido por el predicador cuando dice que Jacob, «al morir, bendijo a cada uno de los hijos de José» (Heb 11:21). Parece verosímil que el autor de Hebreos, aunque solo se refiera a la bendición de los nietos, haya tenido también en mente la bendición de los hijos de Jacob. Al fin y al cabo, los dos acontecimientos son temáticamente idénticos y aparecen uno detrás del otro en Génesis 48-49. De ser así, podríamos parafrasear Hebreos 11:21 en estos términos: «Por la fe, Jacob, durante el último año de su vida, inspirado por el Espíritu para ver lo que traería el futuro, bendijo a sus hijos y nietos inclinado en adoración sobre la punta de su cayado».

Aunque en este momento no queremos realizar un examen detallado de estos dos capítulos, hay dos detalles en los que queremos centrarnos. Primero, Jacob dirige nuestra atención al Hijo de Dios, llamándolo «Dios» y «Mensajero». Y segundo, ampliando este tema, Jacob nos dice de qué tribu nacerá el Hijo de Dios «en los días venideros» (Gn 49:1).

Cuando Jacob bendijo a sus nietos, Manasés y Efraín, cruzó las manos para dar la mayor bendición a Efraín, el menor, en vez de a Manasés, el primogénito. Al hacerlo, pronunció estas palabras:

> El Dios delante de quien anduvieron mis padres Abraham e Isaac,
> El Dios que ha sido mi pastor toda mi vida hasta este día,
> El ángel [hebreo: *malák*] que me ha rescatado de todo mal,
> Bendiga a estos muchachos;
> Y viva en ellos mi nombre,
> Y el nombre de mis padres Abraham e Isaac;
> Y crezcan para ser multitud en medio de la tierra.
> (Gn 48:15-16)

Téngase en cuenta que el texto hebreo original no estaba escrito con vocales, sino solo con onsonantes. Los sonidos vocálicos se proporcionaban oralmente cuando se leía el texto. El texto ebreo consonántico es *m-t-h*. Se puede vocalizar de dos maneras: como *mittá* («cama») o como *matté* «bastón»). Por tanto, cualquiera de las dos traducciones es posible.

Como he señalado en otro lugar, «ángel» es una traducción mal elegida y fácilmente engañosa del sustantivo hebreo *malák*, que significa «mensajero» —un mensajero humano, un mensajero angélico o un mensajero divino—[4]. En este caso, el *malák* es obviamente un Mensajero divino. El erudito judío Nahum Sarna señala que «el Dios» y «el mensajero» no se refieren a Dios *y a* un mensajero, *sino al Dios al que Jacob llama el mensajero*[5]. La gramática hebrea subraya que el Dios/Dios/Mensajero designan lo mismo, porque el verbo hebreo para «bendecir» (en la frase «Bendiga a estos muchachos») está en singular. Si Jacob se hubiera referido a Dios *y a* su mensajero (sujeto plural), el verbo también sería un plural gramatical.

¿Quién es este Mensajero divino que también se llama Dios? ¿Quién es aquel delante de quien anduvieron Abraham e Isaac? ¿Quién es este pastor que rescató a Jacob? ¿Quién es este que bendecirá a los nietos? Este Mensajero es el mismo Mensajero de Yahvé que se apareció a Agar (Génesis 16), que habló a Moisés desde la zarza ardiente (Éxodo 3), en quien está el nombre divino (Éxodo 23:21), y a quien la gente llama y que se llama a sí mismo Elohim (=Dios [p. ej., Éx 3:6]). Este Mensajero de Dios es el Hijo de Dios, que un día se encarnará como portador de la palabra del Padre para toda la humanidad.

Por lo tanto, casi al final de su vida, Jacob predica de Jesús. Nos proclama al Hijo de Dios. Mientras adoraba, el patriarca, por la fe, habló del Mesías divino, que es el Pastor y Redentor de Israel.

En segundo lugar, en Génesis 49, Jacob también especifica cuál de sus doce hijos continuará, en su árbol genealógico, la promesa de la Simiente-Mesías. Basándonos en lo que sabemos de Génesis 37-48, podríamos suponer que el candidato más probable sería José. Después de todo, es el hijo preferido de la esposa preferida de Jacob. Por su sabiduría, José libró a Egipto y a las naciones vecinas —incluida su propia familia— de morir de inanición. Como una figura de la realeza, la gente se arrodilla ante él. Y es bondadoso y magnánimo. Sin embargo, como es su hábito, el Señor no elige al candidato que esperamos. En lugar de José, es su hermano mayor, Judá, el que Dios designa, a través de Jacob, para ser el portador de la promesa continua de la Simiente.

El nombre de Judá en hebreo es *Yejudá*, que significa «él será alabado», formado a partir del verbo *yadá* («alabar»; Gn 29:35). Inspirándose en

[4] *Cristo, la llave*, 36.

[5] Sarna escribe: «La mayúscula [de Ángel] refleja el hecho de que la estructura paralelística de los versículos 15-16 sugiere fuertemente que "ángel" es aquí un epíteto de Dios». *Genesis*, The JPS Torah Commentary, 328.

esto, Jacob dice de su cuarto hijo: «A ti Judá, te alabarán [*yadá*] tus hermanos; tu mano estará en el cuello de tus enemigos; se inclinarán a ti los hijos de tu padre» (Gn 49:8). Dando origen a la posterior designación del Mesías como el «León de la tribu de Judá» (Ap 5:5), Jacob añade: «Cachorro de león es Judá; de la presa, hijo mío, has subido» (Gn 49:9). Destacando su liderazgo y la tribu de la que procederán David y el Hijo mesiánico de David, Jacob dice: «El cetro no se apartará de Judá, ni la vara de gobernante de entre sus pies, hasta que venga Siloh[6], y a él sea dada la obediencia de los pueblos» (49:10). Por último, imaginando las exuberantes bendiciones de su reino, Jacob dice de Judá: «Él ata a la vid su pollino, y a la mejor cepa el hijo de su asna; Él lava en vino sus vestiduras, y en la sangre de las uvas su manto. Sus ojos están apagados por el vino, y sus dientes blancos por la leche» (49:11-12). Esta descripción hiperbólica significa básicamente lo siguiente: «Tendrá tantos viñedos que podrá atar casualmente su asno a una vid y no le importará que el animal se coma las uvas. Tendrá tanto vino que será como el agua que usa para lavar su camisa». En resumen, la Simiente de Judá, el Mesías, será aclamado por otros, vencerá a sus enemigos, será rey sobre las naciones, y su reino será exuberante y generoso.

Volviendo a Hebreos 11, Jacob, en el año de su muerte, mientras adoraba, pronunció por la fe estas bendiciones sobre lo que vendría. Bendijo a cada uno de los hijos de José, y habló palabras proféticas sobre sus hijos y las tribus de las que eran patriarcas. Al principio de Génesis 49, leemos que el patriarca profetizó lo que acontecería «en los días venideros» (49:1). La Septuaginta tradujo «en los días venideros» como «en los últimos días»[7], frase prácticamente idéntica a la utilizada al inicio de Hebreos: «*[E]n estos últimos días* nos ha hablado por Su Hijo» (Heb 1:1; cursivas añadidas). En los «últimos días» del propio Jacob, habló de los «últimos días» venideros, cuando el Mesías, el Mensajero del Padre, sería el portavoz escogido de Dios.

El viejo Jacob se convirtió en predicador del evangelio. Imagínatelo. Al pensar en él, no es la primera imagen —ni la segunda, ni la tercera, ni la cuarta— que viene a nuestra mente. Sin embargo, tras una larga vida, llena de altibajos, engaños y muertes, acabó de la mejor manera posible: hablando, por la fe, de Jesús. Supongo que, al destacar este singular incidente de la vida

---

[6] Las palabras «hasta que venga Siloh» son una cláusula notoriamente difícil de traducir e interpretar. No es sorprendente que haya generado innumerables explicaciones por parte de comentaristas judíos y cristianos a lo largo de los siglos. Ciertas traducciones, como la NBLA o la Reina Valera, entienden *siloh* como un nombre propio, Siloh, que podría referirse a una persona (es decir, el Mesías) o a una ciudad (p. ej., Jos 18:1). Sin embargo, su significado desconocido no reduce el tema monárquico general del versículo: el descendiente de Judá ostentará el bastón de mando o cetro.

[7] *The Lexham English Septuagint.*

de Jacob, el autor de Hebreos, en efecto, eligió sabiamente. ¿Qué mejor manera de ser recordado como un ejemplo de fe?

Hace varios años, alguien me habló de un pastor que murió en el púlpito, mientras predicaba el evangelio, el día de la Pascua. No se me ocurre una mejor manera de decir adiós a este mundo y ser llevado por los ángeles hasta la presencia de Cristo. Imagina tener estas palabras en tu lápida: «Murió mientras predicaba el evangelio». Lo importante no es tanto la acción en sí, sino aquel cuyo nombre, vida y ministerio salvador están en nuestros labios.

Si alguien me recuerda, espero que se diga de mí: «Ese Chad, ciertamente hablaba mucho de Jesús». Que mis enemigos se alegren de mi muerte y se quejen de mí, diciendo: «Todo el maldito tiempo, lo único que hablaba, enseñaba, predicaba y escribía era Cristo esto y Cristo aquello». Ser discípulos se trata de darle siempre el primer lugar a lo primero. Y no hay un primero más grande que aquel que es el verdadero Alfa. Cristo primero, Cristo siempre. «Buscar primero el reino de Dios y su justicia» es buscar a Jesús (Mt 6:33). Proponerse no «saber [nada] excepto a Jesucristo, y Este crucificado» es darle a él, a sus heridas y a su vida salvadora la preeminencia en todo (1Co 2:2). Vivir por la fe es morir y resucitar en Jesús, de modo que ya no somos nosotros los que vivimos, sino que es Cristo quien vive en nosotros. La vida que ahora vivimos en la carne, la vivimos por la fe en el Hijo de Dios, quien nos amó y se entregó a sí mismo por nosotros (Gá 2:20).

La mayor parte del tiempo, Jacob no fue un gran discípulo modelo al que podríamos emular. Sin embargo, en su lecho de muerte, cuando habló de Jesús —el Mensajero del Padre, el Redentor, el Pastor, el Rey, el León de la tribu de Judá—, podemos realmente decir: «Señor, hazme como Jacob. Que tu nombre, tu obra, tu amor y tu vida nunca estén lejos de mis labios, pues de ti rebosa mi corazón».

Preguntas de discusión

1. Si el autor de Hebreos fuera tu amigo, ¿qué episodio de la vida de Jacob le habrías recomendado como ejemplo de que vivía «por la fe»? Al reflexionar sobre los altibajos de su vida, ¿qué te parece su confianza en el Señor?

2. Lean Génesis 48, especialmente los vv. 14-16. ¿Quién es este «ángel» o «mensajero»? ¿Qué dice Jacob que hizo por él? ¿Cómo encaja esto con la obra del Hijo de Dios como redentor y pastor?

Véase Gálatas 3:13-14; Tito 2:11-14; Ezequiel 34:23-24; Juan 10:11-18.

3. Lean y comenten los detalles sobre Judá en Génesis 49:8-12. ¿De qué manera estos versículos profetizan sobre el Mesías?

4. ¿De qué manera Jacob, al final de su vida, se convierte en un discípulo modelo para nosotros? ¿De qué maneras podemos hablar de Jesús con amigos, compañeros de trabajo, desconocidos y otras personas? ¿Cómo podemos estar «siempre preparados para presentar defensa ante todo el que [nos] demande razón de la esperanza que hay en [nosotros]», y hacerlo «con mansedumbre y reverencia» (1 Pedro 3:15)?

CAPÍTULO 34

Señor, enséñanos a contar nuestros días

> Cuando Jacob terminó de encargar estas cosas a sus hijos, recogió sus pies en la cama y expiró, y fue reunido a su pueblo.
>
> Génesis 49:33

No pasa un día sin que piense en el día de mi muerte. No sé si eso me convierte en alguien normal o anormal, pero sin duda me hace aguda y deliberadamente consciente de mi propia mortalidad. Y esa es una de las razones por las que practico el recuerdo diario de la muerte. No tiene nada de morboso ni de macabro. Contemplar activamente la propia mortalidad es situarse en un estado de conciencia, disposición y oportunidad.

En primer lugar, esta conciencia nos impide caer engañados en la tendencia juvenil de suponer que somos invencibles. Somos conscientes de que la enfermedad, los accidentes o la violencia pueden acabar con nuestras vidas terrenales en cualquier momento. No somos dioses, sino seres humanos cuyos días —como las Escrituras constantemente nos recuerdan— «son como una sombra que pasa» (Sal 144:4) porque «pronto pasa[n], y volamos» (Sal 90:10). En segundo lugar, estar preparados nos dispone para el imprevisible momento en que exhalemos nuestro último aliento, de modo que, cuando eso suceda, no seamos como las vírgenes necias o el siervo infiel de las parábolas que Jesús contó sobre su segunda venida (Mt 24:45-25:13), sino que estemos alertas. «Dichoso y sabio el que ahora se esfuerza por ser en vida como desea ser hallado al morir»[1]. ¿Y cómo queremos que la muerte nos encuentre? Llenos de fe, esperanza y amor. Alertas y preparados por el Espíritu. Y en

---

[1] Thomas à Kempis, *The Imitation of Christ*, Book 1, Chapter 23 (Uhrichsville, OH: The Christian Library), 26.

tercer lugar, contemplar nuestra mortalidad enciende en nosotros innumerables oportunidades para aprovechar nuestras vidas al máximo ahora, poniéndolas al servicio de los demás entregando, orando, trabajando, dando testimonio y perdonando. Con Pablo reconocemos que «[preferiríamos] más bien estar ausentes del cuerpo y habitar con el Señor», pero mientras esperamos ese día, «ambicionamos agradar al Señor. Porque todos nosotros debemos comparecer ante el tribunal de Cristo, para que cada uno sea recompensado por sus hechos estando en el cuerpo, de acuerdo con lo que hizo, sea bueno o sea malo» (2Co 5:8-10).

Sin duda, Jacob se había enterado de la cercanía de su muerte y había hecho preparativos para ella. A sus hijos les dijo:

> «Voy a ser reunido a mi pueblo. Sepúltenme con mis padres en la cueva que está en el campo de Efrón el hitita, en la cueva que está en el campo de Macpela, que está frente a Mamre, en la tierra de Canaán, la cual Abraham compró junto con el campo de Efrón el hitita, para posesión de una sepultura. Allí sepultaron a Abraham y a su mujer Sara. Allí sepultaron a Isaac y a su mujer Rebeca, y allí sepulté yo a Lea. El campo y la cueva que hay en él, fueron comprados de los hijos de Het». (Gn 49:29-32)

Luego de decir estas palabras, Jacob «recogió sus pies en la cama y expiró, y fue reunido a su pueblo» (49:33). La frase hebrea «recogió sus pies» es inusual. Da la impresión de que Jacob, en su lecho, adopta una especie de posición fetal. Aquel que conocimos al principio de este libro, al comienzo de su vida, cuando aún estaba en el útero, termina ahora su vida de manera muy similar. En ese momento, ya estaba luchando con su hermano mellizo; ahora, sus luchas han terminado, su carrera ha concluido y se ha «reunido [con] su pueblo» (*cf.* Gn 25:8, 17; 35:29). Ha muerto, pero no está muerto, pues, como dice Jesús, el Dios de Abraham, el Dios de Isaac *y el Dios de Jacob* «no es Dios de muertos, sino de vivos» (Mt 22:32). Aunque haya muerto, Jacob sigue viviendo en el Dios de la vida, junto con los creyentes que lo han precedido en la muerte.

Y ¡qué período de luto, qué funeral tuvo el querido difunto Jacob! En las Escrituras no hay un servicio fúnebre más elaborado que el que recibió este patriarca. En primer lugar, por orden de José, su cuerpo fue embalsamado durante cuarenta días. Este padre y su hijo son los dos únicos israelitas que sabemos que fueron sometidos a este proceso egipcio de momificación (Gn 50:2, 26). «Los egipcios [...] lloraron [a Jacob] setenta días», ya sea después de los cuarenta días de embalsamamiento o, más probablemente, queriendo decir que hubo luto oficial por treinta días más, totalizando setenta (50:3). Algunos testimonios antiguos dicen que los egipcios lloraban por setenta y dos días cuando moría un rey, lo cual implica que Jacob fue tratado como un personaje real[2]. Tras este largo período de duelo, un enorme séquito de egipcios e israelitas, con jinetes y carros de guerra, trasladó el cuerpo de Jacob de Egipto a Canaán (50:4-14). Tras otros siete días de «una grande y dolorosa lamentación» que captó incluso la atención de los cananeos, los hijos de Jacob «lo sepultaron en la cueva del campo de Macpela, frente a Mamre, la cual Abraham había comprado de Efrón el hitita, junto con el campo como heredad de una sepultura» (50:10-13). Una vez hecho esto, los hijos regresaron a sus hogares en Egipto, dejando atrás el cuerpo de Jacob para que esperara, por así decirlo, el regreso de su pueblo, muchos años más tarde, bajo el liderazgo de Moisés.

Y hablando de Moisés, él le pide al Señor, en su oración registrada para nosotros como Salmo 90, que nos «[enseñe] a contar de tal modo nuestros días, que traigamos al corazón sabiduría» (90:12). Qué oración tan apropiada para un discípulo de Jesús.

Enséñanos a contar nuestros días, oh Señor, para que, al levantarnos cada día, lo hagamos en tu nombre. Una antigua práctica cristiana es hacer la señal de la cruz —como recuerdo de la cruz misma, de Cristo y de nuestro bautismo en Jesús— y decir: «En el nombre del Padre y del Hijo y del Espíritu Santo». Hacer la señal de la cruz no es una «cosa católica». Del mismo modo que, cuando juntamos las manos en oración, cerramos los ojos para orar, inclinamos la cabeza o nos arrodillamos, al trazar la cruz sobre nosotros incorporamos nuestro cuerpo a la oración misma. Fuimos hechos discípulos cuando, según las propias palabras de Cristo, se nos bautizó «en el nombre del Padre y del Hijo y del Espíritu Santo» (Mt 28:19). Comenzar el día de esta manera es recordarnos a nosotros mismos que, sin importar lo que el día nos depare, por muy calurosa y ardiente que sea la prueba que enfrentemos, ese calor no evaporará el agua del bautismo con que se nos ha revestido de Cristo. Enséñanos, Señor Jesús, a contar nuestros días contándonos primero entre tus hermanos y hermanas.

Enséñanos a contar nuestros días, Jesús, para que recordemos que «este es el día que el SEÑOR ha hecho», de modo que nos regocijemos y

---

[2] El historiador griego Diodoro de Sicilia, en sus *Historias* 1.72, dice que, cuando moría un rey egipcio, los ciudadanos no celebraban fiestas. Recitaban cantos fúnebres, ayunaban de ciertos productos y lloraban por setenta días como si hubiera muerto su propio hijo. Debe tenerse en cuenta, sin embargo, que Diodoro fue un historiador del siglo I a. C., por lo que, aunque haya recogido tradiciones antiguas, su época y la de Jacob están separadas por bastante más de un milenio.

alegremos en él (Sal 118:24). No fue un error, ni un accidente, que despertáramos en este día en particular. Es un día para alegrarnos porque es otro día para seguir a Jesús, dondequiera que nos lleve. ¿Para que hagamos el desayuno de nuestros hijos? Sí. ¿Para que le llevemos una taza de café a nuestra esposa dormida? Sí. ¿Para que vayamos a trabajar? Sí. ¿Para que le digamos una palabra de aliento a un compañero de trabajo estresado, una palabra de perdón a alguien que nos hizo daño, una palabra de sabiduría a un amigo confundido? Sí. Este es el día que el Señor ha hecho, para que lo aprovechemos, aun en las formas normales y monótonas que constituyen la mayor parte de las horas de nuestras vidas. Somos discípulos en este día, ahora mismo, para ser conductos del amor divino hacia aquellos que el Señor ha puesto en nuestras vidas y en nuestras vocaciones, a fin de servirlos. Señor Jesús, enséñanos a contar nuestros días, y especialmente este día, como veinticuatro horas para vivir y servir por gracia.

Enséñanos, Señor, a contar nuestros días, como también nuestras noches. Al terminar nuestro trabajo y retirarnos a descansar, recordemos, mientras el sol se pone, que «Ni aun las tinieblas son oscuras para Ti, y la noche brilla como el día. Las tinieblas y la luz son iguales para Ti» (139:12). Por la noche, Jacob soñó con el Dios que estaba a su lado, al pie de la escalera, prometiéndole que nunca lo dejaría ni lo abandonaría. Por la noche, Jacob luchó con el Hijo de Dios, que se permitió perder para que Jacob venciera y se marchara cojeando con un nombre nuevo. Por la noche, mientras nosotros mismos soñamos, recordemos que el Señor que nos guarda no se aletargará, pues «jamás se adormecerá ni dormirá el que guarda a Israel» (Sal 121:3-4). Que, cuando nos acostemos llevando nuestras propias heridas y cicatrices, el Señor nos enseñe a ser buenos administradores de nuestros momentos dolorosos, y a recordar que llevamos el nombre de «cristianos» porque pertenecemos a Cristo. En su propio lecho, Jacob recogió sus pies [...] y expiró, y fue reunido a su pueblo» (Gn 49:33). Puesto que a ninguno de nosotros se nos promete un mañana, qué mejor manera de terminar el día que tendidos en nuestra cama orando el padrenuestro, el Salmo 4 (un salmo vespertino), o un simple «Señor Jesucristo, Hijo de Dios, ten piedad de mí, pecador», mientras nos dormimos. Señor, enséñanos a contar nuestros días, así como nuestras noches, para que podamos reposar en ti.

Finalmente, Padre, enséñanos a contar nuestros días mientras reflexionamos alegremente sobre el hecho de que, gracias a Jesús, tú no llevas la cuenta de nuestras ofensas ni las tomas en cuenta contra nosotros (*cf.* 2Co 5:19). El Señor no es un contable celestial que lleva la cuenta exacta de nuestros pecados, los suma cada hora de cada día y nos envía la factura para mostrarnos cuán endeudados estamos con él. Qué deidad más monstruosa y triste sería. Ser discípulos de Jesús es vivir completa y perfectamente cubiertos por el amor divino, aun cuando, en nosotros mismos, lo seguimos de manera incompleta e imperfecta. Cojeamos. Tropezamos. Caemos. Y confesamos, nos arrepentimos y oramos. Y mientras hacemos esto, la mano del Señor nunca se separa de la nuestra, ni su corazón se aparta de nosotros; ni siquiera por un instante. «Como un padre se compadece de sus hijos, así se compadece el SEÑOR de los que le temen. Porque Él sabe de qué estamos hechos, se acuerda de que solo somos polvo» (Sal 103:13-14). Polvo, sin duda, pero un polvo que para él vale tanto como el oro. Señor, enséñanos a contar nuestros días como días vividos únicamente por tu misericordia, al pie de la cruz y de la tumba vacía, a la sombra de tu amor.

Es probable que una vida así no termine, como lo hizo la de Jacob, con un funeral espectacular y una procesión internacional hasta el cementerio. Lo más probable es que no concluya con un estallido, sino con un simple suspiro final. Una exhalación más del aire que por tanto tiempo hemos respirado en su mundo. Un funeral humilde. Un último adiós (por ahora) de nuestros afligidos familiares y amigos. No obstante, en nuestro interior habrá ese «corazón sabio» del que habló Moisés (Sal 90:12). Un corazón formado por las mismas manos que modelaron el mundo, fueron clavadas en la cruz, y nos llenaron del Espíritu Santo para que lo siguiéramos. Señor, crea en nosotros un corazón tan sabio que, ya sea corriendo, caminando, cojeando, arrastrándonos o tendidos en nuestro lecho de muerte, podamos, junto con Jacob, ser tus discípulos, escogidos, amados y preciosos a tus ojos. Amén.

Preguntas de discusión

1. ¿Piensan a menudo en el día de su muerte? ¿Por qué sí o por qué no? ¿Cómo puede esa contemplación situarnos en un estado de conciencia, disposición y oportunidad?

2. Lean Génesis 49:29-33. ¿Cómo se describe la muerte de Jacob? ¿Qué instrucciones dio? ¿Cómo se llevaron a cabo en 50:1-14?

3. Lean el Salmo 90. ¿Qué nos enseña sobre la vida, la muerte y el acto de contar nuestros días? ¿Cómo podemos incorporar la oración «Enséñanos a contar [...] nuestros días» en el ritmo diario de nuestras vidas?

4. Al pensar en la vida de Jacob, ¿cuáles son tres o cuatro de las principales conclusiones? En una o dos frases, ¿cómo describirían a este hombre? ¿De qué manera el estudio de su vida, y de las acciones de Dios en su vida, les ha permitido ver más claramente quién es Jesús, lo que ha hecho por nosotros y la forma en que debemos seguirlo?

Epílogo

Al principio de su libro *El evangelio de los andrajosos*, Brennan Manning deja claro que no es para «cristianos musculosos», «legalistas», o «intrépidos e incapaces de llorar», sino «para vasijas de barro que se arrastran sobre pies de arcilla» y «para discípulos inconstantes e inestables que están perdiendo la cordura»[1].

Jacob encaja en esa descripción. Yo también. Y, si tú has llegado al final de este libro sin tirarlo contra la pared o devolverlo a la repisa para pasar a libros de discipulado más basados en reglas, es altamente probable que tú también encajes en esa descripción.

Cojeamos con Dios. Pero la parte más importante es la del «con», ¿verdad? No estamos solos. No volamos en solitario, impulsados por una confianza en nosotros mismos y apoyándonos únicamente en nosotros para hacernos un nombre en este mundo. Eso podrá parecer el cimiento del sueño americano, pero es una pesadilla bíblica. Y a diferencia del joven rico, en los Evangelios, tampoco estamos tan autoengañados como para presumir de haber cumplido todos los mandamientos divinos y andar en busca de más reglas aun. Estamos dolorosamente conscientes de que ni siquiera hemos empezado a cumplir uno solo de los mandamientos, y mucho menos los diez.

Así que «no, gracias», no deseamos una lista de normas y directrices adicionales para ser santos —las cuales igualmente terminaríamos torciendo, infringiendo y mancillando—.

El Dios con el que cojeamos, y a cuyo lado cojeamos, aquel que constantemente nos sostiene y saca adelante: eso es lo que necesitamos y deseamos. Y, gracias al Padre, eso es lo que tenemos en Jesús el Mesías.

«Vengan, síganme», les dijo a sus primeros discípulos.

«Vengan, síganme», nos dice aún a nosotros, sus discípulos.

Así que lo hacemos. Hay momentos —por escasos que sean— en los que pareciéramos correr. La mayoría de las veces, mientras llevamos las

---

[1] *The Ragamuffin Gospel* (Colorado Springs, CO: Multnomah Books, 2005), 13-14.

cargas de esta vida, con almas rígidas y resoluciones débiles, solo conseguimos «arrastrarnos sobre pies de arcilla».

Sin embargo, citando una vez más a Juliana de Norwich, «Todo irá bien, y todo irá bien, y todas las cosas, del tipo que sean, irán bien». Todo irá bien porque ser discípulo significa, por sobre todas las cosas, ser amado por el Padre, abrazado por el Hijo y lleno del Espíritu Santo.

¿Qué podría ser mejor que eso?

Así que, sigamos cojeando, llevados por aquel a quien seguimos, Jesús nuestro Señor, Dios de Jacob y Amigo de los pecadores.

Índice general

Índice de textos bíblicos